Christoph Hamann
Volker Schröder
Herausgeber

Demokratische Tradition und revolutionärer Geist
Erinnern an 1848 in Berlin

Reihe Geschichtswissenschaft
Band 56

Christoph Hamann
Volker Schröder
Herausgeber

Demokratische Tradition und revolutionärer Geist

Erinnern an 1848 in Berlin

Centaurus Verlag & Media UG 2010

Bibliografische Informationen der Deutschen Nationalbibliothek

Die Deutsche Nationalbibliothek verzeichnet diese Publikation in der Deutschen Nationalbibliografie; detaillierte bibliografische Daten sind im Internet über http://dnb.d-nb.de abrufbar.

Alle Rechte, insbesondere das Recht der Vervielfältigung und Verbreitung sowie der Übersetzung, vorbehalten. Kein Teil des Werkes darf in irgendeiner Form (durch Fotokopie, Mikrofilm oder ein anderes Verfahren) ohne schriftliche Genehmigung des Verlages reproduziert oder unter Verwendung elektronischer Systeme verarbeitet, vervielfältigt oder verbreitet werden.

© CENTAURUS Verlag & Media KG, Freiburg 2010

Gestaltung und Umschlaggestaltung: Regine Schulz, Berlin
Umschlaggestaltung unter Verwendung eines Ausschnittes einer Darstellung des Barrikadenkampfes in der Breiten Straße in Berlin am 18./19. März 1848 (Wikimedia commons).

www.maerzrevolution.de
www.historiale.de (Videos)

ISBN 978-3-8255-0762-6   ISBN 978-3-86226-327-1 (eBook)
DOI 10.1007/978-3-86226-327-1
ISSN 0177-2767

Inhalt

Geleitwort *Walter Momper*	11
... revolutionär durchlüftet: Berlin im Jahre 1848 *Rüdiger Hachtmann*	13
Nationale Frage und Nationalbewegung in der Revolution von 1848/49 *Peter Brandt*	33
Trotz alledem – die Aktion 18. März *Christoph Hamann*	40
Der Friedhof der Märzgefallenen – Entwicklung einer nationalen Gedenkstätte *Susanne Kitschun*	61
Straßenzeichen. Revolution(en) auf Berliner Straßenschildern? *Jürgen Karwelat*	71
Denkzeichen. Gedenktafeln an die Märzrevolution von 1848 in Berlin *Volker Hobrack*	86
Bildzeichen. 1848 und die Bildende Kunst *Manfred Butzmann*	98
Gedenken an die Revolutionsopfer von 1848 und 1918 Zur Erinnerungskultur auf dem Märzgefallenenfriedhof im Friedrichshain seit 1918 *Heinz Warnecke*	104
1848 in der Geschichtswissenschaft und Gedenkkultur der DDR *Walter Schmidt*	120
Geschichte live Die Historiale macht Geschichte lebendig *Wieland Giebel*	133

Reden zur Märzrevolution

An revolutionäre Traditionen anknüpfen
Helios Mendiburu   139

Einigkeit und Recht und Freiheit
Herwig Haase   142

Jüdische Freiheitskämpfer
Andreas Nachama   145

Ökumenisches Gebet
zum Gedenken an die Märzgefallenen von 1848
Lothar Wittkopf und Otto Riedel   148

Trotz alledem!
Volker Schröder   151

Eure Freiheit ist unsere Freiheit
Anna Furmanczuk   154

Europäischer Völkerfrühling
András Masát   157

Robert Blum – sein Wirken und Nachwirken
Hinrich Enderlein   160

Erfolgreiche liberale Staatsgründung – gescheitertes Gedenken
Béatrice Ziegler   170

Ein Nationaler Gedenktag am 18. März
Michael Cramer   175

1848 und der deutsche Südwesten
Günther Oettinger   178

Frauen des März 1848
Gabriele Hiller   182

Die Revolution und ihr Erbe
Jan Randák   185

Schlusswort
Volker Schröder 189

Namen der Unterstützerinnen und Unterstützer 192

Bildnachweis 195

Autorinnen und Autoren 196

Traditionell findet an jedem 18. März um 17 Uhr eine Gedenkstunde mit Kranzniederlegungen auf dem Friedhof der Märzgefallenen statt. Die von der ehemaligen Parlamentspräsidentin Hanna-Renate Laurien (CDU) begründete Tradition wird von dem derzeitigen Präsidenten Walter Momper (SPD) - hier am Rednerpult - fortgesetzt. Eröffnet wird die Veranstaltung vom jeweiligen Bürgermeister des Bezirks Friedrichshain-Kreuzberg.

Geleitwort

Vor 162 Jahren, am 18. März 1848, erkämpften mutige Bürgerinnen und Bürger auf den Barrikaden die erste demokratische Verfassung Preußens. Viele Demokraten verloren bei diesen Kämpfen ihr Leben und wurden auf dem Friedhof, dem später nach ihnen benannten 'Friedhof der Märzgefallenen', zur letzten Ruhe gebettet.

Die Kämpfe auf den Barrikaden in Berlin waren der Höhepunkt der bürgerlich-demokratischen Revolution von 1848, die kein allein deutsches Ereignis, sondern Teil einer europaweiten Bewegung war. Die Ideale der Französischen Revolution wurden wieder aufgegriffen. Für Preußen und für Deutschland war die Märzrevolution von 1848 die Geburtsstunde der deutschen Demokratie. Deshalb wollen wir an das Vermächtnis der Berliner Barrikadenkämpfer erinnern und gleichzeitig die ehren, die ihr Leben für die Demokratie opferten.

Mit ihrem mutigen Kampf wollten die Berliner Revolutionäre die vom König versprochene Verfassung für Preußen erreichen. Doch der so hart erkämpften Verfassung war nur ein kurzes Leben beschieden, wichtig aber war, dass die Kämpfer es gewagt hatten, auf den Straßen Berlins um ihre Freiheit und Würde zu kämpfen. Ihre Tat verpflichtet uns heute, das Gedenken an diese Ereignisse zu bewahren. Ich freue mich deshalb, dass das Gedenken an den 18. März 1848 seit vielen Jahren in Berlin zur Tradition geworden ist.

Die überparteiliche Bürgerinitiative „Aktion 18. März" mit Volker Schröder an der Spitze setzt sich seit 1978 unermüdlich dafür ein, dass die Märzrevolution von 1848 im Gedächtnis der Menschen in unserem Land einen festen Platz erhält. Ich danke deshalb der „Aktion 18. März" für ihre jahrzehntelange, erfolgreiche Arbeit, die im wahrsten Sinne des Wortes Spuren in der Stadt hinterlassen hat und - da bin ich sicher - auch zukünftig hinterlassen wird.

Ich unterstütze die Initiative zu diesem Buch und wünsche mir, dass es viele interessierte, junge und alte Leserinnen und Leser finden möge.

Walter Momper
Präsident des Abgeordnetenhauses von Berlin

Pünktlich um 18 Uhr 48 begann am 18. März 2008 der „Barrikadenkampf", den der Geschichtsverein Historiale e.V. auf dem Alexanderplatz nachstellte. Auf der Barrikade kämpfte der 1848 stadtbekannte Tierarzt Friedrich Ludwig Urban, dargestellt von dem Historiale-Mitarbeiter Johannes Großer.

... revolutionär durchlüftet: Berlin im Jahre 1848

Rüdiger Hachtmann

Das Revolutionsjahr 1848 markiert den Aufbruch in die Moderne. Nicht zuletzt Berlin wurde zum Schauplatz einer fundamentaldemokratischen Bewegung bis dahin unbekannten Ausmaßes, in Dimensionen, wie sie – so muß man leider ergänzen – in den folgenden einenhalb Jahrhunderten in den an traditionsbildenden demokratischen Ereignissen armen deutschen Staaten eine seltene Ausnahme geblieben sind.

Im Folgenden werden zunächst die entscheidenden Ereignisse des 18. März 1848, der für Berlin die Schwelle in die Epoche der demokratischen Moderne markiert, ins Gedächtnis gerufen. Im systematischen Teil des Vortrags wird dann erstens die europäische Dimension der Umwälzungen Mitte des 19. Jahrhunderts zur Sprache kommen. Anschließend werden zweitens die verschiedenen Ebenen und Akteure der Revolution, drittens die Bedeutung Berlins im europäischen und deutschen Kontext 1848 thematisiert, viertens einige Schlaglichter auf die Folgewirkungen der Revolution geworfen und abschließend fünftens die Frage diskutiert, warum die Berliner Revolution und der 18. März auch und gerade gegenwärtig erinnerungspolitisch so wichtig sind.

Der 18. März 1848 und seine unmittelbare Vorgeschichte

Ende Februar 1848 war in Paris die Monarchie gestürzt und die Republik ausgerufen worden. Am 14. März hatte die Revolution auch in Wien gesiegt. Schon vorher, am 9. März und den folgenden Tagen, hatten sich im Tiergarten schließlich zehntausende Berliner zu Volksversammlungen zusammengefunden. Dort wurden nicht nur zahlreiche politische Forderungen, das Verlangen nach (wie sie fortan genannt wurden:) „Märzfreiheiten", laut. Zugleich waren diese Versammlungen – eine Mischform aus politischem Massenmeeting und Volksfest – von dem grenzenlos optimistischen Bewußtsein der Teilnehmer getragen, daß auch ein auf dem Gottesgnadentum beharrender, reaktionär verknarzter König wie Friedrich Wilhelm IV. den Lauf der Dinge, das Heranbrechen einer neuen Zeit nicht mehr würde aufhalten können.

Die preußische Krone, die – das hatte der Vereinigte Landtag für Preußen im Vorjahr gezeigt – selbst zu geringfügigen politischen Konzessionen nicht bereit war, wurde durch die Pariser Februarrevolution überrumpelt und hatte in den Tagen vor dem 18. März durch wenige halbherzige Zugeständnisse vergeblich versucht, die Situation zu entschärfen, die durch blutige Übergriffe des Militärs ab dem 13. März zusätzlich angespannt war. Noch in den Morgenstunden des 18. März ließ Friedrich

Wilhelm IV. einige unverbindliche Konzessionen verlautbaren, um die aufgeregte Stimmung in der Hauptstadt zu beruhigen und – das wog noch schwerer – einer drohenden Separation der Rheinprovinz und Schlesiens zuvorzukommen.

Tatsächlich beruhigte sich die Situation, scheinbar: Am frühen Vormittag des 18. März 1848 fand sich eine in den folgenden Stunden rasch wachsende Menschenmenge vor dem Berliner Stadtschloß ein. Nach zeitgenössischen Angaben standen zwischen 13 und 14 Uhr zehntausend oder mehr Menschen dicht an dicht gedrängt zwischen Marstall und Schloß, vorne „die besseren Stände, nur Cylinderhüte und dunkle bürgerliche Anzüge".[1] Manche ließen den König hochleben, nachdem sie gelesen hatten, daß angeblich alle Wünsche der Bürger erfüllt seien. Tatsächlich wurde auf den Plakaten, die Friedrich Wilhelm IV. nach längerem Zögern hatte drucken lassen, zwar von „beschleunigter Einberufung des [preußischen] Vereinigten Landtags", der am 26. Juni 1847 auseinandergegangen war, versprochen. Auch fand sich Friedrich Wilhelm in schwammigen Formulierungen zu einer „Änderung" des verhassten erzkonservativen Ministeriums sowie zur Abschaffung der drückenden Vorzensur und dem Erlaß eines neuen Pressegesetzes bereit, ohne sich inhaltlich festzulegen. Zudem erklärte er, die von den Bürgern Berlins zur Sicherung des Eigentums nachdrücklich geforderte Errichtung einer Bürgerwehr zulassen zu wollen. Von freien oder gar allgemeinen und gleichen Wahlen zu einem konstituierenden Landesparlament oder gar von uneingeschränkter Meinungs-, Versammlungs- und Vereinigungsfreiheit war dagegen nichts zu lesen.

Gegen 13.30 Uhr erschien der König auf einem der Schloßbalkone. Vor der Menschenmenge konnte er sich zwar akustisch nicht zu Gehör bringen. Die Stimmung der Bürger wurde dadurch jedoch nicht eingetrübt. An den Ecken der in den Schloßplatz mündenden Straßen, wo sich die Menschen aus den Armenvierteln der Stadt versammelt hatten, war die Stimmung dagegen bereits zu diesem Zeitpunkt ganz anders. „Das hilft uns armen Leuten doch alles nichts!" hörte man rufen.

Gleichzeitig sah die unmittelbar vor dem Schloßportal dicht zusammengedrängte Menge deutlicher die starke Militärbesatzung innerhalb des Schlosses. Am Tage zuvor waren zusätzlich zu den zehntausend in Berlin stationierten Soldaten noch einmal fünftausend Mann Gardetruppen aus Potsdam herangeholt und im Hof des riesigen Berliner Stadtschlosses konzentriert worden. Ihr Anblick ließ die Erinnerung an die blutigen Übergriffe der Vortage mit bereits mehreren Toten wach werden. Zusätzlich ging das Gerücht um, daß die stockreaktionäre Militärpartei um den Prinzen von Preußen (den späteren König und Kaiser Wilhelm I.) ein ‚Exempel statuieren' und den aufmüpfigen Berlinern zeigen wolle, wer Herr in preußischen Hause sei. Von zahlreichen Seiten ertönte deshalb immer lauter der Ruf: „Militär weg!"

---

[1] Diese und die folgenden Zitate sind zeitgenössischen Quellen und Publikationen entnommen. Zu den Nachweisen im Einzelnen vgl. Rüdiger Hachtmann: Berlin 1848. Eine Politik- und Gesellschaftsgeschichte der Revolution, Bonn 1997.

Die Wut wuchs, als sich von einer Seite, von der Stechbahn her, ein Schwadron Dragoner in Bewegung setzte und mit blankem Säbel auf die immer noch dichtgedrängten Massen einzuschlagen begann. Von der anderen Seite marschierte eine Abteilung Infanterie aus dem zweiten Schlossportal heraus und stellte sich kampfbereit auf. (Der moderne Polizei-Jargon kennt seit 1967 für dieses Vorgehen die Bezeichnung „Leberwursttaktik".) Dann fielen plötzlich die berühmten zwei Schüsse – gleichsam die Startschüsse für die blutigen, bürgerkriegsähnlichen Barrikadenkämpfe, die nun begannen. Daß die zwei Schüsse durch Ungeschick und nicht willentlich von Soldaten ausgelöst wurden, wie eine später eingesetzte Untersuchungskommission herausfand, vermutete zu diesem Zeitpunkt niemand. Alles glaubte an einer Verschwörung.

Mit (wie Zeitgenossen formulierten:) „zornglühenden Mienen gen Himmel Rache schreiend" und dem Ruf „Verrat! Man mordet das Volk! Zu den Waffen!" flüchtete die Menschenmenge in die angrenzenden Straßen hinein. Während die Berliner sich in den entfernter gelegenen Stadtteilen zu bewaffnen begannen und die Verteidigung ihrer Viertel vorbereiten, besetzten die im Schloß stationierten Truppen umgehend den leergefegten Schloßplatz. Mit Widerstand in der unmittelbaren Nähe des Stadtschlosses mußten die Soldaten zunächst nicht rechnen. Niemand hatte an einen revolutionären Aufstand gedacht und den Barrikadenkampf vorbereitet.

Wenige Stunden später allerdings türmten sich in den Straßen der preußischen Hauptstadt eine Barrikade hinter der anderen. Insgesamt 921 Barrikaden sollen es gewesen sein. Droschken, Omnibus-, Postkutschen und Brunnengehäuse wurden umgestürzt, Rinnsteinbrücken aufgerissen, Balken, Zaunpfähle, Wollsäcke, Ölfässer, Torflügel, Pflastersteine und andere Gegenstände als Baumaterial herangeschleppt. Manche dieser Barrikaden in den Berliner Vorstädten, die sich wie ein Ring ab dem Alexanderplatz um die Stadtmitte legen, sollen drei Stockwerke hoch gewesen sein. Überall war das Straßenpflaster aufgerissen, wurden tiefe Gräben gezogen und teilweise mit Wasser gefüllt.

Spätnachmittags, zwischen 6 und 7 Uhr, begannen die Truppen, auf den wenigen breiten Boulevards in der Stadtmitte Artillerie einzusetzen, um in deren Schutz die Infanterie vorrücken zu lassen. Weit ließ sie der erbitterte Widerstand der der Barrikadenkämpfer allerdings nicht kommen. Am Alexanderplatz war Schluss. Nur anfangs waren die Aufständischen schlecht bewaffnet. Noch am Abend stürmten sie das Zeughaus der Landwehr und mehrere Wachen. Zinngießer gossen während der Nacht tausende Kugeln. Auch an Pulver fehlte es schon bald nicht mehr, nachdem die Kaufleute ihre Vorräte herausgegeben hatten und man außerdem Pulverkästen des Militärs an der Stadtmauer erobert hatte.

Dem General von Prittwitz als dem Oberkommandierenden der gegen die Berliner Märzrevolutionäre eingesetzten Soldaten schwante, daß bei einer fortgesetzten militärischen Auseinandersetzung eine Niederlage der Armee drohte. „Es ist nicht zu leugnen, die Erbitterung war eine allgemeine und in den untern Klassen wohl bis zur Wut gesteigerte, so daß die Truppen bei ihrem weiteren Vordringen unfehlbar immer größere Schwierigkeiten gefunden haben würde." Zudem standen, so Prittwitz über seine Soldaten, „nirgends gehörige Reserven zu ihrer Unterstützung bereit". Es sei unmöglich, „sich mit den vorhandenen Truppen auf die Besetzung entfernter Stadttheile einzulassen."² Prittwitz wollte deshalb seine Soldaten aus der Stadt selbst abziehen und Berlin von außen einschließen.

Aber selbst das hätte zu diesem Zeitpunkt wenig genützt. Eine Chance, die Revolution militärisch zu besiegen, haben die Truppen und die preußische Krone faktisch nicht besessen – sie hätten schon die Vorstädte dem Erdboden gleich machen müssen. Spätestens dann aber wäre Preußen auseinandergebrochen. Bereits in der Woche zuvor hatten breite Reformbewegungen in den Ost- und Westprovinzen Preußens mit Separation gedroht, wenn die Hohenzollernkrone nicht allgemeine Freiheiten gewähren würde.

Die Nachrichten über die Berliner Ereignisse des 18. März drangen dank der Eisenbahn noch in der Nacht rasch in die nahe gelegenen Provinzen. In einigen umliegenden Dörfern und Kleinstädten, aber auch in weiter entfernten größeren Städten wie Frankfurt a. d. Oder, Magdeburg, Stettin und Breslau fanden sich am Morgen des 19. März Hunderte bewaffnete Bürger auf den Bahnhöfen ein, um den kämpfenden Berlinern zu Hilfe zu eilen.

Mit der bekannten Proklamation an seine „lieben Berliner", in der Friedrich Wilhelm IV. den Rückzug der verhaßten Truppen ankündigte, gleichzeitig aber auch „eine Rotte von Bösewichtern, meist aus Fremden bestehend", für die Märzrevolution verantwortlich machte, gehorchte der König lediglich der Not. Eine politische Alternative besaß der Monarch nicht. Erzreaktionäre Hardliner wie der Prinz von Preußen oder Otto v. Bismarck waren deswegen zwar sauer auf Friedrich Wilhelm IV.; in ihren Augen war der König ein Weichei. Tatsächlich jedoch war dessen elastische Reaktion, das vorübergehende Zurückweichen gegenüber der Revolution, ausgesprochen geschickt. Es hat womöglich die Hohenzollernkrone gerettet und den alten Eliten für weitere Jahrzehnte die Macht erhalten.

Wer weiß, was Preußen und Deutschland erspart geblieben wäre, wenn die Demokratie schon Mitte des 19. Jahrhunderts auf Dauer gesiegt hätte und die preußische Monarchie schon 1848 und nicht erst siebzig Jahre später gefallen wäre.

Wie dem auch sei: Bei Beteiligten wie Außenstehenden hinterließen die Kämpfe einen nachhaltigen Eindruck. Die mondhelle Nacht vom 18. auf den 19. März war von einen ungeheuren Getöse erfüllt. Gewehrschüsse und Kanonendonner hallten, Detonationen waren nah und fern zu hören, Trommeln wirbelten, Menschen schrien, Kirchenglocken läuteten ununterbrochen Sturm. „Wer Berlin früher gesehen hat, kennt es nicht wieder, die Straßen schwimmen von Blut; es ist schlimmer als in Paris", schrieb ein junger

---

2 Nach: Felix Rachfahl: Friedrich Wilhelm IV. und die Berliner Märzrevolution im Lichte neuer Quellen, in: Preußische Jahrbücher, Bd. 110 (1902), S. 264–309, 413–462, hier: S. 306 bzw. 420.

Handlungsdiener einen Tag nach dem Ereignis seinen Eltern.[3] Angesichts der mehr als 270 gefallenen Barrikadenkämpfer schienen manchen zeitgenössischen Journalisten die Berliner Ereignisse „ein Kapitel der Weltgeschichte, das schwerer wiegen dürfte als manches Jahrzehnt!"[4] Tatsächlich war die Berliner Revolution jedoch nur eine, allerdings wichtige Episode innerhalb der europäischen Revolution von 1848/49.

Eine Revolutionswelle, die ganz Europa erschütterte

Keine Revolution des 19. und 20. Jahrhunderts war so ausgeprägt gesamteuropäisch wie die von 1848/49 – weder die von 1917 bis 1919 oder die von 1989/90 oder die Jugendrebellion von 1967/68, auch nicht die von 1789 bis 1798 oder die von 1830/31.

Die Revolution von 1848 begann 1847 – in der Schweiz, mit dem Sonderbundskrieg, einem kurzen und vergleichsweise unblutigen Bürgerkrieg im November 1847, der mit dem eindeutigen Sieg der freisinnigen Kantone über die katholisch-konservativen Kantone des (wie sie sich selbst nannten:) „Sonderbundes" endete und der Eidgenossenschaft das modern-demokratische Gesicht gab, das sie bis in die jüngste Zeit prägt. Die Schweizer Revolution wurde von den Zeitgenossen freilich noch nicht als Beginn einer ganz Europa erschütternden Revolutionswelle interpretiert, sondern als isoliertes regionales Ereignis. Und auch die italienischen „Revoltiönchen", wie mitteleuropäische Zeitgenossen den Umsturz auf Sizilien und im Königreich Neapel am Rande des damaligen Europa ironisch titulierten, wurde nicht weiter ernst genommen.

Bis ins Mark erschüttert wurde Europa dagegen durch die Pariser Februarrevolution. Der Ablauf der Ereignisse in der französischen Hauptstadt war typisch: Die gemäßigt liberale Opposition hatte eine Erweiterung des Wahlrechts verlangt, noch keineswegs das allgemeine und gleiche Wahlrecht. Das Regime des Bürgerkönigs Louis Philippe reagierte hochgradig verunsichert. Soldaten fühlten sich am 22. Februar 1848 durch Unmutsäußerungen von Demonstranten aus den Unterschichten, die die Forderungen der bürgerlichen Opposition weiter zugespitzt und ergänzt hatten, provoziert und schossen wahllos in die Menge. Das ließ die Situation eskalieren. In der Nacht vom 22. auf den 23. Februar wurden in allen Teilen der Stadt fast 1.500 Barrikaden errichtet. Die bürgerliche Nationalgarde lief zu den Revolutionären über. Obwohl keinerlei Organisation hinter der Erhebung stand, sah Louis Philippe keinen anderen Ausweg als abzudanken und Hals über Kopf nach Großbritannien zu fliehen. Am Abend des 24. Februar 1848, fünfzig Jahre nach dem Ende der ersten Republik, war Frankreich erneut Republik.

Die Ereignisse in Frankreich, im (so die Sicht der Zeitgenossen:) Mutterland der Revolution, setzten eine Kettenreaktion in Gang. Dank des zu diesem Zeitpunkt

---

3 Gustav Dalchow an seine Eltern in Zerbst vom 19. März 1848, in: Landesarchiv Berlin (LAB), Nachlaß Dalchow, Rep. 200, Acc. 2036, Nr. 200.
4 Augsburger Allgemeine Zeitung vom 25. März 1848.

bereits relativ dichten Eisenbahnetzes verbreiteten sich die Nachrichten über die Pariser Geschehnisse innerhalb weniger Tage in ganz Europa. Einem Flächenbrand gleich wurden nun überall „Märzforderungen" erhoben. „Märzforderungen": Dahinter stand in den Unterschichten auch das Verlangen nach „schleuniger Abhilfe der jetzigen großen Noth und Arbeitslosigkeit" und die Forderung nach einem „Ministerium für Arbeiter", das die „drückende Lage des Volkes" und insbesondere „das Loos der Arbeiter" verbessern sollte (so die Formulierungen in einer ab dem 10. März in Berlin zirkulierenden „Adresse der Arbeiter").[5]

Zwar war der Ruf nach einschneidenden freiheitlichen Reformen innerhalb Deutschlands, genauer: innerhalb des aus 38 Staaten bestehenden sogenannten Deutschen Bundes, schon vorher laut geworden. Namentlich im Südwesten hatten sich die wichtigsten oppositionellen Strömungen schon vorher formiert und programmähnliche Forderungskataloge verabschiedet, radikale Demokraten um Friedrich Hecker und Gustav von Struve auf einer Volksversammlung in Offenburg am 12. September 1847, prominente Liberale einen Monat später im badischen Heppenheim. Aber erst die Februarrevolution im westlichen Nachbarland brachte den Stein ins Rollen, erst die Nachrichten von den Pariser Ereignissen verschafften der politischen Entwicklung auch in Deutschland eine revolutionäre Dynamik.

Am 13./14. März wurde Wien – die Hauptstadt der deutschen Hegemonialmacht Österreich – zum Schauplatz blutiger Auseinandersetzungen, nachdem verunsicherte Soldaten auf eine Demonstration aus eigentlich friedlich gesinnten, keineswegs revolutionär gestimmten Studenten und Wiener Bürgern geschossen hatten. Der seit 1815 scheinbar allmächtige Staatskanzler Metternich war nicht mehr zu halten und mußte überstürzt fliehen. Der Kaiser versprach Pressefreiheit, die Errichtung einer Nationalgarde und eine Verfassung. Fünf Tage später erreichte die Revolution Berlin. Sie erfaßte schließlich den gesamten europäischen Kontinent, selbst Randregionen des Osmanischen Reiches wie die Fürstentümer Moldau und Walachei. Zentren waren neben Frankreich die italienischen Staaten, die ungarische wie die österreichische Hälfte des Habsburgischen Vielvölkerstaates, große Teile Polens (vor allem das preußische Großherzogtum Posen und die alte Hauptstadt Krakau) sowie Mitteleuropa. Selbst dort, wo es unmittelbar zu keiner Revolution kam, wurden die Regierungen in der Folgezeit zu erheblichen Zugeständnissen gezwungen, so in den Benelux-Staaten, den skandinavischen Ländern oder in Großbritannien, das im Frühjahr 1848 zum Schauplatz von Demonstrationen der Chartisten, einer Frühform der Arbeiterbewegung, wurde. Lediglich das zaristische Rußland blieb ein stabiler Hort der Reaktion.

Europäisch war freilich auch das Ende der Revolution. Das zeigt allein der Blick auf die Daten des Jahres 1849: Am 23. Juli 1849 wurden die wochenlang von preußischen Truppen in Rastatt eingeschlossenen badischen Revolutionäre zur Kapitulation gezwungen. Schon vorher fand ein regelrechter Wettlauf gegenrevolutionärer Truppen

---

5 Ein Exemplar dieser Berliner Arbeiter-Petition befindet sich im LAB, Rep 200, Acc. 2675, Nr. 28.

auf das, nach der Vertreibung des Papstes, republikanische Rom statt: Von Süden rückten spanische und napolitanische Truppen heran, von Norden französische, die der Präsident Louis Bonaparte, der spätere Napoleon III., losgeschickt hatte. Die römische Republik wurde von zahlenmäßig weit unterlegenen Truppen unter dem Befehl Garibaldis geschickt verteidigt, aber dennoch zwischen dem 30. Juni und 3. Juli 1849 erobert. Die vom revolutionären Ungarn aufgestellte reguläre Armee wiederum, die zeitweilig die Habsburger-Monarchie kräftig in die Defensive gedrängt hatte, konnte am 13. August 1849 nur geschlagen werden, weil ihr 200.000 Mann russische Truppen zu Hilfe kamen. Mit der Niederlage der Ungarn war auch die Situation des vom Festland abgeschnittenen revolutionären Venedig aussichtslos geworden. Am 22. August 1849 mußte als letztes die Republik Venedig kapitulieren.

Baden sowie vorher Sachsen und die Pfalz wurden von preußischen, Venedig von österreichischen Truppen besetzt, Rom von spanischem und französischem Militär, die Ungarn mit Hilfe russischer Truppen besiegt – man sieht, auch die Gegenrevolution war europäisch.

Berlin – eine der drei europäischen Revolutionsmetropolen

Die preußische und spätere deutsche Hauptstadt war nur ein Revolutionsschauplatz unter vielen – allerdings ein sehr wichtiger: Es hat 1848 in Europa drei Revolutionsmetropolen gegeben, nämlich erstens Paris, in der Perspektive der Zeitgenossen, die immer an die Revolution von 1789 bis 1794 dachten (die für sie so nah war wie für uns heute die Adenauer oder Ulbricht-Ära), die Verkörperung der Revolution schlechthin. Zweitens Wien, die Metropole des damals nach dem zaristischen Rußland größten Staates Europas, und drittens Berlin. Deshalb schien am 18. März 1848, als nach Paris und Wien auch Berlin zum Schauplatz eines erfolgreichen revolutionären Umsturzes geworden war, die Revolution in ganz Europa gesiegt zu haben.

Und auch umgekehrt waren die drei europäischen Metropolen die entscheidenden Dominosteine: Mit der Junirevolution in Paris, als vom 22. bis 26. Juni 1848 mehrere zehntausend verzweifelte Unterschichtsangehörige gegen hochgerüstete Militärs kämpften und schließlich unterlagen, mit der Kapitulation des revolutionären Wien Anfang November 1848 vor den zahlenmäßig weit überlegenen Truppen des österreichischen Generals Windischgrätz und schließlich mit dem Einmarsch von 12.000 Soldaten unter dem Befehl des General von Wrangel Mitte November in Berlin war das Schicksal der europäischen Revolution im Grunde bereits besiegelt. Da in Paris, Wien und Berlin die politische Friedhofsruhe im folgenden Jahr aufrechterhalten werden konnte, hatte der zweite revolutionäre Schub in Europa im Jahre 1849 im Grunde keine wirklichen Erfolgschancen mehr.

Welche Bedeutung besitzt nun die europäische Revolution von 1848 für die Berliner Stadtgeschichte? Man kann den hohen Stellenwert des Jahres 1848 für Berlin auf folgende Formel zuspitzen: Erst mit dieser Revolution gelangte die vormalige und im Vergleich zu Wien, Paris oder London ziemlich verschlafene Residenzstadt Berlin zu wahrhaft europäischer und schließlich weltstädtischer Bedeutung. Verantwortlich dafür waren natürlich nicht allein die Revolutionsereignisse, sondern außerdem eine Reihe struktureller Faktoren wie die Industrialisierung Berlins seit Beginn der vierziger Jahre und ein enormes Bevölkerungswachstum, das die Einwohnerzahl der preußischen Hauptstadt von 160.000 Einwohner im Jahre 1810 auf 400.000 Einwohner 1848 hochschnellen ließ. Damit war Berlin nach Wien, das 440.000 Einwohner zählte, zur zweitgrößten deutschen Stadt herangewachsen.

Erst die Revolution machte den Sprung Berlins vom Provinznest zur europäischen Metropole jedoch richtig sichtbar. Erst mit 1848 und den Märzerrungenschaften, so erklärte der radikaldemokratische Publizist Robert Springer in seinem Büchlein über „Berlins Straßen, Kneipen und Klubs im Jahre 1848" von 1849 rückblickend, wurde in Berlin „durch die ungehinderte Bewegung des Volkes eine Annäherung zu wahrhaft großstädtischem Leben hervorgebracht."[6]

Eine bürgerliche Revolution? Ja und Nein ...

Was das eigentlich für eine Revolution, die 1848/49 stattgefunden hat? Die Revolution von 1848/49 ist oft als „bürgerlich" etikettiert worden. Das ist richtig und falsch zugleich. Sie war bürgerlich, weil der emanzipierte Staatsbürger – wie man einschränken muß: männliche Staatsbürger – im Zentrum der revolutionären Forderungen nach uneingeschränkter Meinungs-, Versammlungs- sowie Vereinigungsfreiheit und nach einem allgemeinen und gleichen Wahlrecht stand.

Irreführend ist dagegen das Attribut „bürgerlich", wenn man sich die sozialen Trägerschichten der Revolution anschaut. Von den getöteten, verwundeten und gefangengenommenen Barrikadenkämpfern der Berliner Märzrevolution gehörten lediglich 18 Prozent dem Bürgertum und den Mittelschichten an, mehr als 80 Prozent dagegen den in Berlin und allen europäischen Großstädten damals noch sehr heterogenen Unterschichten. Berlin war kein Sonderfall. Daß es in erster Linie die Unterschichten waren, die sich auf den Barrikaden mit Leib und Leben für die Märzfreiheiten einsetzten, gilt generell, auch etwa für die Wiener März- und Oktoberrevolution oder den Pariser (wie die Zeitgenossen, gleichgültig ob links oder rechts, es sahen) „Klassenkrieg" im Frühsommer 1848.[7] Die Revolution von 1848 war also bürgerlich und nicht-bürgerlich zugleich. Sie war zudem äußerst vielschichtig.

---

6 Robert Springer: Berlins Straßen, Kneipen und Clubs im Jahre 1848, Berlin 1850 (ND Leipzig 1985), S. 131.
7 Zur Dominanz der Unterschichten während der Wiener März- und Oktoberrevolution sowie der Pariser Junischlacht vgl. die Angaben zur Sozialstruktur der getöteten Barrikadenkämpfer in Wien (März: mehr als 60; Okt./Nov. 1848: etwa 2000) sowie der deportierten Revolutionäre in Paris ab Ende Juni 1848 (knapp 12.000; getötete Zivilisten: mehr als 3000, getötete Militärs: 1600) in: Rüdiger Hachtmann: Epochenschwelle zur Moderne, Tübingen 2002, S. 204 f.

Parlament und Parteien

Wichtig ist zunächst, daß nicht nur Frankfurt am Main mit der Paulskirche, sondern auch Berlin zum Schauplatz früher Sternstunden parlamentarischer Demokratie wurde. Die Preußische Nationalversammlung steht zu Unrecht im Schatten der Deutschen Nationalversammlung. Sie war stärker links konturiert als die Paulskirche: die Linke und das linke Zentrum hatten ein leichtes, allerdings nicht eindeutiges Übergewicht gegenüber der Rechten und dem rechten Zentrum. Ablesen läßt sich dies an verfassungsrechtlich bahnbrechenden Beschlüssen wie dem über die Aufhebung des Adels als Stand und die Abschaffung der Todesstrafe, aber auch z. B. an denen über die Abschaffung des königlichen „von Gottes Gnaden" oder der zahllosen Orden und nicht-amtlichen Titel.

Berlin selbst war, von den politischen Mehrheitsverhältnissen her betrachtet, eine rote Hochburg. Im Mai 1848, als die Abgeordneten für die Deutsche und Preußische Nationalversammlung gewählt wurden, ließ sich das noch nicht feststellen, weil noch keine Parteien existierten, sondern einzelne Persönlichkeiten gewählt wurden. Bei der Wahl zum Preußischen Abgeordnetenhaus Anfang 1849 hatte sich dies geändert. Sieben der acht Abgeordneten, die Berlin stellte, hatten sich zuvor als entschiedene Demokraten profiliert. Der einzige Linksliberale, der damals prominente Abgeordnete Karl Rodbertus, hatte als achter in Berlin nur deshalb Chancen, weil er zuvor ein Opfer des Ende 1848 wieder im Sattel sitzenden und vom Berliner Polizeipräsidenten von Hinckeldey modernisierten preußischen Polizeistaates geworden war.

1848 war außerdem das Geburtsjahr der modernen Parteien, deutschlandweit – und Berlin spielte hier eine zentrale Vorreiterrolle. Es gab einen liberalen Verein, den Konstitutionellen Club, seit Sommer 1848 drei konservative Vereine und vier große demokratische Vereinigungen, letztere mit teilweise mehr als tausend Mitgliedern. Von größerer Bedeutung waren die insgesamt mehr als 170 „Bezirksvereine" ohne feste Mitgliedschaften, die meist demokratisch getönt waren. Hier mußten die Abgeordneten Rede und Antwort stehen, hier wurden die meisten der zahllosen Flugschriften und Plakate entworfen, die die Häuserwände der Berliner Innenstadt zu riesigen Wandzeitungen machten, hier wurden die Demonstrationen geplant, die oft nach Zehntausenden, in Einzelfällen wie am 6. Juni 1848 zum Gedenken an die Märzgefallenen sogar hunderttausend Teilnehmer zählten. Diese Bezirksvereine, aber auch die demokratischen Clubs oder viele der neu entstehenden Berufsverbände, z. B. die der Ärzte oder Lehrer, wurden zu Orten der Demokratie und Ausdruck einer emanzipativen Fundamental-politisierung, wie es sie nach 1848 in diesem Ausmaß in Deutschland wohl nicht wieder gegeben hat.

1848: Geburtsstunde auch der organisierten Arbeiterbewegung

1848 war die Geburtsstunde der Parteien und außerdem der Arbeiterbewegung. Obwohl führende Mitglieder vieler örtlicher Arbeiterorganisationen und ebenso der Ende August 1848 in Berlin gegründeten überregionalen „Arbeiterverbrüderung" dem „Bund der Kommunisten" angehörten, zielte die entstehende organisierte Arbeiterbewegung in Deutschland kurzfristig nicht auf eine Neuordnung der Eigentumsverhältnisse nach sozialistischen Prinzipien. Auf der Tagesordnung stand die konkrete Verbesserung der Arbeits- und Lebensbedingungen der Unterschichten und die Unterstützung der zahlreichen Gesellen- und Arbeitergruppen, die die Arbeit niedergelegt hatten, um eine Erhöhung der niedrigen Einkommen, eine Verkürzung der oft horrend langen Arbeitszeiten, Schutz vor Arbeitgeberwillkür oder auch bereits Mitsprache in betrieblichen Angelegenheiten durchzusetzen.

Programmatisch sah die ‚Arbeiterverbrüderung' u. a. die Abschaffung indirekter Steuern und der Einführung einer progressiven Einkommenssteuer vor. Andere Programmpunkte zielten auf soziale Grundsicherung für erwerbslose, alte und kranke Arbeitnehmer, auf unentgeltlichen Schulunterricht und Lehrmittelfreiheit sowie last but not least auf die Errichtung eines „Ministeriums für Arbeiter".

Für das Verlangen nach einem Arbeiterministerium und die Forderung nach einem (so die Forderung der frühen deutschen Arbeiterbewegung:) grundgesetzlich verankerten „Recht auf Arbeit" stand die französische Republik Pate. In Frankreich nämlich war Ende Februar 1848 auf den Druck der in Paris starken sozialistischen Bewegung hin das „Recht auf Arbeit" zu einem Grundrecht erklärt worden und der Arbeiter Daniele Martin an die Spitze eines neu geschaffenen Arbeitsministeriums getreten.

Es war weniger das entschiedene Verlangen nach sozialstaatlicher Absicherung proletarischer Existenz und gleichberechtigter politischer Mitsprache als vielmehr die Solidarität der deutschen Arbeiterbewegung mit den Pariser Aufständischen vom Juni 1848, die wiederum die Ängste des Bürgertums und Kleinbürgertums vor dem „Gespenst des Kommunismus" nährte, ein Schlagwort, das Karl Marx und Friedrich Engels in ihrem im Februar 1848 erschienenen „Manifest der kommunistischen Partei" aufgriffen und populär machten. Daß die frühe Arbeiterbewegung 1848 nur in den Großstädten und frühen Industriezentren wie Berlin und den Städten Sachsens oder des Rheinlandes stark war, übersah man in den besseren Kreisen. Immerhin besaßen die frühen Arbeiterorganisationen in Berlin mehrere, zwei-, dreimal die Woche erscheinende Zeitungen – wie überhaupt das Revolutionsjahr eine bis dahin unbekannte und gerade im Vergleich zu heute einzigartige Pressevielfalt hervorbrachte.

Wie war das 1848 mit der Emanzipation der Frauen und der Juden?

Die Arbeiterbewegung drängte auf soziale Emanzipation. Wie war das mit den anderen wichtigen Strängen der Emanzipation, namentlich der Frauenemanzipation? In Berlin entstanden erst im Herbst 1848 zwei kurzlebige Frauenklubs, die beide mit den Demokraten sympathisierten. Von der Männerwelt – übrigens auch der demokratischen – wurden sie mit Hohn und Spott übergossen. Politisierende Frauen wurden scheel angesehen. Eine Zeit der Befreiung der Frauen war das Jahr 1848 jedenfalls nicht. Nach der Niederlage der Revolution verfestigten sich die traditionellen, geschlechtsspezifischen Rollenklischees und -erwartungen eher, als daß sie sich auflösten.

Und wie war das mit der Judenemanzipation? Wir sind heute gewöhnt, die Geschichte der Juden in Deutschland und Berlin aus der Perspektive des Holocaust zu sehen. Dies kann den Blick dafür verstellen, daß 1848 ein Jahr der Emanzipation der Juden gewesen ist. Die allermeisten Juden sahen sich im Revolutionsjahr nicht mehr als diskriminierte Minderheit, sondern als von allen akzeptierte Staatsbürger. Wie sonst nur in Wien waren in Berlin zahllose Juden politisch engagiert, nicht in separaten jüdischen Organisationen, sondern in den allen zugänglichen politischen Klubs – die meisten von ihnen auf Seiten der Demokraten, viele auch bei den Liberalen oder Sozialisten, also dort, wo Konfession und Herkunft keine Rolle spielten. Die rechtliche Emanzipation ließ bekanntlich auf sich warten – am längsten übrigens in der Schweiz, wo die verfassungsrechtliche Gleichstellung der Juden erst 1866 bzw. 1874 endgültig festgeschrieben wurde. 1848 hatten sich die Juden allerdings praktisch selbst emanzipiert, nicht nur in Berlin, Preußen und Deutschland, sondern überall in Europa, und wurden hierin von breiten Strömungen der nicht-jüdischen Bevölkerung unterstützt.

Gleichzeitig schlug 1848 freilich auch eine, allerdings noch nicht rassistische, Judenfeindschaft hoch. Federführend war in Berlin und nicht nur dort die dem Landesherrn verpflichtete protestantische Geistlichkeit, die Juden mitunter pauschal als „Franzosen-Jünger" bezeichnete und den angeblich „jüdischen Übermuth" geißelte, der sich „keck gegen die angestammte Obrigkeit [richte], die er nur zu gern vom christlichen Stamme abzweigen und dem eigenen aufpfropfen möchte".[8] Hinter solchen Zitaten schwang freilich auch Frust und Erbitterung darüber mit, daß aus der Sicht vieler Pastoren Berlin nach Paris die „gottloseste Stadt" Europas war.

Die Unterschichten prägen das Gesicht der Berliner Revolution

Als besonders „gottlos" galten die Unterschichten. Sie waren es auch, die 1848 das Berliner Straßenbild prägten. Insbesondere im Frühjahr wurde Berlin immer wieder

---

8 Evangelische Kirchenzeitung 43/1848 (22. Nov.), Sp. 927 f. Der Verfasser dieses und zahlreicher weiterer antijüdischer Zitate war der Theologe und Universitätsprofessor Friedrich Wilhelm Hengstenberg, zwischen 1830 und 1860 die Graue Eminenz des preußischen Protestantismus.

zum Schauplatz von Arbeitslosendemonstrationen und Hungerrevolten mitunter ganz eigenartiger Form. So versammelten Mitte April „sich bei verschiedenen Bäckern in allen Theilen der Stadt große Haufen Volks, welche mit der Beschaffenheit des Brotes, und namentlich mit der Kleinheit derselben insbesondere, unzufrieden, eine ganz besondere Revision bei den Herren Meistern abhielten. Zahlreich genug, um ihre Absicht nöthigenfalls mit Gewalt durchzusetzen, gingen sie in größter Regelmäßigkeit von Laden zu Laden, nahmen Brod aller Art gegen baare Zahlung, wogen es an Ort und Stelle und kündigten den zahlreichen Bäckermeistern, bei denen unbedingt zu leichtes Brod, bei gewöhnlicher Qualität gefunden worden, an, daß, wenn am nächsten Tage das Brod nicht die Größe und Schwere habe, welche man füglicher Weise in Folge der niedrigen Getreidepreise verlangen könne, man schärfere Maßregeln gegen sie ergreifen, ja vielleicht ihre resp. Geschäfte demoliren würde." Der Auftritt dieser „Volkspolizei" (Adolf Wolff) war erfolgreich. „Die Drohungen müssen wirklich geholfen haben, denn die Größe der Backwaaren scheint zugenommen zu haben."[9] Hintergrund eines solchen, von einer vorkapitalistischen „moralischen Ökonomie" geprägten Handelns war nicht zuletzt die in Berlin hohe Erwerbslosigkeit, die vor allem im Frühjahr, vereinzelt aber auch noch im Herbst 1848 zu Demonstrationen und manchmal heftigen Tumulten führte. Mit Arbeitsbeschaffungsmaßnahmen für schließlich etwa achttausend Erwerbslose suchten Staat und Magistrat insgesamt erfolgreich die Soziale Frage zu entschärfen. Nach der Revolution wurden diese Arbeitsbeschaffungsmaßnahmen bald wieder eingestellt.

1848 war ein Jahr des Sozialprotests, vor allem aber eines demokratischer Fundamentalpolitisierung. Überall boten fliegende Buchhändler die gerade aktuellen Flugschriften oder die beliebten Karikaturen und satirischen Zeitschriften an. Die Straßenecken in der Innenstadt waren über und über mit großflächigen politischen Plakaten bedeckt. Davor sammelten sich Menschentrauben, die das Gelesene erregt diskutierten und häufig genug heftig miteinander stritten. Allerorten entstanden (wie die Zeitgenossen sie nannten:) „politische Ecken". Rhetorische Talente aus dem einfachen Volk hielten Reden, die (wie der Berliner Demokrat Robert Springer formulierte) „populär wie Knoblauchwürste und berauschend wie Kümmelschnaps" sein konnten und oft hunderte, manchmal tausende von Zuhörern anzogen, die ihrerseits mit Beifall oder Buhrufen und lauten Zwischenbemerkungen nicht sparten. Diese „politischen Ecken", das „Barometer für den politischen Luftdruck Berlins",[10] prägten 1848 das Gesicht der Stadt und wurden zum Ausgangspunkt zahlloser spontaner Demonstrationen und Katzenmusiken.

---

9 „Publicist" vom 22. April 1848.
10 Springer, Berlins Straßen (wie Anm. 6), S. 73, 129 f.

Die Revolution von 1848: auch eine Jugendrevolte

Schaut man sich schließlich genauer an, wer da auf den Straßen politisierte und wer auf den Barrikaden gestanden hatte, dann zeigt sich: Die Revolution von 1848 war nicht zuletzt eine Jugendrevolte. 36% derjenigen, die am 18. März in Berlin auf den Barrikaden standen und deren Alter bekannt ist (knapp 900 Personen), waren jünger als 24 Jahre (Tabelle 2). Aufschlußreich ist auch der Blick auf das Alter der Vorstandsmitglieder der politischen Vereine in der preußischen Hauptstadt: Ihr Alter lag beim radikalen und mitgliederstarken „Demokratischen Klub" bei 28 Jahren, bei den moderaten demokratischen Vereinen bereits deutlich drüber. Die Vorstandsmitglieder des liberalen Constitutionellen Klubs waren dagegen zehn Jahre älter, nämlich um die 38 Jahre alt, die der Konservativen Vereine mit durchschnittlich 47 Jahren sogar fast zwanzig Jahre älter als die Wortführer der radikalen Demokraten. Das war nicht nur in Berlin so. In den meisten deutschen und europäischen Regionen wurde die demokratische Bewegung von jungen Intellektuellen geführt.

Ihren Protest gegen ein verknöchertes „Establishment" demonstrierten die jungen Radikalen auch nach außen: Lange Kopfhaare, ein wallender Kinnbart, ein heller, breitkrempiger Schlapphut mit Hahnenfeder oder auch ein schwarzer Calabreser mit roter Feder, ein rotes Halstuch, eine weite, meist blaue Bluse galten den Zeitgenossen als das „Hauptkennzeichen der demokratischen Parteigenossen". Sie mutierten gleichsam zu Zwillingen des badischen Revolutionärs, „Struwwelpeters" und modischen Trendsetters Friedrich Hecker.

Berlin – heimliche Hauptstadt Deutschlands

1848 wurde Berlin zur informellen Hauptstadt Deutschlands. Bis 1866 bzw. 1871 gab es keinen deutschen Nationalstaat, sondern lediglich einen locker gefügten Staatenbund – den Deutschen Bund, der 1815 unter Metternichs Federführung entstanden, mit wenig eigenen Kompetenzen ausgestattet war, in den Jahren 1848 bis 1850 vorübergehend seine Tätigkeit einstellte und danach bis 1866, also bis zum Sieg Preußens über Österreich, erneut mehr schlecht als recht funktionierte. Da Frankfurt a. M. nicht nur Sitz dieses Deutschen Bundes war, sondern sich dort auch die Abgeordneten der Deutschen Nationalversammlung zusammenfanden, sollte man annehmen, die damals knapp sechzigtausend Einwohner zählende Mainmetropole sei die deutsche Hauptstadt gewesen. Tatsächlich jedoch sahen das die meisten Zeitgenossen ganz anders. Dazu wenige Stichworte:

Drei Tage nach den Barrikadenkämpfen, am 21. März 1848, ritt Friedrich Wilhelm IV. durch die Straßen seiner Hauptstadt und erklärte, er habe sich „für die Tage der Gefahr" an die „Spitze des deutschen Volkes gestellt". Er schien damit signalisieren zu wollen, daß die nationale Einigung von Preußen ausgehen solle – und mithin die preußische Hauptstadt auch zur deutschen Hauptstadt werden würde. Wichtiger als dieses (wie der zeitweilige preußische Außenminister von Canitz und Dallwitz abwertend formulierte) „Nationalitätshallo" vom 21. März, das vor allem veranstaltet wurde, um der einheimischen Revolutionsbewegung den Wind aus den Segeln zu nehmen, war die zunehmende Orientierung aller wichtigen politischen Strömungen Deutschlands auf Berlin – vor allem der Demokraten. Berlin sei „die Hauptstadt des größten deutschen Landes". „Das deutsche Volk [müsse] nach Berlin als Quelle seiner Zukunft sehen".[11] Mit diesem Satz begründeten die Delegierten des in Berlin tagenden Zweiten Kongresses der Demokraten Deutschlands ihren Beschluß, daß das künftige Nationalparlament von Frankfurt a.M. in die preußische Hauptstadt verlegt werden müsse.

Bereits auf ihrem ersten nationalen Kongreß, der noch in Frankfurt stattfand, hatten die Demokraten beschlossen, dass der im Juni 1848 gewählte „Central-Ausschuß der Demokraten Deutschlands" wegen der entscheidenden künftigen Bedeutung der preußischen Hauptstadt seinen Sitz in Berlin nehmen müsse. Nicht nur die Demokraten hielten ihren zweiten Kongreß dann in der preußischen Hauptstadt ab. Auch die Liberalen kamen zu ihrem nationalen Kongreß in Berlin zusammen; ein von ihnen gewählter Central-Ausschuß nahm seinen Sitz gleichfalls in der Preußenmetropole. Und auch die – national freilich schlechter koordinierten – Konservativen sahen in Berlin das politische Zentrum Deutschlands.

Mit dem Beschluß der Paulskirche, Friedrich Wilhelm IV. die deutsche Kaiserwürde anzubieten, geriet Berlin weiter in das Zentrum des politischen Geschehens in Deutschland. Auch nach dem 28. April 1849, nach der unzweideutigen Ablehnung der deutschen Krone, dem (wie der Hohenzoller höhnte) „imaginären Reif aus Dreck und Letten", durch den Preußenkönig und der zeitgleichen Auflösung der Zweiten Kammer des preußischen Parlaments, die das endgültige Ausscheren Preußens aus der Revolutionsbewegung markierte, blieb Berlin der Angelpunkt der deutschen Einigungsbestrebungen und heimliche Hauptstadt Deutschlands.

Warum ist die Revolution von 1848/49 gescheitert?

Die Revolution von 1848 endete mit einer unzweideutigen Niederlage der Freiheitsbewegung. Warum ist sie gescheitert? Dafür sind viele Gründe verantwortlich. Einer davon: Das Vertrauen in die Monarchie war noch nicht so erschüttert, dass man – wie in Frankreich – in der demokratischen Republik die einzige Alternative sah. Friedrich Wilhelm IV. hatte noch keineswegs seinen gesamten Kredit verspielt. Das wurde schon bald deutlich.

Keine 24 Stunden nach dem Ausbruch der Barrikadenkämpfe, am 19. März um die Mittagszeit, strömte aus allen Vierteln der preußischen Hauptstadt das Volk Richtung

---

11 Nach: Verhandlungen des 2. Demokraten-Kongresses in Berlin, Beilage zu den „Volksblättern", S. 32.

Stadtschloß. Zahlreiche Leiterwagen werden mitgeführt. Mehr als 150 Leichen der zum Teil bös entstellten Barrikadenkämpfer waren auf ihnen gebettet, mit grünen Zweigen und Blumen geschmückt. Schließlich standen zehntausende Demonstranten und Schaulustige dicht gedrängt auf dem Schloßplatz. Kurz nach 14 Uhr betrat der Preußenkönig Friedrich Wilhelm IV. mit aschgrauem Gesicht einen Balkon des Stadtschlosses. Zunächst Totenstille. Dann erst vereinzelte, schließlich zahlreiche wütende Rufe, die an das blutige Geschehen der vergangenen Nacht erinnerten. Als die Menge vehement und lautstark den erschütterten Monarchen aufforderte, seine Kopfbedeckung abzunehmen, entblößte dieser tatsächlich sein Haupt und verneigte sich vor den zahlreichen Leichen, die direkt unter seinem Balkon plaziert waren. Vielen, vielleicht den meisten Berlinern genügte diese Geste. Sie gingen nach Hause in dem Glauben, daß, so erklärte einer von ihnen dem Chronisten der Berliner Revolution, Adolf Wolff, „das Herz des Königs gebrochen und einem Läuterungsfeuer übergeben [wurde], aus welchem dasselbe zu [des Volkes] und des Königs Heil wiedergeboren hervorgegangen" sei.[12]

Das war ein Irrtum. Friedrich Wilhelm IV. selbst glaubte zunächst, nun stehe in Berlin eine Zeit bevor wie Paris während der Jakobinerherrschaft 1793/94. Er selbst wähnte sich unmittelbar vor der Guillotine und war zunächst froh, sich und seine Krone überhaupt gerettet zu haben. Hof und Offizierskorps fühlten sich durch die Reverenz, die der Monarch den toten Barrikadenkämpfern erwies, tief gedemütigt und sannen auf Rache.

Nur wenige kritische Zeitgenossen wie der Radikaldemokrat Rudolf Virchow durchschauten, daß die scheinbare Nachgiebigkeit des Königs (so Virchow wörtlich in einem Brief an seine Eltern) „ein großer politischer Streich" zur Beruhigung der aufgeregten Gemüter in Berlin und Preußen war.[13] Außerhalb Preußens und Deutschlands rief das naive Vertrauen der Berliner in den Hohenzollernmonarchen erstauntes Kopfschütteln hervor. Der Schweizer Weber und Kleinbauer Johann Ulrich Furrer, der freilich niemals eines Fürsten Untertan war, schrieb in sein Tagebuch, bei den Berlinern sei „es, wie mir scheint, mit dem, was man Verstand nennt, noch nicht weit her, das beweisen die Lebehoche für den König. In der Schweiz, glaube ich, hätte man es anders gemacht: Einem Mann, der vor wenigen Augenblicken noch Befehl gab, das Volk niederzuhauen, würde man nicht mit Vivetrufen, sondern mit Kugeln berauschen. Aber die einfältigen Leute glauben, dass die ganze Welt zugrunde ginge, wenn keine solchen Herren von Gottes Gnaden existieren würden."[14]

Gescheitert ist die Revolution – mit Ausnahme der Schweiz – allerdings auch in allen anderen europäischen Staaten. Warum ist sie gescheitert? Zu allererst ist die europäische und die deutsche Revolution an den hochkochenden Ressentiments

---

12 Adolf Wolff: Berliner Revolutionschronik. Darstellung der Berliner Bewegungen im Jahre 1848 nach politischen, socialen und literarischen Beziehungen, Bd. 1, Berlin 1851, S. 149 f.
13 In: Rudolf Virchow: Briefe an seine Eltern 1839–1864, hg. von Marie Rabl, geb. Virchow, Leipzig 1906, S. 139.
14 Johann Ulrich Furrer: Schweizerländli 1848. Das Tagebuch eines jungen Sternenbergers, hg. von Judit und Peter Ganther-Argay, Stäfa 1998, S. 23 f.. Vgl. dazu den Beitrag von Béatrice Ziegler.

gescheitert, die den kurzen Traum vom Völkerfrühling Anfang 1848 rasch in einen Alptraum widerstreitender, aggressiver Nationalismen umschlagen ließen. Ausgerechnet der Berliner Schriftsteller Wilhelm Jordan, der in der Hauptstadt aufgrund seiner anfangs liberalen Ansichten in die Deutsche Nationalversammlung gewählt worden war, hielt am 24. Juli 1848 in der Frankfurter Paulskirche eine Rede, die deutlich macht, welch fatale Dimension der deutsche Nationalismus bereits zu diesem Zeitpunkt hatte. Die von demokratischer Seite vorgetragene Forderung, auch den Polen die nationale Souveränität zuzugestehen, bezeichnete Jordan als „schwachsinnige Sentimentalität". In Deutschland sei es „hohe Zeit", die „träumerische Selbstvergessenheit und Schwärmerei für alle möglichen Nationalitäten" abzulegen und einen „gesunden Volksegoismus" zu entwickeln. „Die Übermacht des deutschen Stammes gegen die meisten slawischen Stämme" gehöre zu den „naturhistorischen Tatsachen". Diejenigen, die für das nationale Selbstbestimmungsrecht der Polen einträten und dadurch die fünfhunderttausend in Posen lebenden Deutschen „hinausstoßen" würden, halte er „mindestens [...] für unbewußte Volksverräter". Er sprach offenbar zahlreichen Mitgliedern der Deutschen Nationalversammlung aus der Seele; seine Rede endete unter „andauerndem stürmischen Beifall".[15] Diese Worte Jordans zeigen sehr deutlich, wie janusköpfig das Streben nach nationaler Einheit schon 1848 war. Nationalismus und Ressentiments, wie sie Jordan hier artikulierte, machten es den gegenrevolutionären alten Mächten leicht, die verschiedenen Nationen gegeneinander auszuspielen.

Gescheitert ist die Revolution außerdem an der Zerstrittenheit der demokratischen und liberalen Bewegung sowie an der Staatsfrömmigkeit und Untertanenmentalität breiter Bevölkerungsschichten, die sich aus der preußischen Tradition der „Reformen von oben" speiste. Das naive Vertrauen in Friedrich Wilhelm IV. ist hier ein eindrucksvolles Indiz. Als man merkte, daß der König keine Demokratisierung Preußens und Deutschlands wollte, war es zu spät. Die Niederlage der Revolution hat dann fatale Grundhaltungen bestätigt: die Einstellung, gegen ‚die da oben' könne man doch nichts machen – eine nach meinem Eindruck historisch sehr wirkungsmächtige Einstellung, die auffällig mit historischen Traditionen in anderen Ländern, etwa Frankreich, kontrastiert.

Der Friedrichshain: ein Ort volkstümlichen Gedenkens an die Märzrevolution und der Obrigkeit ein Ärgernis

Indes zogen breite Bevölkerungsschichten auch Energien aus der Revolution. Ihr Optimismus blieb ungebrochen. Sie gingen davon aus, daß die neue Zeit nicht aufzuhalten sei, und zeigten dies auch eindrücklich während öffentlicher Demonstrationen

---

15 Verhandlungen der deutschen constituirenden Versammlung zu Frankfurt a. M. Stenographische Berichte, hg. von Franz Wigard, Frankfurt a.M. 1848, Bd.2, S. 1143, 1145 f.

zum Berliner Friedrichshain, auf dem am 22. März 1848 unter der Beteiligung von (nach unterschiedlichen Schätzungen) 100.000 bis 200.000 Menschen die toten Barrikadenkämpfer bestattet worden waren.

Trotz massiver Präsenz von Polizei und Militäreinheiten pilgerten in den ersten Jahren nach der Revolution, jeweils am 18. März, „als kaum das Tageslicht dämmerte, unabsehbare Züge von Menschen nach dem Friedrichshain hinaus, und es wuchsen die Massen trotz der schneidend kalten und unfreundlichen Witterung mit jeder Stunde. Die Wallfahrenden gehörten meist dem Arbeiter- und Handwerkerstande und den jüngeren Generationen der Bevölkerung an[gehörend]." Und verwandelten mit zahllosen Kränzen und Blumen den Friedhof in einen „lieblichen Garten".[16]

Dazwischen handschriftliche Worte auf anonymen Zetteln, penibel in den Polizeiakten abgeheftet, z. B.: „Zur Ehre für die im Kampfe für die Freiheit und [das] Recht gefallenen Helden, welche für Wahrheit und Recht ritterlich gefochten [haben] und für uns brüderlich gestorben sind." Aber auch: „Der König ist ein Schweinehund" und: Friedrich Wilhelm IV. sei „König Hundsfott".[17] Gegen Abend kam es in den ersten Jahren nach der Märzrevolution dann regelmäßig zu „Zusammenstößen" zwischen „Volkshaufen" und den verhassten Konstablern, die sich bis in die späte Nacht hinzogen.

Der Obrigkeit blieb der Friedrichshain ein hochgradiges Ärgernis. Mitte 1852 wurden bis auf einen sämtliche nach der „Gruftstätte führenden Wege auf Anordnung der Behörden planirt und zu Baumpflanzungen umgeschaffen, so daß nunmehr vom Friedrichshain kein Zugang zu dem Beerdigungsplatze mehr" existierte. Der letzte Weg zum Begräbnisplatz der Märzgefallenen wurde im Frühjahr des folgenden Jahres „umgepflügt und mit Kartoffeln bestellt", der Platz selbst mit einem Bretterzaun umgeben und zusätzlich dichtes und borniges Gestrüpp gepflanzt. Noch 1889 (so erklärte ein linksliberaler Stadtverordneter) passte die Begräbnisstätte der Märzgefallenen „besser für eine Hundehütte als für einen Friedhof von dieser Bedeutung, kurz, der allgemeine Zustand ist ein ganz abscheulicher."[18]

Zu diesem Zeitpunkt allerdings war die ursprünglich volkstümliche Tradition des jährlichen Gedenkens am 18. März schon längst zu einer sozialdemokratischen geworden. Die Sozialdemokratie machte die Ehrung der Märzgefallenen auf dem Friedrichshain erneut zur Massenbewegung, vor allem seit Anfang der siebziger Jahre, da – historischer Zufall – auch die Ausrufung der Pariser Commune auf den 18. März datiert, auf den 18. März 1871. Erst nach dem Ersten Weltkrieg trat der 1. Mai an die Stelle des 18. März. Nach der Revolution 1918/19 widerfuhr den Märzgefallenen dann auch von offizieller Seite Anerkennung. Im November 1925 wurde immerhin das lange geplante Eingangsportal eingeweiht.

---

16 Zitate: Vossische Zeitung und National-Zeitung vom 20. März 1849.
17 In: Geheimes Staatsarchiv preußischer Kulturbesitz, Berlin-Dahlem, Rep. 77, Tit. 501, Nr. 3, Beih. 3, Bl. 38.
18 Aus diesem Grund müsse der Platz „in zweckentsprechender Weise abgeschlossen werden". Schreiben des Polizeipräsidenten (i.V. Lüdemann) an den Magistrat vom 22. Okt. 1856, in: LAB, StA, Rep. 01, Nr. 2442, Bl. 32 u. Rs.

Der Friedrichshain – eine von drei nationalen Gedenkstätten der Revolution von 1848/49

Indessen ist der Friedrichshain bisher noch nicht die Gedenkstätte, die an den fundamentaldemokratischen Aufbruch von 1848 erinnert.[19] Im nationalen Rahmen existieren insgesamt drei Gedenkstätten zu 1848/49: In der Festung Rastatt, die für die badische Revolution im Sommer 1849 eine zentrale Rolle gespielt hat, kann man heute eine ausgesprochen sehenswerte Dauerausstellung über die „deutschen Freiheitsbewegungen" besuchen. Die Frankfurter Paulskirche ist allein als Baudenkmal unmittelbar mit der Revolution von 1848/49 und der Deutschen Nationalversammlung verbunden. Einzig der Berliner Friedrichshain als die dritte zentrale Gedenkstätte ist im nationalen Gedächtnis zu 1848/49 kaum präsent. Dabei lassen sich an keinem anderen historischen Ort die verschiedenen Ebenen des Emanzipationsstrebens von 1848 plastischer nachzeichnen.

Deshalb sind die aktuellen Bemühungen um eine würdige Gestaltung des Friedrichshains und die Errichtung eines Dokumentationszentrums sehr zu begrüßen. Aber nicht nur das. Auch die Initiative der „Aktion 18. März" und die fraktionsübergreifende Entschließung des Berliner Abgeordnetenhauses an Senat, Bundesrat und Bundestag, diesen Tag zu einem allgemeinen Gedenktag zu erklären, verdient vorbehaltlose Unterstützung.[20]

In der bundesdeutschen Gedenkstättenlandschaft dominiert das „negative Gedächtnis" (Reinhart Koselleck), d.h. die Erinnerung an die barbarischen Verbrechen des NS-Regimes und das Unrecht im SED-Staat. Dies ist wichtig und darf auf keinen Fall infrage gestellt werden. Wichtig ist jedoch auch ein „positives" Gedächtnis, die Erinnerung an den Kampf für Freiheit und Emanzipation. Denn Deutschland ist arm an demokratischen Traditionen. 1848/49 gehört zu den ganz wenigen dieser positiven Traditionen und besitzt zudem eine gesamteuropäische Dimension. Die Erinnerung an 1848/49 ist heute außerdem politisch weitgehend unumstritten. Es existiert eine geeinte Erinnerungskultur, auf die sich alle politischen Strömungen positiv beziehen können. Wie könnte die Erinnerung an das demokratische Fundamentalereignis ‚1848' besser verankert werden, als dadurch, daß man den 18. März zum nationalen Gedenktag erklärt?

---

19 Dies wird sich in absehbarer Zeit ändern: Dank großzügiger Unterstützung der Lottostiftung wird 2010 – zunächst zeitlich befristet – im Friedrichshain ein Ausstellungspavillon eröffnet, der über die Geschichte der Berliner Revolution und der Grabstätten der Märzgefallenen informiert. Vgl. dazu die Beiträge von Susanne Kitschun und Heinz Warnecke.
20 Vgl. dazu den Beitrag von Christoph Hamann.

Tabelle 1: Sozialstruktur der Berliner Barrikadenkämpfer (in v. H.)

	Alle Märzkämpfer (a)	Märzgefallene	Märzverletzte	Märzgefangene
Bürgertum	3,3	3,0	4,0	3,7
Mittelschichten	9,4	5,3	4,0	11,7
Unterschichten	85,5	86,4	92,0	84,4
Übrige	1,8	5,3	-	0,2
Insgesamt	100,0	100,0	100,0	100,0
Absolute Werte	871	277	58	536

(a) Im März gefallene, verletzte und gefangene Barrikadenkämpfer.

Tabelle 2: Märzkämpfer nach Alterskohorten (in v. H.)

Alter	Alle Märzkämpfer (a)	darunter: Märzgefallene	darunter: Märzgefangene
bis 24 Jahre	36,7	30,9	43,2
25 bis 29 Jahre	22,5	19,7	23,7
30 bis 39 Jahre	22,4	23,4	21,3
40 bis 49 Jahre	13,5	19,2	8,0
50 Jahre und älter	4,9	6,8	3,8
	100,0	100,0	100,0
Durchschnittsalter	30,0	32,3	27,9
Fehlende Werte	29,3%	4,7%	45,4%

Quelle Tabelle 1 und 2: Adalbert Roerdansz: Gefangene Berliner auf dem Transport nach Spandau am Morgen des 19. März 1848, Berlin o. J. (1848), S. 199–227; Jürgen Kuczynski und Ruth Hoppe: Eine Berufs- bzw. auch Klassen und Schichtenanalyse der Märzgefallenen 1848 in Berlin, in: Jahrbuch für Geschichte 1964/IV, S. 214–272; Landesarchiv Berlin, StA, Rep. 01, Nr. 2441; Rep. 03, Nr. 948; verstreute Zeitungsangaben.

Am 26. August 1994 sprühten Freunde der „Aktion 18. März" den Text der Kinderhymne von Bertolt Brecht auf eine Giebelwand in Reichstagsnähe. Weil Hunderttausende wegen der Reichstagsverhüllung nach Berlin kamen, fand die Aktion große Beachtung. Brechts Gedicht kann als die „Nationalhymne" der „Aktion 18. März" bezeichnet werden.

Nationale Frage und Nationalbewegung in der Revolution von 1848/49

Peter Brandt

Wenn man unter „Nation" eine Kommunikations- und Bewusstseinsgemeinschaft versteht, für die die üblicherweise angeführten Kriterien gemeinsamer Abstammung (bzw. der Vorstellung davon), gemeinsamer Muttersprache und Kultur das typische Rohmaterial bilden, dann handelt es sich nicht um eine anthropologische Konstante, sondern um das Ergebnis eines konkreten historischen Prozesses.

Im staatlich zersplitterten Deutschland – das 1806 unter dem Druck Napoleons aufgelöste Heilige Römische Reich Deutscher Nation war als lockerer lehnsrechtlich-genossenschaftlicher Verband eher ein Hindernis als ein Vehikel der Nationsbildung – entstand ein überstaatlicher gesellschaftlich-nationaler Zusammenhang seit der zweiten Hälfte des 18. Jahrhunderts im Zuge des allgemein beschleunigten sozialen Wandels: zuerst als Kulturnation der kleinen bildungsbürgerlichen Schicht, noch weitgehend ohne politische Zielsetzung. Die Tendenz zur wirtschaftspolitischen Einigung (Gründung des Deutschen Zollvereins unter preußischer Führung) und die Entstehung einer kapitalistischen Bourgeoisie ist nicht vor den 1830er-Jahren anzusetzen.

Die politische Nationalbewegung und die Ausformung einer nationalen Ideologie erwuchsen aus dem Widerstand zunächst kleiner Gruppen gegen das napoleonische Hegemonialsystem, der Erhebung von 1813/14 und der Desillusionierung über die „restaurative", die vagen freiheitlichen Bestrebungen unterdrückende Politik der einzelstaatlichen Regierungen und des Deutschen Bundes in den Jahren danach. Ab 1830 griff die Nationalbewegung von der bildungsbürgerlichen Elite auf breite kleinbürgerliche Massen über. Das Hambacher Fest vom 27. Mai 1832 drückte schon durch seine 25.000 Teilnehmer diese Veränderung aus. Die aus den Zeitumständen erklärbare, rabiat antifranzösische Stoßrichtung des früheren, „volkstümlichen" Nationalpatriotismus war abgelöst von der Vorstellung, alle Völker Europas stünden gemeinsam den alten unterdrückerischen Mächten des monarchischen Obrigkeitsstaates und der Aristokratie gegenüber.

Neben den schwarz-rot-goldenen Farben der Urburschenschaft, die sich im Untergrund als deutsche Trikolore durchgesetzt hatten, sah man auf dem Hambacher Schloss auch die französische und die polnische Fahne. Ihre Kraft schöpfte die deutsche Nationalbewegung weiterhin daraus, dass die ausdrücklich politisch-nationalen Aktivitäten, die mit liberalen und radikal-demokratischen Zielen verknüpft waren, durch vielfältige kulturnationale Bestrebungen unterfüttert wurden, zumal die Grenzen zwischen Politisch-Nationalem und Kulturnationalem fließend waren, wie bei den ab 1842 wieder zugelassenen Turnvereinen und den seit den 1820er-Jahren aufblühenden Männer-Gesangvereinen. 1847 waren 80–90.000 Turner in ca. 250 Vereinen und mehr als 100.000 Sänger in mehr als 1.100 Vereinen organisiert. Staatsbürgerliches und sprachlich-kulturelles Verständnis von „Nation" und „Volk" kamen im vormärzlichen Europa in unterschiedlichen Mischungsverhältnissen vor; Mitte des 19. Jahrhunderts ging beides meist Hand in Hand, denn außerhalb der etablierten Verfassungsstaaten fehlte die nationale wie die staatsbürgerliche Selbstbestimmung gleichermaßen, und beide Aspekte der politischen Emanzipation befruchteten sich gegenseitig.

Als der revolutionäre Prozess in Europa 1848 begann, traten die diversen nationalen Bewegungen als unmittelbar politische Faktoren in Erscheinung, und es stellte sich schnell heraus, dass sie keineswegs untereinander harmonierten, sondern nicht selten in einen unversöhnlichen Gegensatz gerieten. Im Vielvölkerstaat Österreich vollzog sich die gesellschaftliche Nationsbildung in wichtigen Aspekten unabhängig von den gesamtstaatlichen Strukturen und gegen sie. In einer negativen Allianz standen die Nationalitäten gegen das nach dem langjährig führenden Staatsmann genannten Metternich'sche System. Anfangs lauteten die Forderungen lediglich auf Autonomie innerhalb der Gesamtmonarchie und auf politisch-gesellschaftliche Reformen, zuerst formuliert im ungarischen Landtag am 3. März 1848; kurz darauf folgten die Tschechen mit entsprechendem Verlangen.

Die nationalen Probleme am Rande und im Umfeld des Territoriums des Deutschen Bundes wirkten in verschiedener Weise auf die Entwicklung in den Kerngebieten Deutschlands ein. Österreich hatte neben der ungarischen, kroatischen und tschechischen auch mit einer slowenischen und namentlich einer italienischen Frage zu tun. Letztlich war die Weiterexistenz des multinationalen Staatsgebildes überhaupt bedroht. Als Österreich im Sommer 1848 gegen das Königreich Piemont-Sardinien in den Krieg zog, das liberal-nationale Erhebungen in Oberitalien unterstützte, verteidigte es zugleich das Habsburgerreich als solches. Die Niederwerfung des aufständischen Ungarn erforderte im Folgejahr ein massives russisches Eingreifen. Russland war 1848/49 in Europa die einzige intakte gegenrevolutionäre Macht, und es entbehrt nicht der Logik, dass die äußerste Linke, etwa in Gestalt des jungen Redakteurs der „Neuen Rheinischen Zeitung", Karl Marx, den Krieg gegen Russland propagierte.

Die polnische Nationalbewegung betraf 1848 vor allem Preußen und dort speziell die Provinz Posen, wo ein eigenes polnisches Gemeinwesen als Keimzelle des angestrebten Nationalstaats Polen, seit 1795 bzw. 1815 restlos aufgeteilt zwischen den drei Ostmächten, zu entstehen schien. Die Polenbegeisterung der Liberalen ganz Europas aus den frühen 1830er-Jahren war nicht vergessen, doch die staatliche Realität der Zugehörigkeit der Provinz Posen zu Preußen und der Widerspruch der dortigen deutschen Minderheit gegen eine Ausgliederung aus Deutschland verhinderten eine großzügig polenfreundliche Lösung.

Noch gravierender war der rechtlich komplizierte Konflikt zwischen der dänischen und der deutschen Nationalbewegung in bzw. um Schleswig. Hier führte

Preußen 1848 im Auftrag des Deutschen Bundes Krieg gegen Dänemark, musste aufgrund internationalen Drucks aber einen Waffenstillstand abschließen, der von den Demokraten und auch vielen gemäßigten Liberalen als Verrat an der deutschschleswig-holsteinischen Revolutionsregierung betrachtet wurde. So führte der Waffenstillstand von Malmö (26.8.1848) zu schweren Zerwürfnissen. Auch wenn ein großer europäischer Krieg nicht ausbrach, so markierten (und verschärften zugleich) die diversen zwischenstaatlichen bzw. Interventionskriege die Restriktionen, unter denen sich die Revolution von 1848/49 entfaltete.

„Einheit und Freiheit", die Parole der liberal-nationalen und nationaldemokratischen Kräfte Deutschlands, enthielt die Vorstellung, dass beides, der einheitliche Nationalstaat und der liberale Verfassungsstaat, nur zusammen erreicht werden könnten. Das war durchaus folgerichtig, denn anders als in England und Frankreich hatte der Absolutismus in Deutschland keine gesamtnationale Monarchie hervorgebracht, sondern die territorialstaatliche Zersplitterung auf die Spitze getrieben. Jetzt verteidigten die Einzelstaaten den bestehenden Zustand trotz einer Reihe, vor allem in der Wirtschaft, modernisierender und liberalisierender Reformen.

In den meisten deutschen Mittel- und Kleinstaaten, namentlich im Süden und Südwesten, waren – teils mit Vorläufern in der napoleonischen Zeit – in zwei Wellen ab 1814/15 und ab 1830 Verfassungen erlassen bzw. durchgesetzt worden, die, bei deutlichem Übergewicht der monarchischen Exekutive, die Existenz parlamentarischer Landtage teils noch halbständischen Zuschnitts beinhalteten. Die Opposition in den Zweiten Kammern, den eigentlichen Volksvertretungen, artikulierte von der Tribüne des Parlaments aus deutlich ihre Ziele, die auf eine Ausfüllung und liberale Weiterentwicklung der geschriebenen politischen und auf eine Liberalisierung der ungeschriebenen gesellschaftlichen Verfassung gerichtet waren. Obwohl in manchen der Mittelstaaten die Auseinandersetzung um die liberale Ausgestaltung der einzelstaatlichen Ordnung im Bewusstsein der Akteure dominierte, war die gesamtnationale Dimension untergründig stets präsent; sie wurde bei Erschütterungen der bestehenden Ordnung, so schon 1830/32, sofort zum Gegenstand konkreter Forderungen und Initiativen.

Die beiden deutschen Großstaaten befanden sich noch in einem vorkonstitutionellen Zustand, wobei der monarchische Absolutismus des 18. Jahrhunderts in eine Art bürokratischen Halbabsolutismus, einen Verwaltungs- und reduzierten Rechtsstaat mit monarchischer Spitze übergegangen war. Gegenüber Preußen mit seiner Reformperiode der Jahre 1807–1820 war Österreich das rückständigere und unbeweglichere Gebilde, obwohl es mit Wien und Teilen Böhmens auch dort gesellschaftlich fortgeschrittenere Zonen gab. Die Staatsstruktur Österreichs war relativ wenig durchgebildet und vor allem – wie oben angeführt – mit der zunehmenden Nationalitätenproblematik belastet. So, wie es war, konnte Österreich die Führung in Deutschland nicht übernehmen: 1848/49 nicht und auch in der Folgezeit schon gar nicht.

Wie aus dem Deutschen Bund – jener Konföderation von 41 fast völlig souveränen Fürstentümern und Freien Städten – ein konstitutioneller Nationalstaat werden sollte, lag keineswegs auf der Hand. Die Grenzen des Bundes reichten an manchen Stellen deutlich über die ethnischen Grenzen hinaus, hauptsächlich in Böhmen, in Slowenien und im Trentino. An anderen Stellen, so in Schleswig und im östlichen Preußen, schlossen sie umfangreiche deutschsprachige Gebiete aus. Das Hauptproblem war indessen die Stellung des außerhalb des Bundesterritoriums weit nach Osten, Südosten und Süden ausgreifenden Österreich zum neu entstehenden Reich. Eine Aufnahme der gesamten multiethnischen Donaumonarchie erschien den meisten Abgeordneten der ab Mai 1848 in der Frankfurter Paulskirche tagenden Deutschen Nationalversammlung weder machbar noch wünschenswert. Nur die historisch „deutschen" Teile einzubeziehen, hätte faktisch die Auflösung des Habsburgerreiches bedeutet; die Verbindung zwischen den deutschen und außerdeutschen Ländern hätte sich dann auf eine monarchische Personalunion beschränkt, sofern nicht die republikanisch-einheitsstaatliche Option der radikalen Demokraten zum Tragen gekommen wäre. Letzteres war aber aus außerpolitischen Gründen wie im Hinblick auf die Kräfteverhältnisse innerhalb Deutschlands ganz unwahrscheinlich. Vor allem den Verfechtern der österreichischen integralen Gesamtstaatsidee, die sich nicht nur in den alten aristokratisch-bürokratisch-militärischen Führungsschichten fanden, mussten solche Varianten einer „großdeutschen" Vereinigung als die schlechteste aller Möglichkeiten erscheinen.

So blieb am Ende nur die „kleindeutsche" Lösung mit dem König von Preußen als dem Deutschen Kaiser. Die knappe Entscheidung der Nationalversammlung für das Erbkaisertum (statt für eine Wahlmonarchie oder ein republikanisches Oberhaupt) und damit für die preußische Spitze ließ allenfalls noch die Option eines „weiteren", Deutschland und Gesamtösterreich umfassenden Bundes offen.

Die im Frühjahr 1849 somit schließlich mehrheitlich gefundene Lösung des Verfassungsproblems, ermöglicht durch die Hinnahme des allgemeinen, gleichen Wahlrechts seitens der gemäßigten Liberalen, der monarchischen Spitze seitens der gemäßigten Demokraten, war in sich durchaus schlüssig – entstanden wäre eine im europäischen Vergleich ausgesprochen fortschrittliche konstitutionelle Monarchie mit dem Machtschwergewicht im Parlament; das setzte aber das Einverständnis des preußischen Königs voraus, der die ihm zugedachte Rolle nicht akzeptieren wollte und die von den Volksvertretern angebotene Kaiserkrone am 3. April 1849 ablehnte. Bei dieser Entscheidung kam die Aversion Friedrich Wilhelm IV. gegen den demokratischen Ursprung und die konstitutionelle Beschränkung der Kaiserwürde ebenso zum Tragen wie seine Furcht vor einem Zusammenstoß mit Österreich.

In kurzer zeitlicher Folge scheiterten dann auch zwei politisch gegenläufige Versuche, die nationale Einheit Deutschlands außerhalb Österreichs doch noch herzustellen: erstens die „Reichsverfassungskampagne", eine Aufstandsbewegung mit Schwerpunkten in Sachsen, im Rheinland, in der Pfalz und vor allem in Baden, wo sie von preußischen Truppen blutig niedergeschlagen wurde. Das Ziel der Erhebung war die Inkraftsetzung der Paulskirchenverfassung. Zweitens die von einem Teil der Liberalen unterstützte preußische Unionspolitik des Johann Maria von Radowitz, eines engen Beraters Friedrich Wilhelms IV., die wenigstens einige Elemente des Verfassungswerks zu bewahren versprach. Doch nach der gewaltsamen Ausschaltung der Volksbewegung sahen die einzelstaatlichen Herrscher keinen Grund mehr, auf das nationale Freiheits- und Einheitsstreben einzugehen.

Die mit der Verfassung des Deutschen Reiches vom 28. März 1849 gefundene Antwort auf die nationale Frage kam zu spät. Bereits im Herbst 1848 hatte sich die monarchistische Gegenrevolution (wenngleich es sich nicht mehr um ihre „feudale" Variante handelte) in den Machtzentren der beiden deutschen Führungsmächte durchgesetzt. Während sich die Stimmung an der Wählerbasis in diversen Einzelstaaten Deutschlands eher nach links entwickelte, verschoben sich die Machtverhältnisse tendenziell immer weiter nach rechts – und zwar auch auf gesamteuropäischer Ebene. Die deutsche Revolution von 1848/49 scheiterte somit an der Überforderung ihrer Trägergruppen mit der selbst gestellten, und durch die historische Konstellation vorgegebenen Aufgabe, „Einheit" und „Freiheit" mit einem Schlag durchzusetzen.

Die französischen Revolutionäre von 1789 hatten sich bei der Konstituierung des „Dritten Standes", also des Bürgertums und der Volksmassen, zur „Nation" und bei der Entmachtung der bis dahin privilegierten Stände Klerus und Adel sowie der Schaffung eines freiheitlichen Verfassungsstaats auf einen bereits existierenden gesamtfranzösischen Staat beziehen können. Damit gab es dort auch ein von Anfang an und durchweg akzeptiertes politisches Zentrum: die Hauptstadt Paris. Zur Fraktionierung der zunächst die Staatsumwälzung unterstützenden Kräfte kam es binnen kurzem auch in Frankreich ab 1789/90. Doch in Deutschland 1848/49 überkreuzten sich gewissermaßen die je besonderen regionalen Abläufe mit der Gruppierung der Parteiungen, die unterschiedlichen Auffassungen zur Lösung des nationalen Verfassungsproblems und der Grenzfragen mit den unterschiedlichen Positionen hinsichtlich der Staats- und Regierungsform und komplizierten den Gesamtprozess erheblich, etwa durch die parallele Existenz einer allgemeindeutschen Nationalversammlung in Frankfurt und einer insgesamt (deutlich weiter links stehenden) konstituierenden Versammlung für das Königreich Preußen, zu dem neben fast dem ganzen ostelbischen Territorium die wirtschaftlich dynamischen Westprovinzen Rheinland und Westfalen gehörten.

Wesentliche Veränderungen im Revolutionsjahr überdauerten die Niederlage: Preußen blieb letztlich ein (sehr konservativ geprägter) Verfassungsstaat; die entfeudalisierenden und den Industriekapitalismus fördernden rechtlichen Regelungen galten weiter; die Befreiung der Publizistik und des Vereinswesens (jeweils in Grenzen) konnte nicht mehr einfach rückgängig gemacht werden. Der wirtschaftlich-soziale Aufstieg des Bürgertums setzte sich nach 1849 auf allen Ebenen fort, und rund zehn Jahre nach 1848/49 begann eine neue Etappe in dessen politischer

Konstitutionierung, als der von führenden Liberalen und Demokraten gegründete „Deutsche Nationalverein" die Wiedereinsetzung der Paulskirchenverfassung als Ziel proklamierte, die später auch die deutschen Verfassungen des 20. Jahrhunderts wesentlich beeinflussen sollte, namentlich in seinem Grundrechtskatalog.

Auch wenn der Bismarck'schen Reichsgründung von 1871 das erneute Scheitern der preußischen Liberalen im Heeres- und Verfassungskonflikt der 1860er-Jahre vorausging, war das Hohenzollernreich kein reiner Fürstenbund, zustande gekommen allein durch „Blut und Eisen", sondern eine Resultante des Ringens unterschiedlicher, teilweise gegensätzlicher sozialer und politischer Kräfte, woran die liberal-nationale Bewegung einen wichtigen Anteil hatte. Indem das Kaiserreich von 1871 – bei allen Einschränkungen – erstmals in der deutschen Geschichte einen nationalen Verfassungsstaat schuf und dabei mit der diesbezüglichen Entscheidung der Paulskirche das zur Zeit der Reichsgründung immer noch fortschrittlichste Wahlrecht Europas verankerte, stellte es nolens volens die Verbindung zu den Ereignissen von 1848/49 her, ohne die der damit beschriebene relative Fortschritt schwer vorstellbar ist.

Obwohl sich seit den 1870er-Jahren in ganz Europa und speziell in Deutschland die politische Rechte der nationalen Idee zu bemächtigen begann, diese dabei in ihrer innenpolitischen Stoßrichtung verändernd und für imperialistische Außenpolitik funktionalisierend, blieben alternative, demokratische Konzepte von „Nation" stets präsent. Nach 1918 knüpften die entschiedenen Republikaner bewusst an die gesamtdeutsche Revolution von 1848/49 an, und auch nach 1945 waren für die sich neu formierenden Parteien in allen Besatzungszonen bzw. in beiden deutschen Staaten die Märzrevolution und der freiheitliche Aufbruch der späten 1840er-Jahre ein wichtiger historischer Bezugspunkt des politischen Neubeginns. Trotz der sich schon kurz nach Kriegsende abzeichnenden Ost-West-Konfrontation blieb die positive Bezugnahme auf 1848/49 eine Gemeinsamkeit im Selbstverständnis beider Teilstaaten, auch wenn jeweils unterschiedliche Aspekte in den Vordergrund gerückt wurden. An diese Gemeinsamkeit appellierte die „Aktion 18. März" seit ihrer Gründung.[1]

---

1 Vgl. dazu den Beitrag von Christoph Hamann.

Dieses Plakat wurde im Oktober 1978 veröffentlicht. Weil ein vereintes Deutschland gefordert wurde, zogen einige Unterzeichner des Aufrufs für den 18. März als gesamtdeutschen Feiertag ihre Unterschrift zurück.

Trotz alledem – die Aktion 18. März

Christoph Hamann

Die Institutionalisierung des kollektiven Erinnerns durch einen Feier- oder Gedenktag verfolgt immer einen normativen Anspruch. Sie soll der Vergangenheitsdeutung, dem Gegenwartsverständnis und der Zukunftsperspektive Orientierung und dem Geschichtsbewusstsein einer Gesellschaft Bezugspunkte geben: Sie will kollektiv Sinn und Identität stiften sowie politische Loyalitäten herstellen.[1] Die Zivilgesellschaft wie die politischen Funktionseliten der Bundesrepublik sind angesichts ihres „schwierigen Vaterlands" vor erhebliche Legitimationsprobleme gestellt, durch den Rekurs auf Historisches demokratischen Sinn für das Gemeinwesen der Gegenwart zu stiften. Zwei Weltkriege, der Nationalsozialismus, Antisemitismus und Holocaust sowie die SED-Diktatur bieten keine positiven Anknüpfungspunkte, sondern erzeugten, so Reinhart Koselleck mit Bezug auf den Nationalsozialismus, vor allem „Formen und Traditionen negativen Gedächtnisses".[2] Die staatliche Geschichtspolitik generierte nach 1945 identitätsrelevanten Sinn in erster Linie ex negativo.[3] Dies gilt für die DDR, in der der Antifaschismus eine zentrale Legitimationsbasis der politischen Herrschaft der SED bildete.[4] Dies gilt auch für die Bundesrepublik. Seit 1996 ist hier der 27. Januar, der Tag der Befreiung des Konzentrationslagers Auschwitz durch die Rote Armee, der offizielle Gedenktag für die Opfer des Nationalsozialismus. Aus Anlass des 20. Jahrestags der Grenzöffnung vom 9./10. November 1989 findet auch der Ansatz immer breitere Resonanz, der friedlichen Revolution von 1989 als einem positiven Bezugspunkt im öffentlichen Erinnern ein stärkeres Gewicht als bisher zu geben. Dies zeigt die Diskussion um ein „Denkmal der Freiheit und Einheit Deutschlands", die 2007 in den Beschluss des Deutschen Bundestags mündete.[5] Im

---

1 Zur Geschichte und Funktion von Gedenktagen siehe Dietmar Schiller: Politische Gedenktage in Deutschland. Zum Verhältnis von öffentlicher Erinnerung und politischer Kultur, in: Aus Politik und Zeitgeschichte, B 25/93, 18.6.1993, S. 32–39; Klaus Bergmann: Gedenktage, Gedenkjahre, in: Klaus Bergmann (Hrsg.): Handbuch der Geschichtsdidaktik. Seelze-Velber 1997, S. 758–767; Peter Reichel: Politik mit der Erinnerung. Gedächtnisorte um die nationalsozialistische Vergangenheit, Frankfurt am Main 1999, S. 218–285.
2 Reinhart Koselleck: Formen und Traditionen negativen Gedächtnisses, in: Volkhard Knigge/Norbert Frei (Hrsg.): Verbrechen erinnern. Die Auseinandersetzung mit Holocaust und Völkermord, München 2002, S. 21–32, hier S. 21.
3 Siehe Michael Zimmermann: Negativer Fixpunkt und Suche nach positiver Identität. Der Nationalsozialismus im kollektiven Gedächtnis der alten Bundesrepublik, in: Hanno Loewy (Hrsg.): Holocaust. Die Grenzen des Verstehens. Eine Debatte über die Besetzung der Geschichte, Reinbek bei Hamburg 1992, S. 128–143; Wolfgang Bergem: Barbarei als Sinnstiftung? Das NS-Regime in Vergangenheitspolitik und Erinnerungskultur der Bundesrepublik, in: Ders. (Hrsg.): Die NS-Diktatur im deutschen Erinnerungsdiskurs, Opladen 2003, S. 81–104.
4 Siehe dazu Sigrid Meuschel: Legitimation und Parteiherrschaft in der DDR. Zum Paradox von Stabilität und Revolution in der DDR 1945–1989, Frankfurt am Main 1992; Wolfgang Bialas: Antifaschismus als Sinnstiftung. Konturen eines ostdeutschen Konzepts, in: Bergem, NS-Diktatur, S. 151–170.
5 Siehe Deutscher Bundestag, Drucksache 16/6925.

Zentrum dieses Gedenkens stehen Mauerfall und Vereinigung der beiden deutschen Teilstaaten. Mit Salomon Korn verwies vielleicht nicht zufällig der Vizepräsident des Zentralrats der Juden in Deutschland auf die Notwendigkeit des Blicks auch in die Tiefe des historischen Erfahrungsraums: „Ja, man sollte es nicht auf 1989 beschränken, denn der Mauerfall hat seine Vorläufer in der Revolution von 1848, der Weimarer Verfassung von 1919 und dem Kriegsende von 1945. Diese drei Daten kennzeichnen mögliche Weichenstellungen zur Demokratie in Deutschland, und die von 1945 war erfolgreich."[6] Ein Freiheits- und Einheitsdenkmal sollte neben anderem also auch an die Revolution von 1848 anknüpfen. Dieser Gedanke hat, soweit dies bislang zu überblicken ist, in der öffentlichen Diskussion bis jetzt wenig Resonanz gefunden. Und dies, obwohl nahezu alle Bundespräsidenten auf den Stellenwert der Revolution von 1848 für die demokratische Tradition in Deutschland hingewiesen haben. Aus Anlass des 150. Jahrestags von 1848 positionierte sich auch der damalige Bundespräsident Roman Herzog 1998 eindeutig: „Wir können uns unsere Vergangenheit nicht aussuchen. Aber wir können für unser eigenes Selbstbewußtsein, für die Identität unseres Gemeinwesens sehr wohl auswählen, auf welche Traditionen wir uns berufen und an welche wir anknüpfen sollen. 1848 ist dafür der Schlüssel."[7]

Vor 30 Jahren, am 2. Januar 1979, trat eine Initiative aus Berlin (West) bundesweit an die Öffentlichkeit, die den Versuch wagte, der in Deutschland insgesamt schwierigen historischen Hypothek zum Trotz einen positiven historischen Bezugspunkt als gedenkwürdiges Datum für die Demokratie in Deutschland zu definieren.

Nicht ohne Grund knüpften die Initiatoren der großformatigen Anzeige „Aktion 18. März Nationalfeiertag in beiden deutschen Staaten"[8] in der linksliberalen „Frankfurter Rundschau" an ein historisches Datum an, das in der DDR eine herausgehobene Bedeutung hatte. Denn die programmatische Position der Initiative hatte eine geschichts- wie auch eine deutschlandpolitische Dimension – wobei zum Zeitpunkt der Gründung die erste der zweiten nachgeordnet war. Ziel der „Aktion 18. März" war es, mit Bezug auf die Märzrevolution von 1848 den 18. März als einen gesetzlichen Feiertag in beiden deutschen Staaten zu installieren. Und dies zuungunsten des Tags der deutschen Einheit, des 17. Juni, der, so die Initiatoren, „im politischen Alltag der Bundesrepublik Deutschland propagandistisch verschlissen" worden sei.[9] Für das demokratische Aufbegehren des Volkes in der Märzrevolution von 1848 gegen die Obrigkeit der Feudalmächte sei der 18. März, der Beginn der Barrikadenkämpfe in Berlin, ein Datum, auf das sich Demokraten mit Fug und Recht beziehen könnten. Der 18. März biete einen historischen Bezugspunkt für das kulturelle Gedächtnis in der

---

6 Salomon Korn: Diktaturenvergleich jetzt!, in: Die Zeit, 15.11.2007, S. 52.
7 Roman Herzog: Rede anlässlich der Veranstaltung „150 Jahre Revolution von 1848/49" in der Paulskirche Frankfurt/Main am 18.5.1998; siehe www.bundespraesident.de (eingesehen am 06.11.2008).
8 Frankfurter Rundschau, 2.1.1979, auch abgedruckt in: Peter Brandt/Herbert Ammon (Hrsg.): Die Linke und die nationale Frage. Dokumente zur deutschen Einheit seit 1945, Reinbek bei Hamburg 1982, S. 358 f. und in: Aktion 18. März (Hrsg.): Aufruf, 2008, S. 4.
9 Brandt/Ammon, Linke, S. 359.

Bundesrepublik und der DDR, auf den sich politische Legitimität in beiden deutschen Staaten begründen ließe. Und nicht nur dies: Er betone das Gemeinsame und nicht das Trennende – insofern hatte der Vorschlag der „Aktion 18. März" vom Januar 1979 vor allem auch eine gesamtdeutsche Intention. Gedacht war diese basisdemokratische Initiative als ein erster Schritt auf einem langen Weg.

Das mit diesem Aufsatz vorliegende Ergebnis einer Spurensuche in den basisdemokratischen und bürgerbewegten Feldern der bundesrepublikanischen Geschichts-[10] und Erinnerungskultur[11] versteht sich als eine erste Bestandsaufnahme zu einer Geschichte der „Aktion 18. März".[12] Gefragt wird nach den Initiatoren und deren politischer Motivation, nach dem (sich wandelnden) geschichtskulturellen und deutschlandpolitischen Kontext, nach der Organisationsstruktur und den Aktionsformen der Initiative. Letztere war von zwei vollkommen unterschiedlichen Rahmenbedingungen bestimmt. Während in der Bundesrepublik der kontroversplurale Diskurs über Vergangenheit konstitutiv für das Selbstverständnis einer demokratischen Gesellschaft war, hatte die „Aktion 18. März" in der DDR keine Möglichkeit, jenseits staatlich verordneter Geschichtsbilder auf eine weitgehend monolithische und von der SED gelenkte Diskussion einzuwirken. Mit der Öffnung der Grenze 1989 und der Vereinigung der beiden deutschen Teilstaaten 1990 haben sich die Parameter des Handelns jedoch vollkommen geändert.

Nicht der historische 18. März 1848 steht also im Mittelpunkt; es geht um die drei Jahrzehnte der Bemühungen der „Aktion 18. März", diesen als deutschen Erinnerungsort so breit wie möglich im kulturellen Gedächtnis zu etablieren.

Unterstützer und erste Reaktionen der Öffentlichkeit

Die „Aktion 18. März" stand unter der Schirmherrschaft der Schriftstellerin Ingeborg Drewitz (1923–1986) und des ehemaligen Regierenden Bürgermeisters von Berlin (West) Heinrich Albertz (1915–1993). In einem Anfang 1979 veröffentlichten Grußwort begründeten beide die Initiative und ihre Bereitschaft, die Schirmherrschaft zu übernehmen: „Die verbindende Kraft der gemeinsamen Geschichte der beiden deutschen Staaten ist nicht wegzudiskutieren. Durch einen Feiertag zum Ausdruck zu bringen, daß die Menschen in beiden deutschen Nachkriegsstaaten – jeweils eingebunden

---

[10] Zur Konzeptionalisierung der Geschichtskultur siehe: Jörn Rüsen: Was ist Geschichtskultur? Überlegungen zu einer neuen Art, über Geschichte nachzudenken, in: Klaus Füßmann/Heinrich Theodor Grütter/Jörn Rüsen (Hrsg.): Historische Faszination. Geschichtskultur heute, Köln u. a. 1994, S. 3–26; Bernd Schönemann: Geschichtsdidaktik und Geschichtskultur, in: Bernd Mütter/Bernd Schönemann/ Uwe Uffelmann (Hrsg.): Geschichtskultur. Theorie – Empirie – Pragmatik, Weinheim 2000, S. 2–58.
[11] Marko Demantowsky: Geschichtskultur und Erinnerungskultur – zwei Konzeptionen des einen Gegenstandes. Historischer Hintergrund und exemplarischer Vergleich, in: Geschichte, Politik und ihre Didaktik, 2005, H. 1/2, S. 11–20.
[12] Die Quellengrundlage dieses Beitrags bilden Veröffentlichungen der Tagespresse, der „Aktion 18. März" sowie solche, die in deren mittelbaren Kontext entstanden sind. Außerdem konnten durch Interviews mit Volker Schröder, Beate Buchwald und Hannes Fehse wertvolle Informationen gewonnen werden. Der Autor kann auch aus eigenem Erleben schöpfen. Er gibt sich trotzdem der Hoffnung hin, in seiner Darstellung hinreichend Unabhängigkeit gewahrt zu haben.

in ihre gegensätzlichen Bündnissysteme – sich nicht zu feindlichen Brüdern bestimmen lassen wollen, erscheint vernünftig, weil ja die unterschiedliche Struktur der beiden deutschen Staaten nicht geleugnet wird."[13] Mit ihrer Unterschrift bekannten sich 269 Menschen, vornehmlich aus Berlin, zu den Zielen der Aktion. Vielfach waren dies akademisch Gebildete, aber auch Handwerker und Angestellte finden sich darunter. Zu den sicherlich Bekanntesten gehörten 1979 neben Drewitz und Albertz Peter Brandt, der Historiker und Sohn Willy Brandts, der Ex-Kommunarde Dieter Kunzelmann, der Schriftsteller Martin Walser sowie der Publizist Wolfgang Venohr.

Für so unterschiedliche Charaktere und Intellektuelle wie den Nationalkonservativen Venohr, den damaligen Trotzkisten und heutigen Sozialdemokraten Brandt sowie den ehemaligen DKP-Anhänger und ebenso streitbaren wie umstrittenen Schriftsteller Walser war bzw. ist die deutsche Frage ein Angelpunkt ihrer wissenschaftlichen, publizistischen und politischen Arbeit. So war Venohr schon 1982 wider alle tagespolitische Evidenz gewiss: „Die deutsche Einheit kommt bestimmt", denn allein diese sei die „einzig wirksame Garantie für den europäischen Frieden".[14] Mit einem „Patriotismus von Links"[15] wollte dagegen Peter Brandt die nationale Frage nicht den Konservativen oder gar Reaktionären überlassen. An der militärischen wie politischen Nahtstelle zwischen den beiden Blöcken sei gerade Deutschland besonderen Gefahren ausgesetzt. Ein „paktfreier Status Deutschlands" hätte „u. U. das Kernelement eines neuen gesamteuropäischen Sicherheitssystems sein können", so charakterisierte er rückblickend seine deutschlandpolitische Position der 1970/80er-Jahre.[16] Und Martin Walser gestand 1979: Als Gesamtdeutscher von Geburt fühle er sich in dem Teilstaat Bundesrepublik letztlich fremd.[17] „In mir", so Walser schon 1978, „hat ein anderes Deutschland immer noch eine Chance. Eines nämlich, das seinen Sozialismus nicht von einer Siegermacht draufgestülpt bekommt, sondern ihn ganz und gar selber entwickeln darf, und eines, das seine Entwicklung zur Demokratie nicht ausschließlich nach dem kapitalistischen Krisenrhythmus stolpern muß; dieses andere Deutschland könnte man, glaube ich, heute gebrauchen."[18]

Die öffentliche Reaktion auf den Aufruf war im Umfang bescheiden und changierte von vollkommener Ablehnung aus politischen wie aus pragmatischen Gründen bis hin zu verhaltener Sympathie. Der damalige Generalsekretär der CSU, Edmund Stoiber, ließ in einer Presseerklärung verkünden, der Aufruf zeige den „kommunistischen Hintergrund der Kampagne". Nicht die „Revolutionswirren von 1848, sondern die schmerzliche Situation unserer Landsleute in der DDR" müssten ständig bewusst

---

13 Zit. nach: Volker Schröder: Igel für Deutschland, Berlin 1992, S. 77.
14 Wolfgang Venohr (Hrsg.): Die deutsche Einheit kommt bestimmt, Bergisch-Gladbach 1982, S. 6.
15 Peter Brandt/Herbert Ammon: Patriotismus von links, in: Venohr, Einheit, S. 119–159.
16 Peter Brandt: Schwieriges Vaterland. Deutsche Einheit. Nationales Selbstverständnis. Soziale Emanzipation. Texte von 1980 bis heute, Berlin 2. korr. Aufl. 2001, S. 12.
17 Martin Walser: Händedruck mit Gespenstern, in: Jürgen Habermas: Stichworte zur ‚Geistigen Situation der Zeit', 1. Bd.: Nation und Republik, Frankfurt am Main 1979, S. 44.
18 Zitiert nach: Brandt/Ammon, Patriotismus, S. 348.

bleiben.[19] Die „Berliner Morgenpost" betonte zwar die geschichtspolitische Bedeutung der Märzrevolution von 1848, lehnte aber die Abschaffung des 17. Juni als Feiertag ab, „denn 1953 haben in Ost-Berlin und in den anderen Städten der ‚DDR' Arbeiter ebenfalls für die Demokratie und nicht für Lohnerhöhungen ihr Leben lassen müssen."[20] Dem Wochenmagazin „Stern" zufolge handelte es sich bei der „Aktion 18. März" gar um „rote Nazis".[21] Massive Kritik kam auch aus dem marxistischen Lager. Die Zeitschrift „Arbeiterkampf" sah die „Aktion 18. März als verkappte KPD-Einrichtung und urteilte: „Diese Kampagne ist ihrem Wesen nach ideologische Begleitmusik für die immer offenere Orientierung des bundesdeutschen Großkapitals auf nicht mehr nur bloß wirtschaftliche, sondern auch politische Expansion nach außen. Es entspricht schlimmster Tradition deutscher Geschichte, wenn wiedererwachender Chauvinismus [...] bemäntelt wird mit wehleidigem Gegreine über ‚Schuldkomplexe' und ‚Minderwertigkeitsgefühle', an denen das ‚deutsche Volk' angeblich leide."[22]

Einem Kommentar des Norddeutschen Rundfunks und einer Stellungnahme der Wochenzeitung „Die Zeit" gemeinsam war der Hinweis auf die Realitätsferne wie auch eine gewisse Sympathie. „Auch um dieses Unternehmen weht die Luft traumseliger Romantik", urteilte „Die Zeit" und führte weiter aus: „Aber hüben anzunehmen, Honecker könnte dieser Idee des gemeinsamen Feierns etwas abgewinnen, wäre genauso weltfremd, als hoffte man drüben, die Bundesrepublik werde sich morgen der DDR anschließen."[23] Ähnlich realpolitisch argumentierte der Kommentar des NDR. „Die Zeit" gab aber, wie auch der NDR, zu bedenken: „Doch verachtet mir die Träumer nicht. Sie passen auf, daß die Idee vom ganzen Deutschland nicht im politischen Alltagsgeschäft unter die Räder gerät."[24] Kurzum – die Reaktionen zeigen eins: Es stellt sich das Empfinden ein, dass es gar nicht so viele Stühle gab, zwischen die die „Aktion 18. März" sich zu setzen gewillt war.

Dreißig Jahre zuvor, Ende der 1940er-Jahre, war die Sitzordnung dagegen unumstritten gewesen. Dem sich zuspitzenden Konflikt zwischen der SED sowie der SPD und den bürgerlichen Parteien in Westberlin zum Trotz: Wenige Jahre nach dem Ende des Nationalsozialismus war gerade in Berlin das Empfinden, die deutsche Tradition der Demokratiebewegung pflegen zu müssen, wesentlich deutlicher ausgeprägt als Ende der 1970er-Jahre. Aus Anlass des Zentenariums der 1848er-Revolution hatte der Magistrat von Berlin eine Reihe von Maßnahmen zur Würdigung der Revolution beschlossen. Auch waren sich 1948 in Berlin die SPD, CDU und LDP einerseits sowie die SED andererseits in der Frage eines arbeitsfreien Feiertages einig. „Angesichts der besonderen Bedeutung", so die damalige Berliner Oberbürgermeisterin Louise Schröder (SPD), „die

---

19 Der Tagesspiegel, 5.1.1979.
20 Franz Barsig: Albertz sucht einen Nationalfeiertag, in: Berliner Morgenpost, 4.1.1979.
21 Die roten Nazis. Die rechte Gewalt hat ein linkes Programm: nationale Revolution und Sozialismus, in: Stern, 4.3.1982, S. 106.
22 Arbeiterkampf, 8.1.1979. Warum allerdings eine verkappte KPD-Einrichtung die Interessen des „bundesdeutschen Großkapitals" vertreten soll, bleibt ungeklärt.
23 KJ: „‚...über alles' – für alle?, in: Die Zeit, 29.9.1978.
24 Ebenda.

der 18. März für die Geschichte der Demokratie in Berlin hat", stimmte der Magistrat der Stadt am 4. Februar 1948 dem von der Stadtverordnetenversammlung beschlossenen Gesetz zu, den 18. März in Berlin zum gesetzlichen Feiertag zu erklären.[25] Die Sowjetische Militäradministration erklärte ihrerseits den 18. März zum Feiertag in der gesamten sowjetischen Besatzungszone.[26]

Die Mentoren und der Motor

Als kein Zufall erscheint es, dass mit einer Schriftstellerin und einem Pfarrer zwei Personen des öffentlichen Lebens die Schirmherrschaft über die Initiative „Aktion 18. März" übernommen hatten, die durch ihre Profession gewohnt waren, ihr Denken nicht allein vom realpolitisch Machbaren diktieren zu lassen. Ihre Biografien zeigen jedoch, dass Ingeborg Drewitz und Heinrich Albertz auch politische Menschen waren – an der Grenze zwischen Wünsch- und Machbarem optierten beide für eine Orientierung an den sozial Schwachen, an einer Politik des Friedens im Innern und der Entspannung nach außen.

Drewitz, Verfasserin von Sachbüchern, Hörspielen, Erzählungen und vor allem Romanen, war politisch u. a. aktiv in ihrer Eigenschaft als Vizepräsidentin des bundesdeutschen P.E.N.-Clubs sowie als Vorsitzende des Verbands der Schriftsteller in Berlin und engagierte sich auch bei Amnesty International.[27]

Albertz, Pfarrer der Bekennenden Kirche, hatten die Nationalsozialisten während des Zweiten Weltkrieges wegen Vergehens gegen den Kanzelparagrafen mehrfach verhaftet und ihn 1943 für mehrere Monate in der Festung Glatz inhaftiert. Obwohl er nach dem Krieg lange Zeit hohe politische Ämter für die SPD bekleidete,[28] war er im Grunde ein politischer Außenseiter – am Ende seiner politischen Laufbahn selbst in der eigenen Partei. Nach dem Rücktritt von seinen politischen Ämtern war er einer der profiliertesten Vertreter der bundesdeutschen Friedensbewegung.[29]

Eine Generation jünger ist Volker Schröder, der Mitbegründer der „Aktion 18. März" und deren Motor seit 30 Jahren. Durch die 1968er-Studentenbewegung politisiert,[30] wandte sich Schröder bald von der SPD ab und trat in die 1971 gegründete Liga gegen Imperialismus ein, einer Unterorganisation der KPD/Aufbauorganisation

---

25 Landesarchiv Berlin, C Rep. 100, Nr. 789, Magistratssitzungen 1947, Februar-März, Bl. 4, 55. Zu den Feierlichkeiten in Berlin insgesamt siehe Claudia Klemm: Erinnert – umstritten – gefeiert. Die Revolution von 1848/49 in der deutschen Gedenkkultur (=Formen der Erinnerung, Bd. 30), Göttingen 2007, S. 312–401.
26 Klemm, Erinnert, S. 334.
27 Zu Ingeborg Drewitz siehe Titus Häusermann/Bernhard Drewitz (Hrsg.): Ingeborg Drewitz: Materialien zu Werk und Wirken, Stuttgart 1983, sowie ihre Autobiografie: Die ganze Welt umwenden: ein engagiertes Leben, München 1989.
28 Minister in Niedersachsen 1948–1955, Senator und Regierender Bürgermeister in Berlin 1961–1967.
29 Zu Heinrich Albertz siehe Jacques Schuster: Heinrich Albertz – Der Mann, der mehrere Leben lebte: eine Biographie, Berlin 1997, sowie seine Autobiografie: Blumen für Stukenbrock: Biographisches, Reinbek bei Hamburg 1989.
30 Siehe Schröder, Igel; Schröder, Jahrgang 1942, war als Diplom-Kaufmann von 1981 bis 1991 Finanzverantwortlicher der Berliner Alternativen Liste, dem heutigen Berliner Landesverband von Bündnis 90/Die Grünen.

(KPD/AO; 1970–1980). Diese charakterisierte sich selbst als „antiimperialistische Massenorganisation" zur Befreiung der unterdrückten Völker. Wie die anderen bundesrepublikanischen K-Gruppen der 1970er-Jahre grenzten sich die KPD/AO und ihre Untergliederungen stark von den bundesdeutschen Sozialisten sowjetischer Orientierung (DKP, SEW) ab und folgte den außenpolitischen Vorgaben der KP Chinas, darunter seit dem April 1975 der Drei-Welten-Theorie Mao Zedongs. Die politische Konsequenz daraus war die Forderung nach einem unabhängigen, vereinten und sozialistischen Deutschland. In der 1977 von Schröder und anderen herausgegebenen Broschüre „Unabhängigkeit und Einheit für Deutschland!"[31] wird die UdSSR als „imperialistische Supermacht" charakterisiert. Nachdem die außerparlamentarische Linke sich in den 1960ern allein gegen die USA gewandt hatte, kritisieren nun Teile von ihr also auch die UdSSR. Die Volksrepublik China wurde dagegen als Verbündeter dargestellt. Schröders zentraler Gedanke war jedoch die nationale Einheit, die zu befördern er „über parteipolitische und weltanschauliche Differenzen hinweg alle Menschen" aufforderte.[32] 1978 wurde Volker Schröder Gründungsmitglied der Alternativen Liste Berlin, dem späteren Berliner Landesverband der Grünen, und formulierte gemeinsam mit den Mitgliedern der in Auflösung begriffenen „Initiative für Unabhängigkeit und Einheit gegen die Supermächte" Hannes Fehse[33], Steffen Noack[34] und Dieter Zeiner im Herbst 1978 den Aufruf für den 18. März als Nationalfeiertag in beiden deutschen Staaten.

Deutschland- und geschichtspolitische Kontexte

Als in der Tradition der außerparlamentarischen Opposition stehend, erweist sich die „Aktion 18. März" auch darin, dass sich bei den Unterzeichnern des Aufrufs von 1979 kein einziger Träger eines politischen Mandats findet. Hier spiegeln sich die überparteiliche Haltung und das außerparlamentarische Politikverständnis der Akteurinnen und Akteure ebenso wider wie auch deren Abstand zu den offiziellen deutschlandpolitischen Positionen der etablierten Parteien. Dies betrifft nicht in erster Linie die Haltung der „Aktion 18. März" zum 17. Juni, dem Symbol der deutschen Einheit. Schließlich hatten sich schon 1968 CDU und SPD, zu Zeiten der Großen Koalition, auf die Streichung des Feiertags geeinigt.[35] Und in den 1970ern wurde, nachdem die nunmehrige Oppositionspartei CDU aus taktischen Erwägungen von diesem Beschluss abgerückt war, jährlich über geschichtspolitische Alternativen gestritten.

---

31 Initiative für Unabhängigkeit und Einheit gegen die Supermächte (Hrsg.): Unabhängigkeit und Einheit für Deutschland!, o. O. u. J. [Berlin 1977].
32 Siehe ebenda, S. 4.
33 Hannes Fehse ist heute noch in der „Aktion 18. März" aktiv.
34 Steffen Noack ist heute nicht mehr in der „Aktion 18. März" aktiv. Er arbeitet als pädagogischer Mitarbeiter in der Gedenkstätte Berlin-Hohenschönhausen.
35 Siehe Edgar Wolfrum: Geschichtspolitik und deutsche Frage. Der 17. Juni im nationalen Gedächtnis der Bundesrepublik (1953–1989), in: Geschichte und Gesellschaft 1998, H. 3, S. 382–411, hier S. 408.

In ihrer Haltung zum 17. Juni stand die „Aktion 18. März" also keineswegs immer allein da. Dies betrifft auch ihr Anliegen, kollektiven Sinn durch einen Rückbezug auf die deutsche Vergangenheit zu stiften – auch hier bewegte sich die Aktion nicht jenseits gesamtgesellschaftlicher Diskurse. Mit der Wahrnehmung der Grenzen des Wachstums der Industriegesellschaften spätestens seit der Ölkrise 1973 und dem Bericht des Clubs of Rome, mit der damit verknüpften Fortschrittskrise und Zivilisationsskepsis, mit dem Empfinden der Beschleunigung von Veränderung wandte sich in der Bundesrepublik seit dem Ende der 1970er-Jahre der Blick in die Vergangenheit – ein „regelrechter Geschichtsboom" entwickelte sich.[36] Innerhalb dieser umfassenden geschichtskulturellen Rehistorisierung des öffentlichen Lebens verfolgten politisch meist konservativ motivierte Diskurse auch die Frage der Identitätsfunktion von Vergangenheitswahrnehmung und Geschichtsdeutung – dies im Zusammenhang mit der NS-Vergangenheit, aber auch mit der deutschen Frage.

Die „Aktion 18. März" setzte in dieser Diskussion einen – öffentlich zunächst wenig beachteten – Kontrapunkt, indem sie die deutsche Frage eben nicht den Konservativen überlassen wollte und sie einband in die demokratischen Traditionen deutscher Geschichte. Die Initiative knüpfte damit an Positionen an, die auch von prominenter Seite gepflegt wurden. Denn auf die Anerkennung zweier deutscher Staaten Anfang der 1970er-Jahre durch die Bundesrepublik folgte in beiden deutschen Staaten das Bemühen der historischen Traditionspflege und der Streit um das Erbe. Dabei schöpfte kein Geringerer als der damalige Bundespräsident Gustav Heinemann nationale und demokratische Legitimität und Selbstbewusstsein aus der demokratischen Tradition der 1848er-Revolution. 1973 rief er den „Schülerwettbewerb Deutsche Geschichte" ins Leben und lobte die Revolution von 1848/49 aus Anlass des 125. Jahrestages als erstes Thema aus. Ein Jahr später eröffnete er im Rastatter Schloss die „Erinnerungsstätte für die Freiheitsbewegungen in der deutschen Geschichte". Auf Heinemanns Initiativen zur Institutionalisierung des Gedenkens an die Märzrevolution konnte sich die „Aktion 18. März" beziehen, obwohl auch Unterschiede deutlich wurden. Denn der Akzent bei Heinemann lag nicht so sehr auf der Einheit denn – wie der Name der Institution in Rastatt schon anzeigt – auf der Freiheit.

Für die CDU/CSU wie auch für die FDP war im Vergleich zur parlamentarischen Tradition der Paulskirche der 18. März als „street fighting day" nur untergeordneter Natur. In dieser Haltung artikulierte sich der bürgerliche Affekt gegen eine Volksbewegung, die (noch) nicht parlamentarisch domestiziert worden war. Eine Forderung nach dem 18. März als Feiertag war deshalb ausgeschlossen. Und dies erst recht, wenn dafür der 17. Juni geopfert werden sollte.

Den 18. März als Instrument der Annäherung an die nationale Frage zu nutzen, war jedoch für die bundesrepublikanische Linke problematisch. Sie zeigte eine

---

36 Ebenda, S. 396.

zunehmende Distanz zur Idee der deutschen Nation, die durch die Vergangenheit des Nationalsozialismus diskreditiert schien und außerdem als ein Thema wahrgenommen wurde, das konservative wie nationalistische Tendenzen befördern könnte. Diese „antinationale" Position fand sich bei Linken innerhalb und außerhalb der Parlamente ebenso wie bei Teilen der Gewerkschaften oder der linken Intelligenz. Und sie gewann an Bedeutung, während der gesamtdeutsche Bezug im gesellschaftlichen Leben eine immer geringere Rolle spielte. Bei der Partei Die Grünen dominierte diese politische Positionierung. Sofern nicht familiäre Bindungen in den anderen deutschen Teilstaat bestanden, wurde die Teilung von der Mehrheit nicht in Frage gestellt, sondern eine Politik der deutschen Zweistaatlichkeit vertreten. Prägend war dafür das Bewusstsein der Schuld aufgrund der nationalsozialistischen Vergangenheit. Nach Auschwitz habe Deutschland das Recht auf nationale Selbstverwirklichung verloren.[37] Die deutsche Teilung sei, so diese eher moralisch und emotional denn argumentativ vorgetragene Haltung, die zu Recht hinzunehmende Sühne für die in der Vergangenheit von Deutschen begangenen Verbrechen. Die Problematik dieser Haltung lag darin, dass sie die Lasten der deutschen Teilung den Menschen in der DDR aufbürdete und sich selbst schadlos hielt. Im Unterschied zu den großen Volksparteien suchten Vertreter der Grünen aber den Kontakt zu Menschenrechts- und Friedensgruppen in der DDR und unterstützten diese. Aufgrund ihrer Herkunft aus den sozialen Bewegungen standen die Grünen diesen näher als die etablierten Parteien der Bundesrepublik. Diese betrieben ihrerseits Realpolitik mit den Vertretern der SED-Diktatur und vernachlässigten die Bürgerbewegung in der DDR. Man könne, so der ehemalige Politiker der Grünen Hubert Kleinert, bei den Grünen grosso modo von einer deutschlandpolitischen Position der „Freiheit ohne Einheit"[38] sprechen, die eine Zweistaatlichkeit einerseits wie eine grundlegende Demokratisierung der DDR andererseits forderte. Innerhalb der Grünen repräsentierte das gesamtdeutsche Ansinnen der „Aktion 18. März" also eine Minderheitsposition.

Mit der Sozialdemokratie gemeinsam hatten die Grünen die sicherheitspolitische Sorge um die Gefährdung der Machtbalance im Europa der Blockkonfrontation. So beförderte der Ende der 1970er-Jahre und zu Beginn der 1980er-Jahre einsetzende zweite Kalte Krieg zwischen den Hegemonialmächten vor allem in der Bundesrepublik die Angst vor einem begrenzten Atomkrieg und gab damit der Friedensbewegung Auftrieb. Begünstigt wurden dadurch alle Bemühungen um eine Entspannung zwischen beiden deutschen Staaten. Zudem schien es zu dem Konzept sozial-liberaler Entspannungspolitik keine realistische Alternative zu geben, die deutschlandpolitische Kontinuität durch die konservativ-liberale Koalition belegt dies. Der deutschlandpolitische „Wandel durch Annäherung" der Sozialdemokratie bedeutete allerdings eine Kooperation mit der SED. Reformen im Osten, so die SPD-

---

37 Zum Auschwitz-Argument siehe Florian Roth: Die Idee der Nation im politischen Diskurs. Die Bundesrepublik Deutschland zwischen neuer Ostpolitik und Wiedervereinigung (1969–1990), Baden-Baden 1995, S. 356–362.
38 Hubert Kleinert: Vom Protest zur Regierungspartei. Die Geschichte der Grünen, Frankfurt am Main 1992, S. 339.

Linie, waren nur mit den Machthabern, nicht gegen sie durchzusetzen. Ganz in diesem Sinne beurteilt der Historiker Peter Brandt rückblickend die Haltung seines Vaters zum politischen Anliegen der „Aktion 18. März": „Mein Vater Willy Brandt hat die Pflege der Tradition deutscher Freiheitsbewegung, namentlich der Revolution von 1848/49 sehr befürwortet. Auch in ihrer gesamtdeutschen Dimension. Von der offensiven Propagierung eines Nationalfeiertags in beiden deutschen Staaten befürchtete er allerdings Irritationen beiderseits der Grenze ohne einen überwiegenden Nutzen."[39] Egon Bahr wiederum begründete 1979 seine Absage der Unterstützung mit dem Argument, dass der „demonstrative gesamtdeutsche Charakter sie von vorneherein aussichtslos erscheinen läßt".[40] Diese etatistische Deutschlandpolitik betrachtete bürgerschaftliche und basisdemokratische Initiativen im Kern eher als politischen Stör- und Unsicherheitsfaktor. Sie war zudem vom Primat der Sicherheitspolitik bestimmt.

Die „Aktion 18. März" und die DDR

Die „Aktion 18. März" bemühte sich seit Beginn ihrer Arbeit 1979 auch um Unterschriften aus der DDR, gleichwohl erfolglos.[41] Sie schickte den Aufruf – wie das Ministerium für Staatssicherheit vermerkte – „an staatliche Organe, gesellschaftliche Organisationen und Redaktionen von Massenmedien", die schon auf dem Postwege vom Ministerium für Staatssicherheit abgefangen wurden.[42] Auch die Versuche von Ingeborg Drewitz, offizielle Stellen für den gemeinsamen Feiertag zu gewinnen, schlugen fehl. So hatte sie sich im März 1981 in ihrer Eigenschaft als Vizepräsidentin des bundesdeutschen PEN-Clubs mit einem Brief an Henryk Keisch gewandt, den Generalsekretär des PEN-Clubs der DDR.[43] Sie verwies auf die gemeinsame Tradition des 18. März und schlug als ersten Schritt eine gemeinsame Konferenz von Schriftstellerinnen und Schriftstellern bzw. Historikerinnen und Historikern aus beiden deutschen Staaten vor. Nach der Abstimmung mit der Kulturabteilung des ZK der SED lehnte Keisch in seiner Antwort Drewitz' Vorschlag ab und verwies darauf, dass die DDR mit dem 7. Oktober ihren eigenen Nationalfeiertag begehe: „Wir haben ja keine so fragwürdigen Feiertage wie den 17. Juni, an dessen Stelle ein neuer gesetzt werden könnte. Ein neuer Feiertag hätte außerdem ökonomische

---

39 30 Jahre dabei – Peter Brandt, in: Aktion 18. März (Hrsg.): Aufruf, 2008, S. 6. Zu Peter Brandts Motivation, die „Aktion 18. März" zu unterstützen, siehe auch: Peter Brandt: Nationale Frage in Deutschland ungelöst, in: Aktion 18. März (Hrsg.): Aktion 18. März Nationalfeiertag in beiden deutschen Staaten. 2. erw. Aufl. 1979, S. 11.
40 Ebenda, S. 10.
41 Siehe Schroder, Igel, S. 84 f.
42 Nach: Information zu geplanten Kranzniederlegungen Westberliner Bürger am 18.3.1988 auf dem Friedhof der Märzgefallenen in Berlin-Friedrichshain, Ministerium für Staatssicherheit der DDR, abgedruckt in: Aktion 18. März (Hrsg.): Aufruf, 2003, S. 7.
43 Folgende Ausführungen nach Jochen Staadt: Die Nationalfeiertagsfrage. Warum die DDR den 18. März nicht wollte, in: Frankfurter Allgemeine Zeitung, 18.3.2000, abgedruckt in: Aktion 18. März (Hrsg.): Aufruf, 2003, S. 7.

Folgen, über die wir uns nicht einfach hinwegsetzen können. Ich sehe vorläufig nicht, welche Art Zusammenwirken in dieser Hinsicht möglich wäre. Große Möglichkeiten des Zusammenwirkens gibt es aber sicher in allem, was die Lebensfragen unserer Zeit betrifft: die Frage der Friedenserhaltung, der Rüstungsbegrenzung und der Abrüstung."[44]

Auch wenn die Märzrevolution von 1848 und der 18. März zum ehernen geschichtspolitischen Selbstverständnis der DDR gehörten: Der Vorschlag für einen gemeinsamen nationalen Feiertag am 18. März in Ost und West konterkarierte die seit den 1970er-Jahren vertretene Deutschlandpolitik der DDR in einem zentralen Punkt. Denn mit den VIII. Parteitag der SED vom Juni 1971 hatte die DDR die nationale Frage für sich eindeutig entschieden. Während die Bundesrepublik eine bürgerlich-kapitalistische Nation darstelle, entwickele sich in der Deutschen Demokratischen Republik die sozialistische Nation. Auf die von der SED 25 Jahre lang offensiv vertretene These von der nationalen Einheit Deutschlands folgte in einer Kehrtwendung nun die Zwei-Nationen-These. Der Wiedervereinigungspassus im Artikel 8 der Verfassung von 1968 wurde gestrichen. Diese Politik der nationalen Abgrenzung zur Bundesrepublik war eine Folge des globalen politischen Wandels von der Konfrontation zur Kooperation. Die innerdeutsche Annäherung im Rahmen der sozialliberalen Entspannungspolitik, die intensivierte staatliche Zusammenarbeit, die Zunahme von deutsch-deutschen Begegnungen ließen bei der SED Befürchtungen über die destabilisierenden Folgen für die DDR aufkommen. Ihr Ziel, ein DDR-Nationalbewusstsein aufzubauen, schien ebenso gefährdet wie die Konsolidierung der DDR als souveräner Staat latent infrage gestellt. Die Lücken in der Mauer, die die Entspannungspolitik geschlagen hatte, mussten ideologisch wieder geschlossen werden. Und in diesem Zusammenhang bedeuteten naturgemäß alle Bemühungen, einen gesamtdeutschen Feiertag zu installieren, ein – wie Kurt Hager im Januar 1979 formulierte – „Phantasieren an bundesdeutschen Kaminen".[45]

Die „Aktion 18. März" ließ sich von der ablehnenden Haltung DDR-Offizieller von ihrem deutsch-deutschen Engagement jedoch nicht abbringen. Das Ministerium für Staatssicherheit war mit seinen „Fahndungs- und Filtrierungsmaßnahmen zur Sicherung der Ehrungen der Märzgefallenen" – so der gebrauchte Bürokratenjargon – immer mit dabei, wenn die „Aktion 18. März" nach Berlin (Ost) kam; deren Verhalten wurde minutiös protokolliert.[46] Diese indes machte es der Staatssicherheit auch leicht, weil sie vollkommen offen vorging. 1986 verschickte sie ihren offenen Brief, in dem für den gemeinsamen Feiertag in der Bundesrepublik und der DDR geworben wurde, an

---

44 Ebenda.
45 Zit. nach: Tagesspiegel, 4.1.1979
46 Folgende Angaben nach den Unterlagen der BStU über Überwachung der „Aktion 18. März" durch das Ministerium für Staatssicherheit. (Mit freundlicher Genehmigung von Volker Schröder; Kopien der Originale im Besitz des Autors). Nach der friedlichen Revolution von 1989 wurde Dirk Schneider, der ehemalige deutschlandpolitische Sprecher der Bundestagsfraktion, als Inoffizieller Mitarbeiter des Ministeriums für Staatssicherheit enttarnt. Als MdB hatte Schneider zunächst Petra Kelly und Gert Bastian für die Aktion 18. März gewinnen können. Später betrachtete er die Aktivitäten der Aktion 18. März als Einmischung in die inneren Angelegenheiten der DDR.

alle Bezirkszeitungen der DDR. 1987, 1988 und 1989 besuchte die Aktion jeweils am 18. März den Friedhof der Märzgefallenen im Berliner Volkspark Friedrichshain und legte dort Kränze nieder. Die von Volker Schröder 1987 eingeladenen Erich Honecker und Erhard Krack, Oberbürgermeister von Berlin (Ost), sahen von einer Teilnahme jedoch ab. Die Kranzniederlegung konnte Schröder 1987 in Begleitung von German Meneses-Vogl (Bündnis 90/Die Grünen, 1989–1990 MdB) vornehmen. Anderen Mitgliedern der Berliner Alternativen Liste, wie den späteren Abgeordneten Alice Ströver (MdA seit 1995) und Wolfgang Schenk (MdA 1986–1988) wurde die Einreise verweigert.[47] Die Schleifen auf den im Namen der Alternativen Liste niedergelegten Kränzen trugen als Aufschrift einen Satz von Ferdinand Freiligrath: „Es kommt dazu trotz alledem, daß rings der Mensch die Bruderhand dem Menschen reicht – tun wir was dazu." Im Jahr 1989 berichtete der „Spiegel" über die Kranzniederlegung, an der auch Mitglieder der Bezirksverordnetenversammlung Wilmersdorf mit dem CDU-Bürgermeister Dohm teilnahmen: „Auffallend unauffällige Zivilisten in DDR-Turnschuhen und -Anoraks spähten über die Grabplatten. Mißtrauisch beäugten die Kundschafter ein ganz und gar ungewohntes Bild [...]. Die DDR-Staatsschützer [..] reagierten auf ihre Weise. Kaum waren die Kränze für die Märzgefallenen niedergelegt, huschten die Stasi-Beamten herbei und verdeckten die Kranzschleife."[48]

Politikverständnis und Aktionsprofil

Ganz im Sinne der basisdemokratischen Organisation politischer Willensbildung, wie sie sich in der Bundesrepublik vor allem in der Nachfolge von 1968 in den Bürgerinitiativen unterschiedlichster Provenienz und Zielrichtungen etablierte, betont die „Aktion 18. März" erstens ihre Überparteilichkeit, dies auch trotz und unabhängig von der Tatsache, dass vor allem Angehörige von Bündnis 90/Die Grünen,[49] aber auch der SPD in ihr seit jeher einen stärkeren Einfluss haben als andere Parteien. Die „Aktion 18. März" versucht zweitens von außen auf die politische Willensbildung in den Parlamenten Einfluss zu nehmen und mobilisiert dafür drittens die Zivilgesellschaft und ihre Mitglieder. Ihre Organisationsform ist basisdemokratisch und antiinstitutionell orientiert. Als freier Zusammenschluss geschichtspolitisch Interessierter operiert sie ohne vertragliche Bindungen, verfügt über keine institutionelle Verwaltung und hat auch keine Rechtsform. Sie finanziert sich allein durch Spenden und verzichtet auf die Alimentierung aus öffentlichen Haushalten.[50]

---

47 Alice Ströver hatte von 1983 bis 1989 ein Einreiseverbot für die DDR.
48 Der Spiegel, 12.6.1989, S. 28 f. Siehe auch: Schröder, Igel, S. 98 f.
49 Mit Alice Ströver (Bündnis 90/Die Grünen), der Vorsitzenden des Ausschusses für kulturelle Angelegenheiten des Berliner Abgeordnetenhauses, hat die Aktion heute einen parlamentarischen Arm von Bedeutung. Siehe das Interview mit Alice Ströver in: Aktion 18. März (Hrsg.): Aufruf, 2006, S. 3.
50 Die Berliner Bezirke Mitte und Friedrichshain-Kreuzberg bezuschussen jedoch jährlich den Druck der Zeitung Aufruf mit jeweils 250 Euro (Gesamtkosten: ca. 3.000 Euro).

Als eine Institution ohne institutionelle Korsage betreibt die Aktion ihre Symbolpolitik mit Mitteln aus dem traditionellen Repertoire zivilgesellschaftlicher Aktionsformen. Dazu gehören die Unterschriftensammlung und die Unterstützung von Prominenten, medienwirksame Aktionen in der Öffentlichkeit wie das Bemalen der Berliner Mauer am Brandenburger Tor am 17. Juni 1989 (Text: „Statt 17. Juni nur im Westen 18. März in Ost & West") oder – im publikumswirksamen Kontext der Verhüllung des Reichstages durch Christo im Sommer 1995 – einer Brandwand in unmittelbarer Nähe des Brandenburger Tors mit der Kinderhymne von Bertolt Brecht. Zu den Aktivitäten gehören Festveranstaltungen (z. B.: Festmärz 1980 mit den Musikern Pannach & Kunert) oder Demonstrationszüge durch Berlin (1998).

Seit 1990 führt die „Aktion 18. März" auf dem Friedhof der Märzgefallenen im Volkspark Friedrichshain offizielle Veranstaltungen durch, seit 1998 zusätzlich am Brandenburger Tor. Sie greift damit die seit 1848 mit unterschiedlichen Konjunkturen und nur von 1933 bis 1945 unterbrochene Tradition der ehemals vornehmlich sozialdemokratisch geprägten Märzveranstaltungen auf dem Friedhof im Friedrichshain auf. Die Aktion partizipiert an der Aura des historischen Orts und des Ursprungsmythos' und perpetuiert ihrerseits die Tradition des Treffens auf dem Friedhof.[51] Dramaturgisch sind diese Treffen charakterisiert durch eine wiederkehrende Choreografie, deren Ausformung sich entlang pragmatischer Überlegungen wie auch an den Erfordernissen des politischen Proporzes orientiert. Grußworte und programmatische Redebeiträge von Vertretern der verschiedenen Parteien bilden ebenso einen wesentlichen Part des Rituals wie die Kranzniederlegung am 1948 errichteten Denkmal. Der im Sinnbezug auf 1848 hergestellten Gemeinsamkeit heterogener Politikvorstellungen inhärent ist jedoch auch eine Zentrifugalkraft. Bei allem gemeinsamen Bezug auf „1848": Christ- oder Sozialdemokraten, Liberale, die Grünen oder Die Linke denken jeweils partiell auch immer an etwas anderes. Diese politischen Zentrifugalkräfte werden aufgehoben durch das gemeinsame Singen von Liedern der 1848er-Revolution sowie der Kinderhymne von Bertolt Brecht. Gerade in dem Komplementären des affektiv-emotionalen Moments liegt ein hohes Potenzial der Vergemeinschaftung, die Tradition bewahrt und verstetigt. Dies jedoch um den Preis des Politischen: Das Partikulare des jeweiligen aktuellen politischen Interesses wird absorbiert durch die Gemeinsamkeit des normativen Vergangenheitsbezuges. In den Auftritten der „Aktion 18. März" verschränken sich also – mit unterschiedlicher Gewichtung – die politische mit der affektiv-ästhetischen und der kognitiven Dimension des Geschichtskulturellen. Politisches steht neben Sinnlichem, Kognitives neben Affektivem. Gerade in dieser Verschränkung scheint eine Ursache des Erfolgs zu liegen. Gemeinsames und Differentes halten sich die Waage. Der Mobilisierung nach außen wie der Identität erhaltenden Kommunikation nach innen dient seit 1998 schließlich die alljährlich zum Gedenktag erscheinende Zeitung „Aufruf".

---

51 Zum historischen Lern-Ort als Erlebnisraum siehe: Marko Demantowsky: Gedenkstätten der 48er-Revolution als Historische Lern-Orte. Eine Übersicht, in: Saskia Handro/Bernd Schönemann (Hrsg.): Orte historischen Lernens, Berlin 2008, S. 149–164.

Mit der friedlichen Revolution von 1989, der Vereinigung der DDR mit der Bundesrepublik 1990 und der Festlegung des 3. Oktober 1990 als neuem Feiertag war zwar das Bemühen der Aktion, den 18. März als nationalen Gedenktag zu etablieren, nicht obsolet, wohl aber deren ursprüngliche deutschlandpolitische Intention. Die erste Mission schien 1990 erfüllt, fortan rückte in der Programmatik der „Aktion 18. März" die Tradition der Freiheit in den Vordergrund. Vor 1989 war gerade die gesamtdeutsche Motivation der „Aktion 18. März" für viele ein Grund gewesen, diese nicht zu unterstützen; mit dem Ende der Zweistaatlichkeit jedoch konnte die Aktion die Basis ihrer Unterstützerinnen und Unterstützer erheblich verbreitern. Anders als noch zehn Jahre zuvor stellten sich nun immer mehr Abgeordnete aus den verschiedenen Parlamenten hinter das Bemühen, die demokratischen Wurzeln der Bundesrepublik zu würdigen. Dabei wird einmal mehr der überparteiliche Charakter der „Aktion 18. März" deutlich. Schon 1978 hatte die Aktion mit ihrem Plakat zum Nationalfeiertag „Konservative, Christen, Antifaschisten, Sozialisten, Kommunisten, Parteilose, Liberale, Unabhängige" angesprochen. In ihrer Eigenschaft als Parlamentspräsidentin des Berliner Abgeordnetenhauses legte am 18. März 1992 zum Beispiel die Christdemokratin Hanna-Renate Laurien auf dem Friedhof der Märzgefallenen einen Kranz nieder. Als Bezirksbürgermeister von Berlin-Mitte unterstützte ihr Parteifreund Joachim Zeller die Aktion in den folgenden Jahren ebenso nachhaltig wie sein Kollege, der Bezirksbürgermeister von Berlin-Tiergarten Jörn Jensen (Bündnis 90/Die Grünen). Als Parlamentspräsident griff der Sozialdemokrat Walter Momper die von Laurien initiierte Tradition auf und legt jährlich einen Kranz nieder. Unterstützt wird die Aktion zum Beispiel auch von den derzeitigen Vizepräsidenten des Deutschen Bundestags Petra Pau (Die Linke), Katrin Göring-Eckardt (Bündnis 90/Die Grünen), Hermann Otto Solms (FDP) und Wolfgang Thierse (SPD) sowie dem kultur- und medienpolitischen Sprecher der CDU/CSU-Fraktion im Deutschen Bundestag Wolfgang Börnsen.[52]

Bei den Veranstaltungen der „Aktion 18. März" treten regelmäßig und überparteilich weniger bekannte wie auch hochrangige Vertreterinnen und Vertreter der Bezirke Mitte und Kreuzberg-Friedrichshain, des Abgeordnetenhauses und des Senats von Berlin, des Deutschen Bundestags, des Landes Baden-Württemberg, des Europa-Parlaments, aus Schule und Wissenschaft, aber auch internationale Gäste[53] und Angehörige von anderen wichtigen öffentlichen Einrichtungen auf. Begleitet werden diese Veranstaltungen durch musikalische und schauspielerische Beiträge von Schülerinnen und Schülern. Unterstützt wird die Aktion auch von namhaften Wissenschaftlerinnen und Wissenschaftlern (in erster Linie naturgemäß aus der Geschichtswissenschaft)[54],

---

[52] Der Präsident des Deutschen Bundestags, Norbert Lammert, würdigte das Engagement der „Aktion 18. März". Siehe Aktion 18. März (Hrsg.): Aufruf, 2006, S. 2.
[53] Z. B. Fabrizio Romano (Italien), Dorota Paciarelli (Polen/Italien), György Dalos (Ungarn), Dr. Georg Schnetzer (Österreich).
[54] Zum Beispiel von den Professoren: Reinhard Rürup, Gerhard Paul, Bernd Overwien, Hanns-Fred Rathenow, Peter Schulz-Hageleit, Hermann Weber, Laurenz Demps, Walter Schmidt, Wolfgang Michalka u. a.

von Künstlerinnen und Künstlern bzw. Schriftstellerinnen und Schriftstellern.[55] Die Berliner Geschichtswerkstatt, durch Jürgen Karwelat schon seit den 1980er-Jahren bei der „Aktion 18. März" vertreten, unterstützt diese nun ebenso als Institution wie die Freireligiöse Gemeinde Berlin unter ihrer Vorsitzenden Anke Reuther.[56] Starke Impulse und Unterstützung kamen nach 1989/90 von der PDS bzw. Die Linke. Als wissenschaftlicher Berater der „Aktion 18. März" fungierte aus diesen Reihen lange Jahre Heinz Warnecke, dessen Publikationen den Kenntnisstand über den Berliner Friedrichshain und die Märzrevolution von 1848 erheblich erweiterten.[57]

Eine parteipolitische Aussage war und ist damit jedoch nicht verbunden. Denn mit Manfred Butzmann stellte ein künstlerischer Repräsentant der Opposition in der DDR seine Kreativität zur Verfügung – er gestaltet die Zeitung der „Aktion 18. März" sowie Plakate zur Märzrevolution.[58] Beate Buchwald, zweite Sprecherin der „Aktion 18. März" und für Bündnis 90/Die Grünen Mitglied der Bezirksverordnetenversammlung (BVV) Marzahn (1990–1999) bzw. der BVV Marzahn-Hellersdorf (2006), engagierte sich im Herbst 1989 bei „Demokratie jetzt" und noch im selben Jahr bei der „Aktion 18. März". Der Bezug der Bürgerrechtsbewegung von 1989 zur Märzrevolution von 1848 ist ihr offenkundig: Die 1848er wie die 1989er forderten Rede- und Pressefreiheit, Versammlungsrecht und eben „Demokratie jetzt".

Das 150. Jubiläum der Märzrevolution in Berlin und der „Platz des 18. März"

Das Jubiläum der Revolution von 1848 war für die „Aktion 18. März" der Anlass, erneut geschichtspolitisch in die Offensive zu gehen.[59] Ihre Annahme, sie würde eine nur nachgeordnete Stimme im vielstimmigen Konzert der Berliner Revolutionsfeierlichkeiten abgeben, erwies sich jedoch als krasse Fehleinschätzung. Die erst Ende 1997, also ein Vierteljahr vor dem Jubiläumsdatum, einsetzenden konzeptionellen Überlegungen der in Berlin regierenden Großen Koalition unter Eberhard Diepgen (CDU) zeitigten allzu bescheidene Ergebnisse. Die überregionale Presse urteilte: „Berlin verschläft seine Revolution"[60] und: „Es hat den Anschein, als schämten sich Berlins Regierende auch heute noch der Freiheitsfreunde von

---

[55] Unter anderem Christa Wolf, Günter Grass, Michael Sowa, Klaus Staeck, Heinz Knobloch, Manfred Butzmann, Werner Stötzer.
[56] Siehe dazu das Interview mit deren Vorsitzender, der Sozialdemokratin Anke Reuther, in: Aktion 18. März (Hrsg.): Aufruf, 2005, S. 7.
[57] Siehe zum Beispiel Heinz Warnecke: 1848/1918. Die 1848er-Märzgefallenen im Friedrichshain, Hrsg.: Geschichtskommission der PDS Friedrichshain-Kreuzberg, Berlin 2005; Heinz Warnecke: ND-Kalenderblatt „Märzrevolution" – Berlin vor 150 Jahren. [Berlin, 1998]; Heinz Warnecke: Barrikadenstandorte 1848. Ein Beitrag zur Berliner Heimatkunde, Berlin 1999.
[58] Siehe dazu z. B. Manfred Butzmann: Heimatkunde. Abreibungen auf dem Friedhof der Märzgefallenen im Berliner Friedrichshain [Berlin 1997].
[59] Siehe dazu Christoph Hamann: Das Geburtsjahr des Parlamentarismus in Deutschland. Die Märzrevolution von 1848 und der Senat von Berlin oder: Berlin ist nicht Backnang, in: Durchsicht, II/1998, H. 8, S. 3–6; Klemm, Erinnert, S. 548–553 sowie Aktion 18. März (Hrsg.): Aufruf, 1998, 1999, 2000.
[60] Frankfurter Rundschau, 18.3.1998.

1848".[61] Das Verhalten des Senats, so Volker Ullrich in „Die Zeit", sei „blamabel und unwürdig."[62] Nur wenig freundlicher sah es die Berliner Lokalpresse.[63] Jürgen Kocka urteilte, im Vergleich zur großen Ausstellung in der Frankfurter Paulskirche blieben die Gedenkfeiern im Berliner Friedrichshain bescheiden.[64]

Die „Aktion 18. März" verfolgte dagegen ein klares Konzept: Die Erinnerung an 1848 sollte durch eine Umbenennung des „Platzes vor dem Brandenburger Tor" ebenso gefördert werden wie durch die Installation von Gedenktafeln an den authentischen Barrikadenstandorten. In einem offenen Brief an den Regierenden Bürgermeister unterstrich der Historiker Rüdiger Hachtmann[65] für die „Aktion 18. März" die Bedeutung des Brandenburger Tors für die Erinnerung an 1848. Erstens hätten in unmittelbarer Nähe im Tiergarten Massenveranstaltungen stattgefunden, von denen die Märzrevolution ihren Ausgang nahm. Die Nähe zum Pariser Platz würde zweitens implizit die gesamteuropäische Dimension der Revolution von 1848 signalisieren. Die unmittelbare Nähe zur Straße des 17. Juni würde drittens deutlich machen, dass Demokratie und Arbeiterbewegung „zwei zentrale Wurzeln unserer bundesdeutschen Demokratie sind". Und schließlich würde viertens eine ausschließliche Anbindung an Orte des 1848er-Parlamentarismus der Vielschichtigkeit der Revolution in sozialer Hinsicht und in Hinsicht auf deren Aktionsformen nicht gerecht werden.[66]

Die Fraktion Bündnis 90/Die Grünen im Berliner Abgeordnetenhaus nahm den Vorschlag der „Aktion 18. März" auf und schlug dem Senat Maßnahmen vor. Im Grundsatz stimmte dieser der Notwendigkeit, an 1848 zu erinnern, zwar zu, lehnte jedoch alle Vorschläge ab.[67] Der BVV Mitte und dem Arbeitskreis 1848 unter der Federführung der „Aktion 18. März" blieb es überlassen, aktiv zu werden. Die Fraktionen von CDU, SPD, PDS und Bündnis 90/Die Grünen der BVV Mitte beschlossen im August 1997 ohne Gegenstimmen (bei drei Enthaltungen), den Platz westlich des Brandenburger Tors in „Platz des 18. März 1848" umzubenennen.[68] Der Senat setzte jedoch mit dem Hinweis auf sein Mitspracherecht im zentralen (hauptstadtrelevanten) Bereich Berlins die Umbenennung aus. Die BVV Mitte bestätigte daraufhin ihre eigene Entscheidung.

Der zuständige Bausenator Klemann (CDU) argumentierte zunächst, rechtlich sei es nicht möglich, den Platz umzubenennen und ergänzte – im Widerspruch dazu –, er müsste im Hinblick auf den Mauerfall 1989 „Platz des 9. November" heißen. In die Defensive

---

[61] Die Zeit, 26.2.1998.
[62] Ebenda.
[63] „Keine Lust auf Revolution – oder nur ein wenig", so „Der Tagesspiegel" vom 16.1.1998. Die Berliner Zeitung (6.2.1998) urteilte eindeutiger, der Senat lasse „kaum ein Fettnäpfchen aus".
[64] Jürgen Kocka: Zwischen Friedrichshain und Paulskirche, in: Die Zeit, 29.4.1998, S. 78.
[65] Von ihm erschien die wegweisende Monografie: Berlin 1848. Eine Politik- und Gesellschaftsgeschichte der Revolution, Bonn 1997.
[66] Siehe Aktion 18. März (Hrsg.): Aufruf, 2000, S. 2. In einem offenen Brief an den Senat von Berlin forderten die Bundestagsabgeordneten Eckhardt Barthel (SPD), Dr. Norbert Lammert (CDU), Franziska Eichstädt-Bohlig (Bündnis 90/Die Grünen), Dr. Hermann Otto Solms (FDP) und Petra Bläss (PDS) den Senat von Berlin fraktionsübergreifend auf, die Neubenennung des Platzes durchzuführen. Siehe ebenda, S. 7.
[67] Unter anderem mit der unzutreffenden Behauptung, die Standorte der damaligen Barrikaden ließen sich heute nicht mehr bestimmen.
[68] Der Wortlaut des interfraktionellen Antrags siehe Aktion 18. März (Hrsg.): Aufruf, 1999, S. 2.

geraten, schlug der Senat von Berlin vor, einen Bereich in der unmittelbaren Nähe des Maxim-Gorki-Theaters, dem Standort der ehemaligen Sing-Akademie und der Preußischen Nationalversammlung seit dem Mai 1848, in „Platz der Märzrevolution" umbenennen zu lassen.

Somit standen zwei erinnerungspolitische Konzepte gegeneinander, die schon in der Vergangenheit die Auseinandersetzung mit 1848 dominierten: das der „Aktion 18. März", die den Schwerpunkt auf den Barrikadenkampf legte, und das des Senats, der die parlamentarische Tradition im Fokus hatte. Unterstützung erhielt die „Aktion 18. März" von prominenter Seite aus unterschiedlichen politischen Lagern. Neben der ehemaligen Parlamentspräsidentin Hanna-Renate Laurien (CDU)[69] äußerten sich die Schriftsteller Günter Grass und Christa Wolf zustimmend. Auch die Historiker Laurenz Demps und Heinrich August Winkler unterstützten den Vorschlag der Aktion. Winkler betonte: „Ich wünschte, der Senat würde die Entscheidung revidieren."[70] Die Bürgermeister der Berliner Bezirke Tiergarten, Jörn Jensen (Bündnis 90/Die Grünen), und Mitte, Joachim Zeller (CDU), setzten sich über den Senatsbeschluss hinweg und vollzogen am 18. März 1998 die Neubenennung des Platzes. Nachdem der Senat dies revidiert hatte, wiederholte sich der Vorgang 1999.

Die Situation schien verfahren – die Lösung brachte der Vorschlag des damaligen Präsidenten des Deutschen Bundestags, Wolfgang Thierse (SPD). Mit dem 18. März solle nicht allein an die Revolution von 1848, sondern auch an die erste freie Volkskammerwahl in der DDR von 1990 erinnert werden. Sie markiere, so der ehemalige DDR-Bürgerrechtler und Abgeordnete des Deutschen Bundestags Werner Schulz (Bündnis 90/Die Grünen), das Ende der ersten, vorparlamentarischen Phase der friedlichen Revolution. Die Einigung auf den 18. März erfolgte, so Werner Schulz, weil „sich an diesem Tag die Entscheidung über ‚Einigkeit und Recht und Freiheit' und die Vollendung einer bereits 1848 begonnenen Entwicklung stellt. So traf zusammen, was zusammengehört." [71] Auch der Bürgerrechtler Konrad Weiß berichtet: Der 18. März „war kein Zufall; wir haben am Runden Tisch der Modrow-Regierung dieses Datum hartnäckig abgerungen. Die Bürgerrechtsbewegung wollte sich damit bewusst in die Tradition der achtundvierziger Demokratiebewegung stellen."[72] Seit Juni 2000 heißt nun der Platz westlich des Brandenburger Tors „Platz des 18. März".[73] Der vom Senat 1998 offiziell durch einen Verwaltungsakt benannte „Platz der Märzrevolution" am Gorki-Theater wartet indes noch heute auf seine

---

69 Berliner Morgenpost, 4.2.1998.
70 Tagesspiegel, 19.3.1998.
71 Werner Schulz: Wahltag 18. März – ein Tag mit doppelter Bedeutung", in: Aktion 18. März (Hrsg.): Aufruf, 2000, S. 4.
72 Konrad Weiß. 1848, 1989, unterwegs... Vortrag beim Festakt 150 Jahre 48er-Revolution am 28. August 1998 in Neustrelitz, in: htwv://www.bln.de/k.weiss/tx_1848.htm (eingesehen: 21.10.2008). Wie der Rostocker Politologe Gunnar Peters dem Autor mitteilte (1.10.2008), finden sich in den Quellen jedoch keine expliziten Bezüge auf die Märzrevolution von 1848. Die Festlegung der Volkskammerwahl sei vielmehr allein aus pragmatischen Erwägungen erfolgt – man habe die kalendarische Mitte zwischen dem 29. Januar und dem 6. Mai 1989 gesucht. So auch Martin Gutzeit, SDP-Vertreter am Runden Tisch, gegenüber dem Autor (25.11.2008).
73 Anhängern der Partei Die Linke kam dieser Name insofern entgegen, weil damit auch an die Ausrufung der Pariser Kommune am 18.3.1871 Bezug genommen werden kann.

Schilder.⁷⁴ Der Senat von Berlin hat offensichtlich sein geschichtspolitisches Interesse an der Märzrevolution von 1848 verloren.

Die Verankerung der Erinnerung an den 18. März im öffentlichen Raum Berlins ist – cum grano salis – nach wie vor jedoch wenig entwickelt.⁷⁵ Gewürdigt wird vor allem die Gegenrevolution. So finden sich, worauf in der Zeitung „Aufruf" aufmerksam gemacht wurde, Straßennamen zu den Siegen Preußens über die badischen Revolutionäre von 1849⁷⁶ oder für die Vertreter der Feudalmacht wie etwa General von Wrangel und Otto von Manteuffel. Straßen jedoch, die nach Julius Berends, Karl Nauwerck oder Leopold Zunz benannt sind, sucht man dagegen vergebens.⁷⁷ Ergebnis von Anstrengungen des Erich-Fried-Gymnasiums (Heidi Antal) ist der Ernst-Zinna-Weg im Volkspark Friedrichshain. Gedenktafeln oder -stelen jedoch existierten bis 1998 wenige.⁷⁸ Die „Aktion 18. März" initiierte aus Anlass des 150. Jahrestags der Revolution von 1848 die Anbringung von zwölf Tafeln an den Orten der Barrikadenkämpfe vom 18./19. März.⁷⁹

Der dritte Anlauf: der 18. März als Gedenktag

1990 unternahm die „Aktion 18. März" einen neuen Anlauf, einen Gedenktag zu etablieren. Der in den beiden deutschen Staaten bis 1989 gepflegten unterschiedlichen deutschlandpolitischen Positionen entledigt, schienen die Voraussetzungen für die Einführung eines Feiertags, der der deutschen Einheit gewidmet sein sollte, nun ungleich günstiger als bis dahin. Die bisherige Forderung der „Aktion 18. März" bezog sich allein auf die Ersetzung des 17. Juni durch den 18. März. Nunmehr wurde der 7. Oktober einbezogen, an dem die DDR offiziell ihrer eigenen Gründung gedachte. In einem offenen Brief vom Mai 1990 an die Mitglieder des Deutschen Bundestags sowie – diesmal unterstützt durch Hunderte von Unterschriften aus der DDR – an die

---

74 Die Posse um die Umbenennung schildert Jürgen Karwelat: Ein Schild(er)bürgerstreich – wo ist der „Platz der Märzrevolution"?, in: Aktion 18. März (Hrsg.): Aufruf, 2008, S. 14. Vgl. dazu den Beitrag von Jürgen Karwelat.
75 Siehe dazu z. B. Christoph Hamann: (K)ein Denkmal für die 1848er?, in: Geschichte, Erziehung, Politik, 1997, H. 4, S. 213–221; Heinz Warnecke: Das Denkmal habt ihr selber euch errichtet, in: Aktion 18. März (Hrsg.): Aufruf, 2006, S.5; zum bundesweiten Erinnern an 1848 siehe Gerhard Fidorra: Straßen, Plätze und Gedenkstätten des 18. März und der Märzgefallenen, in: Aktion 18. März (Hrsg.): Aufruf, 2008, S. 8 f.; Manfred Butzmann: Denkmäler für die da oben, Denkmäler für die da unten, in: Aktion 18. März (Hrsg.): Aufruf, 2002, S. 6.
76 Jürgen Karwelat: Undemokratische Traditionen auf Wilmersdorfer Straßenschildern – bald kommentiert, in: Aktion 18. März (Hrsg.): Aufruf, 2004, S. 4.
77 Darauf weist Rüdiger Hachtmann hin: Argumente, die überzeugen müssten – Ein Brief vom 4. März 1998, in: Aktion 18. März (Hrsg.): Aufruf, 2000, S. 2. Zugleich wurden öffentliche Gedenkzeichen der DDR nach der friedlichen Revolution von 1989 entfernt.
78 Siehe dazu die Zusammenfassung in Hamann, (K)ein Denkmal, S. 2 f.; Holger Hübner: Das Gedächtnis der Stadt, Berlin 1997, S. 29 f., 59, 87 f., 204.
79 Unter der Federführung des Vorsitzenden der Gedenktafelkommission Berlin-Mitte, Volker Hobrack (SPD), wurden die Barrikadenstandorte mit Tafeln nach Entwürfen von Manfred Butzmann markiert. Bei all diesen Tafeln steht in der Kopfzeile: „Für demokratische Tradition und revolutionären Geist – 1848 Märzrevolution 1998" und in der Fußzeile der Satz Ferdinand Freiligraths (1843): „Es kommt dazu trotz alledem, dass rings der Mensch die Bruderhand dem Menschen reicht". Die Standorte und deren Finanzierer sowie genauere Angaben zu den Texten auf den Tafeln siehe Aktion 18. März (Hrsg.): Aufruf, 2001, S. 4. Vgl. dazu den Beirag von Volker Hobrack.

Mitglieder der Volkskammer wurden diese aufgefordert, den Vorschlag aufzugreifen.[80] Dies war jedoch vergebens – als Tag der deutschen Einheit wurde schließlich der 3.10. bestimmt. Über nahezu zwei Jahrzehnte blieb nun das Thema eines Gedenk- oder Feiertags am 18. März von der politischen Agenda verschwunden. 2007 jedoch, im Vorfeld des 160. Jubiläums der Märzrevolution, brachte die Fraktion der FDP im Abgeordnetenhaus von Berlin den Antrag ein, der 18. März solle nationaler Gedenktag in Deutschland werden.[81] Sie stützte sich dabei in ihrem Text wortidentisch (jedoch unabgesprochen) auf die Ausführungen der „Aktion 18. März" vom 18. März 2006. Genau ein Jahr später legten die Fraktionsvorsitzenden von Bündnis 90/Die Grünen, CDU, SPD sowie der Linken diesen Antrag auf Initiative von Alice Ströver erneut im Abgeordnetenhaus vor. Sie verbanden dies mit der Aufforderung, der Senat von Berlin möge im Bundesrat eine Entscheidung für einen nationalen Gedenktag am 18. März einbringen.[82] Mit den Stimmen aller Fraktionen verabschiedete das Abgeordnetenhaus diesen Antrag.

Die Initiative, den 18. März als Gedenktag an die Märzrevolution zu begehen, wurde in der Folge von zwei Seiten aus konterkariert. Nachdem offensichtlich geworden war, dass der Antrag im Bundesrat keine Mehrheit finden würde, wurde er zurückgezogen und die Entscheidung vertagt. Tragend bei dieser Entscheidung waren die Vorbehalte der anderen Bundesländer, die im 18. März in erster Linie ein historisches Datum für Berlin, nicht aber für die gesamte Bundesrepublik sahen. So äußerte sich der Historiker Dieter Langewiesche: „Man kann nicht ein vor allem preußisches Datum zu einem Gedenktag für ganz Deutschland machen."[83] Er schlug seinerseits den 18. Mai (Zusammentreten der Nationalversammlung in der Frankfurter Paulskirche 1848) oder den 27. Dezember (Verabschiedung der Grundrechte durch die Nationalversammlung 1848) vor. Eine erinnerungspolitische Domestizierung des 18. März und damit der Märzrevolution wurde im Vorfeld des 20. Jahrestags der friedlichen Revolution und der deutschen Einheit von der CDU verfolgt. Aufgeschreckt durch die in Studien festgestellten Wissenslücken von Schülerinnen und Schülern über die Geschichte der DDR und der deutschen Teilung forderte die CDU in Brandenburg in Erinnerung an die Volkskammerwahl von 1990, den 18. März als „Gedenktag der parlamentarischen Demokratie" zu feiern.[84]

Aller unterschiedlichen Motivation zum Trotz liegt beiden Argumentationslinien ein identisches Wertmuster zugrunde: Den föderalen Vorbehalten des Historikers aus Baden-Württemberg wie dem antitotalitären Ansinnen der CDU gemeinsam ist die erneute Fokussierung der Erinnerung an 1848 auf die Tradition des Parlamentarismus und – implizit – demgegenüber die Geringschätzung der revolutionären Ereignisse.

---

80 Siehe Aktion 18. Marz (Hrsg.): Aufruf 2006, S. 5.
81 Drucksache 16/0350 des Abgeordnetenhauses von Berlin.
82 Drucksache 16/1263 des Abgeordnetenhauses von Berlin.
83 Der Tagesspiegel, 6.7.2008.
84 Siehe Potsdamer Neueste Nachrichten, 30.7.2008; Märkische Allgemeine, 30.7.2008.

Einmal mehr wird das eine gegen das andere ausgespielt: die Paulskirche gegen den Friedhof der Märzgefallenen im Friedrichshain, die parlamentarische Debatte gegen den Barrikadenkampf. Diese Rangfolge der Wertschätzung ist deutlicher Ausdruck der grundlegenden Orientierung an den Prämissen der Aufklärung. Allein der Kampf mit dem Mittel des rationalen Arguments ist die zulässige Form der Auseinandersetzung, nicht dagegen der Kampf mit dem Mittel der als irrational angesehenen Gewalt. Legitim sind allein der Dialog, der Konsens, der Kompromiss und die Kooperation als die tragfähige Basis demokratischen Zusammenlebens.

Die Prämisse dieser Werthaltung ist jedoch, dass die Kontrahenten selbst dialogbereit und kompromissfähig sind und vor allem einander als Gleiche mit grundsätzlich gleichen Rechten anerkennen. Dies war jedoch in der Ständegesellschaft von 1848 per definitionem nicht der Fall.

Die Semantik der Historiografie ist insofern hier in zweifacher Hinsicht genau: Sie spricht von der März*revolution* im Jahr 1848, und sie spricht von der *März*revolution, nicht aber von einer Mai- oder Dezemberrevolution. Das beschreibt in zutreffender Chronologie erst den Barrikadenkampf auf der Straße und dann die Debatte in der Nationalversammlung, die ohne die Straße in dieser Form nicht möglich gewesen wäre. Und ohne die Nationalversammlung hätte die Straße auf Dauer keine demokratische Legitimität besessen. Insofern ist beides der historiografischen und geschichtspolitischen Erinnerung würdig. Nur „wenn man diese beiden Erinnerungsorte zusammensieht", so Jürgen Kocka, „versteht man 1848/49 richtig".[85]

---

85 Kocka, Zwischen Friedrichshain, S. 19; siehe ähnlich auch Klemm, Erinnert; Christoph Hamann: Der Barrikadenkampf und die Paulskirche – ein Widerspruch? Die Revolution von 1848/48 in der deutschen Erinnerungskultur, in: Aktion 18. März (Hrsg.): Aufruf, 2008, S. 9. Siehe auch Walter Schmidt: Zum 18. März 2005, in: Aktion 18. März (Hrsg.): Aufruf, 2005, S. 2; ders.: Die Revolution von 1848/49 in der deutschen Geschichtskultur, in: Utopie kreativ, Nr. 216, Oktober 2008, S. 925–940.

Der Friedhof der Märzgefallenen liegt an der Landsberger Allee. Die Zufahrt zum Krankenhaus Friedrichshain wurde durch Initiative von Schülerinnen und Schülern des Erich-Fried-Gymnasiums in „Ernst-Zinna-Weg" benannt. Geplant ist ein Ausstellungspavillon, der über den Friedhof und seine Geschichte informiert. Neben der Paulskirche in Frankfurt/Main und der Gedenkstätte in Rastatt gehört der Friedhof der Märzgefallen in Berlin zu den drei markantesten Erinnerungsstätten der Märzrevolution.

Der Friedhof der Märzgefallenen – Entwicklung einer nationalen Gedenkstätte

Susanne Kitschun

1 Der Friedhof der Märzgefallenen – ein Ort positiver Erinnerungskultur

Die (März-)Revolution von 1848 steht in vielen Ländern Europas exemplarisch für Forderungen nach sozialer Gerechtigkeit, Freiheit, Gleichheit und Demokratie – unumstößliche Grundwerte, welche die Voraussetzungen für unser heutiges Zusammenleben bilden und Garanten für das friedliche Zusammenleben der Völker sind. Diese Werte gilt es zu bewahren, zu festigen und zu verteidigen.

Aus diesem Grunde müssen Orte ins Gedächtnis gerufen werden, die Demokratiegeschichte nachvollziehbar machen und aufzeigen, dass unsere heutigen demokratischen Verhältnisse nicht selbstverständlich sind, sondern hart erkämpft wurden und Menschen ihr Leben dafür ließen. Der Friedhof der Märzgefallenen in Berlin ist ein solcher Ort, der eigens für die Revolutionsopfer errichtet wurde und (künftig wieder) würdig an sie erinnern soll. Seine historische Bedeutung ist vergleichbar mit der Bundesfestung Rastatt und der Frankfurter Paulskirche – trotzdem kennen ihn bisher nur wenige. Dabei steht der Friedhof der Märzgefallen wie kein anderer Ort im ehemaligen Preußen symbolisch für die Ideale der Revolutionäre von 1848. Er ist ein Juwel der europäischen, deutschen und Berliner Demokratiegeschichte.

Gerade weil diffuser Protest gegen die demokratische Gesellschaft sich in besorgniserregender Steigerung am rechten Rand der Gesellschaft regt und von extremistischen Gruppen instrumentalisiert und zu Gewalttaten ausgenutzt wird, ist es dringend geboten, anschauliches Lernen über die Geschichte der Demokratieentwicklung zu ermöglichen. Dazu sind Orte positiver Erinnerungskultur wie dieses einzigartige Friedhofsdenkmal, das symbolisch für die Entwicklung demokratischer Verhältnisse steht, zu erhalten, aufzuwerten und neu zu gestalten.

2 Ein authentischer Ort – ein Friedhof eigens für die Revolutionsopfer

Der Friedhof der Märzgefallenen ist eines der wenigen authentischen Zeugnisse der Revolution von 1848 in Berlin. Er ist als Gartendenkmal in die Berliner Denkmalliste eingetragen. Im Laufe seiner mehr als 160-jährigen Geschichte war der Friedhof immer wieder Ort der Auseinandersetzungen und vor allem politischer Interpretationen und gestalterischer Überformungen.

Die Geschichte des Friedhofs begann mit der Bestattung der Märzgefallenen am 22. März 1848. Die Begräbnisfeier war für Berlin eine Großdemonstration von einem bis dahin nie gekannten Ausmaß. Nicht nur die Berliner Bevölkerung war auf den Beinen, es kamen Abordnungen aus vielen deutschen Städten.

Auf Beschluss der Stadtverordnetenversammlung wurden die Kämpfer nicht auf einem Gemeindefriedhof der Stadt beerdigt, sondern es wurde ein besonderer Ort für sie ausgesucht: Weithin sichtbar – auf der damals höchsten Erhebung der Stadt, dem so genannten Kanonenberg (auf dem Gelände des Parks Friedrichshain) – entstand ein Friedhof der Märzgefallenen.

Auf diesem Friedhof der Märzgefallenen lagen zunächst 183 zivile Opfer; später kamen weitere Revolutionsopfer hinzu, die an den Folgen ihrer Verletzungen bei den Straßenkämpfen in der Nacht vom 18. auf den 19. März 1848 gestorben waren. Zeitweise gab es auf dem Friedhof etwa 255 Grabstätten, von denen heute aufgrund von Umbettungen und Umgestaltungen nur noch wenige übrig geblieben sind.

Bereits zum ersten Jahrestag der Revolution 1849 versammelten sich tausende Menschen trotz polizeilicher Gegenmaßnahmen auf dem Friedhof, um an die Ereignisse von 1848 zu erinnern. In der Folge entwickelte sich der Friedhof zu einem wichtigen Gedenkort an die Revolution und ihre kurzfristigen demokratischen und freiheitlichen Errungenschaften. Aus Angst vor neuen Ausschreitungen und dem politischen Protestpotential dieser Erinnerungskultur wurde der Zutritt zum Friedhof seit 1850 von den staatlichen Behörden untersagt. Die Bepflanzung des Umfelds, die Verlegung von Zugangswegen, Umzäunungen sowie Pläne zur Umbettung der Toten sollten dazu beitragen, dass der Friedhof in Vergessenheit gerät. Aufgrund des öffentlichen Protestes gelang dies jedoch nicht. Seit 1861 war der Zugang wieder erlaubt, wenngleich auch unter strenger polizeilicher Kontrolle etwa der Kranzschleifen, die jährlich am 18. März von Privatpersonen, politischen Vereinen und Gruppen niedergelegt wurden.

Im Jahre 1918 erfolgte im vorderen Teil des Friedhofs die Zubettung von 33 Opfern der revolutionären Auseinandersetzungen in Berlin im November und Dezember. Die Grabrede zu Ehren dieser Toten hielt Karl Liebknecht. Während der Weimarer Republik erhielt der Friedhof 1925 ein neues, von Ludwig Hoffmann gestaltetes repräsentatives Eingangsportal. Während der Zeit des Nationalsozialismus wurde der Friedhof vernachlässigt und dem Verfall preisgegeben.

Nach dem zweiten Weltkrieg wurde 1948 – anlässlich der Hundertjahrfeier der Märzrevolution – ein zentraler Gedenkstein auf dem Friedhof aufgestellt. Dafür wurde der bis dahin auf der zentralen Rasenfläche stehende Baum entfernt. Auf der Rückseite des monumentalen Gedenksteins von Peter Steinhoff stehen die Namen von 249 Märzgefallenen, auf der Vorderseite ist eine Gedenkinschrift für die Opfer von 1848 und 1918 angebracht.

Seit der Umgestaltung im Jahr 1948 sind die Grabflächen der Opfer der Märzrevolution so gut wie gar nicht mehr vorhanden. Lediglich 23 Grabzeichen – meist kleine Grabplatten, aber auch ein paar gusseiserne Kreuze und Grabsteine – sind in der äußeren Umrahmung des Friedhofs noch zu finden. Im Zuge dieser Arbeiten wurden auch die Wege verbreitert und einzelne Grabbereiche zu Wegeflächen umgestaltet. Bei den Gedenkfeiern steht man seitdem teilweise auf den früheren Gräbern. Die Randgräber im zentralen Karree wurden in Rasenflächen umgewandelt und das üppige Tor von Ludwig Hoffmann zu Gunsten eines einfachen schmiedeeisernen Tores entfernt.

Für die Opfer der Novemberrevolution wurden 1956/57 in Vorbereitung des bevorstehenden 40. Jahrestages 1958 drei neue Sarkophage aus rotem Granit aufgestellt. Den (vorläufigen) Abschluss der Umgestaltung vom authentischen Begräbnisplatz hin zur Gedenk- und Versammlungsstätte nach dem Geschichtsbild der DDR bildete 1960 die Aufstellung der Plastik „Roter Matrose" von Hans Kies.

3 Das Projekt zur Entwicklung einer nationalen Gedenkstätte

Der Paul-Singer Verein engagiert sich seit vielen Jahren für eine angemessenere Würdigung des Friedhofs der Märzgefallenen und seine Entwicklung zu einer nationalen Gedenkstätte. Seit Frühjahr 2009 kann der Friedhof nun endlich, dank einer Förderung durch die Stiftung Deutsche Klassenlotterie Berlin, zu einem Ort demokratischen Lernens entwickelt werden. Kooperationspartner des Paul-Singer Vereins sind das Bezirksmuseum Friedrichshain-Kreuzberg und die Stiftung Historische Kirch- und Friedhöfe in Berlin-Brandenburg.

Wesentliche nachhaltige Ziele des von der Stiftung Deutsche Klassenlotterie geförderten Projektes sind die Würdigung der herausragenden Bedeutung des Friedhofs, seine Entwicklung zu einem Ort demokratischen Lernens und zu einem Denkmal von nationaler Bedeutung. Das Projekt, das eine Gesamtdauer von zunächst vier Jahren hat, gliedert sich in fünf Hauptbereiche, die im Folgenden näher erläutert werden:
1. Bauliche Instandsetzung der Anlage
2. Bau und Einrichtung des Informationszentrums
3. Konzept und Einrichtung einer multimedialen Ausstellung sowie Betrieb eines Infozentrums
4. Steuerung und Koordinierung des Prozesses zu einem nationalen Denkmal
5. Übergreifende Öffentlichkeitsarbeit, Jugend- und Bürgerbeteiligung

3.1 Bauliche Instandsetzung der Anlage

Die gesamte Friedhofsanlage einschließlich ihres Umfeldes ist instandsetzungsbedürftig. In ihrem jetzigen Zustand entspricht kein Teil der Anlage der herausragenden Bedeutung des Ortes: Das gilt gleichermaßen für die Einfriedungsmauer, das Tor, die Plattenflächen, die Grabzeichen, Denkmale und die Bepflanzung.

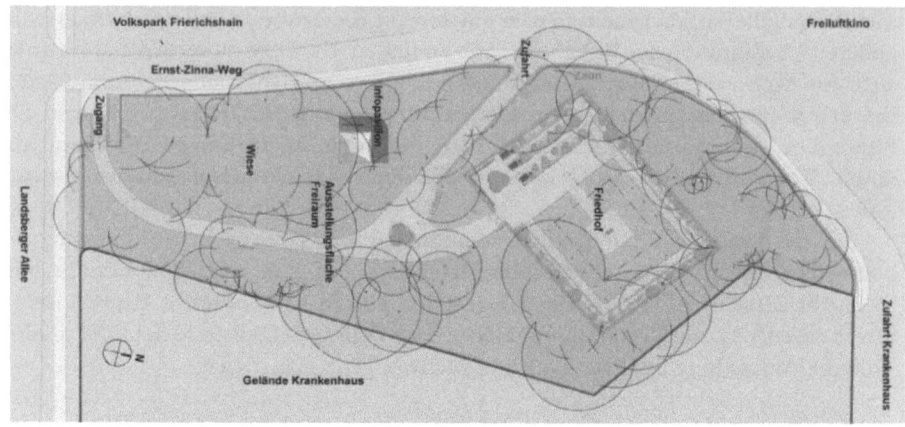

Der Paul-Singer Verein hat für zunächst drei Jahre die Friedhofsanlage und ihr Umfeld zwischen der Mauer des angrenzenden Krankenhauses, der Landsberger Allee und dem Ernst-Zinna-Weg vom Bezirksamt Friedrichshain-Kreuzberg überlassen bekommen. Insgesamt handelt es sich um eine Fläche von rund 8.000 Quadratmetern. Ziel dieser Überlassung ist vor allem auch eine höherwertige Pflege der Anlage. Gärtnerische Pflege und Unterhalt werden vom Paul-Singer Verein übernommen. Erste Ergebnisse dieser intensiveren Pflege sind bereits sichtbar.

Die bauliche Instandsetzung der Anlage soll bis Sommer 2010 abgeschlossen sein. Dabei werden alle Grabzeichen restauriert, die Wegeflächen auf dem Friedhof neu verlegt und eine neue hochwertige Bepflanzung der Grabflächen vorgenommen. Die Grabsteine werden gereinigt, instandgesetzt, neu fundamentiert und befestigt. Ob dabei eine teilweise Verlegung der Grabsteine an die ursprünglichen Grabstellen auf dem Friedhof erfolgen soll, bleibt im Rahmen der gartendenkmalpflegerischen Konzeption noch zu klären. Auch die Eisenkreuze und die Plastik „Roter Matrose" sind zu säubern, teilweise von Roststellen zu befreien und neu zu befestigen.

Friedhofscharakter durch Bepflanzung
Die Bepflanzung der eigentlichen Friedhofsfläche war zu Projektbeginn geprägt von einem Pflegerückstau und in vielen Bereichen von Fehl- und Übernutzung. Von den noch Mitte der 1980er-Jahre vorhandenen mindestens sechs Bäumen (Birken und Akazien) ist heute keiner mehr vorhanden. Außerdem sind Art und Qualität der Pflanzen zum Teil weniger der Bedeutung des Ortes, sondern den Pflegemöglichkeiten innerhalb einer öffentlichen Grünanlage angepasst. Dies soll im Rahmen dieses Projektes geändert werden. Gerade die Bepflanzung ist geeignet, den eigentlichen Eindruck des Friedhofs auch als Ort des individuellen Gedächtnisses wieder erlebbar zu machen. Es ist geplant, die zentrale Rasenfläche aufzuarbeiten und in einem umlaufenden Randstreifen einige kleine Ziergehölze anzupflanzen. Auf diese Weise

soll sichtbar werden, dass dort früher einmal Grabflächen gewesen sind. Auch der umlaufende Randstreifen wird in weiten Bereichen gerodet und neu bepflanzt. Ziel ist, die vorhandenen Grabzeichen erkennbar zu machen und mit Hilfe von Gehölzen, Bodendeckern und Blütenstauden das Bild der ehemaligen Grabstätten an diesem Ort wieder ins Bewusstsein der Besuchenden zu rücken. Gleiches gilt für die drei – momentan von ca. 100 cm hohen, dicht gepflanzten Eiben bestandenen – Grabreihen der Opfer der 1918er-Revolution. Hier sollen die „Eibenkästen" entfernt und durch eine alternative und repräsentativere Pflanzung ersetzt werden.

Schutz vor Vandalismus
Zum Schutz vor Vandalismus und Diebstählen wird die Anlage analog zum gleichfalls im Volkspark Friedrichshain gelegenen Märchenbrunnen mit einem Stabgitterzaun versehen. Nach Prüfung verschiedener Varianten fiel die Entscheidung zu Gunsten der Einzäunung der gesamten Fläche zwischen Ernst-Zinna-Weg und Krankenhausmauer. Nur so kann erreicht werden, dass die Einfriedung einen „respektierlichen" Abstand zum eigentlichen Denkmal ‚Friedhof der Märzgefallenen' hält und dieses in seiner ursprünglichen Gesamtheit erlebbar bleibt. Geplant sind zwei Tore, eines an der Pflegezufahrt zum Ernst-Zinna-Weg, das andere zur Landsberger Allee hin. Und selbstverständlich wird sichergestellt, dass es lange Öffnungszeiten gibt und freien Eintritt.

3.2 Bau und Einrichtung des Informationszentrums
Vor der eigentlichen Friedhofsfläche soll ein kleines, temporäres Ausstellungs- und Informationsgebäude aufgestellt werden. Hierbei handelt es sich um einen fliegenden Bau mit ca. 50–70 qm Grundfläche, der ganzjährig betrieben werden soll. In diesem Pavillon wird die unten noch näher beschriebene multimediale Ausstellung zur Geschichte des Friedhofs gezeigt werden. Gleichzeitig sollen hier ab und zu kleinere Treffen und Bildungsarbeit für bis zu 20 Personen stattfinden. Der Standort für das Gebäude wird die Wiese zwischen Friedhof und Ernst-Zinna-Weg. Bedingt durch den Baumbestand gibt es nur eine Stelle, an der der Bau stehen kann.

Um Ideen für die Gestaltung des Gebäudes zu bekommen, wird Ende 2009 ein beschränkter Künstlerwettbewerb bzw. ein konkurrierendes Gutachterverfahren durchgeführt. Im Sommer 2010 soll der Pavillon dann weithin sichtbar auf der Wiese vor dem Friedhof aufgestellt sein und als „temporäres Wahrzeichen" Besucher auf den Friedhof aufmerksam machen.

3.3 Konzept und Einrichtung einer multimedialen Ausstellung
Der Friedhof der Märzgefallenen soll ein Ort des demokratischen Lernens werden. Die geplante Ausstellung umfasst dabei die Dokumentation im Innern des Pavillons sowie eine Außenausstellung auf dem Friedhof selbst, dem Vorplatz und den Zugangswegen. Die Eröffnung der Ausstellung ist im Herbst 2010 geplant.

Die Ausstellung verfolgt vier Hauptziele:
Als erstes wird sie die Geschichte des Friedhofs dokumentieren und in den historischen und politischen Kontext des 19. und 20. Jahrhunderts einordnen. Zweites Ziel der Ausstellung ist es, durch den historischen Bezug auf die Revolution Sinn für die Demokratie der Gegenwart zu stiften. Dazu soll der Friedhof zu einem Ort des demokratischen Lernens gemacht werden. Drittens soll dem überwiegend negativen Gedächtnis in der deutschen Erinnerungskultur mit der Revolution 1848 und ihren Folgen für die Entwicklung von Freiheit und Demokratie in Deutschland ein positiver Bezugspunkt des kollektiven Erinnerns entgegengesetzt werden. Viertens wird die Ausstellung durch die Reflexion der unterschiedlichen Erinnerungen an 1848 in beiden deutschen Staaten vor 1990 einen Beitrag zum tiefer gehenden, gegenseitigen Verständnis aller Deutschen leisten.

Der Innenbereich der Ausstellung im Pavillon wird eine Anregung und Vertiefung des Friedhofsbesuchs ermöglichen. Sowohl die Geschichte des Friedhofs als auch die geplanten Maßnahmen zur Weiterentwicklung der Gedenkstätte werden hier erklärt. Geschehen soll dies mit Hilfe moderner Mittel der Ausstellungsdidaktik und -gestaltung unter Einbindung multimedialer Angebote, wie Filme, interaktiver PC-Stationen, Hörstationen und eines Audioguide.

Folgende Ausstellungsthemen sind geplant:
I. Die Entstehungsgeschichte des Friedhofs in ihrem historischen Kontext: Darstellung der Märzrevolution in Berlin bis zur Errichtung des Friedhofs sowie Biographien der gefallenen Märzrevolutionäre und anderer Beteiligter.
II. Der Friedhof als Erinnerungsort in den verschiedenen politischen Systemen: Wandel des Gedenkens (an 1848) und des Umgangs mit dem Friedhof im Verlauf der Zeit und in unterschiedlichen politischen Systemen.
III. Der Friedhof als Ausgangspunkt einer aktiven und nationalen Erinnerungskultur an die Revolution 1848 und ihre Bedeutung für die Entwicklung von Freiheit und Demokratie in Deutschland: Was ist von der Revolution 1848 geblieben? Wie will das wiedervereinigte Berlin (die vereinigte Bundesrepublik und das vereinigte Europa) der Revolution von 1848 und ihrer Opfer gedenken?

Der Hauptteil der Ausstellung widmet sich der Wirkungsgeschichte der 1848er-Revolution und deren Widerspiegelung auf dem Friedhof der Märzgefallenen. Die Dokumentation soll konzeptionell verbunden werden mit (medialen) Elementen zur Einbindung der Besucherinnen und Besucher. Diese werden während des Rundgangs durch die Ausstellung angeregt, die Geschichte der Erinnerung an 1848 unter den wechselnden politischen Bedingungen zu reflektieren und eigene Gedanken zu entwickeln. Am Ende der Ausstellung wird dies in ein Forum zur Bürgerbeteiligung münden: Es ist beabsichtigt dass die Besucherinnen und Besucher die Möglichkeit erhalten, sich zu der zukünftigen Gestaltung des Ortes zu äußern und eigene Vorschläge zu unterbreiten. Für eine solche Aufforderung gibt es sogar ein historisches Vorbild: Sie knüpft an die Praxis des Jahres 1848 an, als unmittelbar nach den Märzkämpfen die Stadtverordnetenversammlung die Bevölkerung dazu aufrief, Vorschläge für die Gestaltung eines Denkmals an die Opfer der Revolution einzureichen.

Adressaten der Ausstellung sind Berlinerinnen und Berliner, aber auch Touristinnen und Touristen, Teilnehmerinnen und Teilnehmer der politischen Bildungsarbeit sowie insbesondere Jugendliche.

3.4 Steuerung und Koordinierung des Prozesses zu einem nationalen Denkmal

In einem mehrjährigen Prozess soll die schon seit langem bestehende Forderung nach einer Aufwertung und Neugestaltung des Friedhofs zu einer Gedenkstätte von nationalem Rang auf breiter Basis diskutiert und nachhaltig konkretisiert werden. Gerade vor dem Hintergrund des inzwischen vereinten Deutschlands sind die Interpretation und die Zielrichtung der Umgestaltung des Denkmals neu zu diskutieren und zu bewerten. In der derzeit präsenten Form der Umgestaltung von 1948/49 und 1960 wird die 1848er-Revolution vor allem in der Interpretation der DDR-Geschichtsdeutung abgebildet.

Die Einberufung eines Kuratoriums zur Begleitung des Steuerungsprozesses

Ein Expertengremium (Kuratorium) aus den Feldern Geschichte, Politik und Gestaltung soll in einem offenen, transparenten Prozess die Möglichkeiten der Umgestaltung des Friedhofs diskutieren und verbindliche Planungsziele festlegen. Es wird auch geeignete Instrumente zur Beteiligung der Öffentlichkeit daran entwickeln. Am Ende des Prozesses soll ein möglichst breit in der Gesellschaft verankerter Gestaltungsentwurf für eine Neugestaltung des Friedhofes stehen.

Das Kuratorium, das aus Expertinnen und Experten aus den Bereichen Politik, Wissenschaft, Landschaftsarchitektur, Denkmalpflege, Kunst u. a. sowie interessierter Öffentlichkeit zusammengesetzt sein wird, wird im Frühjahr 2010 seine Arbeit aufnehmen. Es hat die Aufgabe, Ideen zu entwickeln, eingereichte Vorschläge aufzunehmen, zu kommentieren und hinsichtlich konkreter Umsetzungsmöglichkeiten kritisch zu bewerten. Es wird am Ende des Verfahrens einen realisierbaren Vorschlag zur Umgestaltung vorlegen.

Nationale und europäische Vernetzung

Die Bundesfestung in Rastatt und die Paulskirche in Frankfurt am Main sind Denkmäler und politische Bildungsstätten von überregionaler Bedeutung und hoher touristischer Anziehungskraft. Neu hinzugekommen ist in Deutschland Ende 2008 die Stiftung Hambacher Schloss mit einer neu gestalteten Ausstellung.

Diese Erinnerungsstätten liegen alle im Südwesten der Republik. Der Volkspark Friedrichshain und der Friedhof der Märzgefallenen als die für das ehemalige Preußen maßgeblichen Erinnerungsstätten der 1848er-Revolution spielen dagegen bisher im öffentlichen Bewusstsein nicht die ihnen gebührende Rolle und sind auch in bildungstouristischer Hinsicht unbedeutend. Geplant ist ein intensiver Erfahrungsaustausch über Konzeptionen und mögliche Kooperationen mit den südwestdeutschen Erinnerungsstätten; erste Kontakte sind bereits geknüpft.

Der Friedhof der Märzgefallenen könnte auch für die Weiterentwicklung der deutschen Einheit eine große Rolle spielen, denn eine Hauptforderung, für welche die Märzkämpfer ihr Leben ließen, war die Gründung eines einheitlichen, demokratischen, deutschen Vaterlandes. Dieser Aspekt wird häufig vergessen, spielte aber 1848 eine wesentliche Rolle.

Parallel dazu soll die Idee einer neuen Berliner Gedenkstätte zur Erinnerung an die demokratische Revolution von 1848 offensiv in einen gesamteuropäischen Kontext gestellt werden. Ausgehend von der Februarrevolution in Paris griffen die revolutionären Ereignisse 1848 auf viele europäische Städte und Regionen über. Deshalb werden Kontakte und der Austausch mit ähnlichen Projekten, z. B. in Paris, Wien, Prag, Budapest und Warschau oder Krakau, gezielt gesucht werden. In verschiedenen Überlegungen zur europäischen Gedächtniskultur heißt es, dass das Thema „Europäische Identität" angesichts des beschleunigten Prozesses der europäischen Integration eine herausragende Aktualität besitzt. Es wird z. B. die Frage aufgeworfen, wie ein europäischer Identifikationsprozess in Gang gesetzt und auf welche gemeinsamen Erfahrungen und Gedächtniskulturen dabei zurückgegriffen werden kann.

Ein Schlüssel für einen solchen Identifikationsprozess liegt in der Revolution von 1848, die ein durch ganz Europa hindurch positiv besetztes Ereignis ist, aber ganz unterschiedliche Konnotationen hervorruft und in der jeweiligen Nationalgeschichte jeweils spezifisch überformt und in den Dienst divergierender politischer Interessen gestellt wurde.

Geplant sind eine internationale Konferenz zu dieser Thematik und eine einfache europäische Wanderausstellung über den Friedhof der Märzgefallenen, um dieses Denkmal in Europa bekannt zu machen.

3.5 Übergreifende Öffentlichkeitsarbeit, Jugend- und Bürgerbeteiligung

Projektbegleitend und -unterstützend soll eine intensive und breit gefächerte Presse- und Öffentlichkeitsarbeit betrieben werden, um die Thematik nachhaltig in der Gesellschaft zu verankern.

Dazu gehören vor allem die Einrichtung einer informativen und interaktiven Internetseite sowie der Aufbau und die Pflege von Pressekontakten, inklusive Pressedokumentation. Als Begleitmaterial zur Ausstellung und zum Projekt insgesamt werden verschiedene Faltblätter und kleine Broschüren erarbeitet. Auch Tagungen und Konferenzen sollen auf diese Weise dokumentiert werden.

Temporäre kulturelle Veranstaltungen auf dem Gelände und im Pavillon runden die Öffentlichkeitsarbeit ab: Geplant ist die Beteiligung an geeigneten öffentlichkeitswirksamen Veranstaltungen, wie zum Beispiel an den jeweiligen Jahrestagen des 18. März, an der Langen Nacht der Museen und dem Tag des offenen Denkmals. Im Rahmen dieser Veranstaltungen sollen die Idee der natio-nalen Gedenkstätte Friedhof der Märzgefallenen beworben und zugleich die Projektfortschritte dargestellt werden. Zudem wird es bei diesen Anlässen kulturelle Veranstaltungen geben, z. B. Theateraufführungen, Lesungen und musikalische Darbietungen. Ganzjährig bietet der Paul-Singer Verein außerdem Führungen auf dem Friedhof der Märzgefallenen an.

Bürgerbeteiligung
Anknüpfend an den interaktiven Teil der Ausstellung „Wie will das wiedervereinigte Berlin (die vereinigte Bundesrepublik und das vereinigte Europa) der Revolution von 1848 und ihrer Opfer gedenken?" wird das Projekt niedrigschwellige Angebote zur Bürgerbeteiligung entwickeln. Ziel ist es, die Besucher(innen) der Ausstellung als aktive Mitdiskutierende über die Bedeutung des Friedhofes für die 1848er-Revolution, eine künftige Gestaltung des Denkmals und die Bedeutung des Einzelnen für das Gelingen unserer Demokratie zu gewinnen.

In einer Ideenwerkstatt mit Berliner Schulen können und sollen Schülerinnen und Schüler ihre eigenen Vorstellungen von der Bedeutung der Revolution von 1848 für die Gegenwart und Zukunft entwickeln. Alle Beiträge im Rahmen der Bürgerbeteiligung werden vom Kuratorium gesichtet und gewürdigt.

Einbindung des Friedhofs der Märzgefallenen in den Berlin-Tourismus
Hier sind in Zusammenarbeit mit dem Bezirksamt Friedrichshain-Kreuzberg von Berlin und der Berliner Senatsverwaltung für Wirtschaft sowie der Berlin-Tourismus-Marketing Konzepte und Strategien zu entwickeln und umzusetzen, um den Ort für den Berlin-Tourismus zu erschließen. Dazu gehört die Teilnahme an Fachmessen (z. B. der Bildungsreisen-Veranstalter und Reise-Busunternehmen) und Überzeugungsarbeit unter den Berlin-Werbern, den Friedhof in ihrer Öffentlichkeitsarbeit angemessen zu berücksichtigen.

Schwarz-Grüne Zusammenarbeit. Am 18. März 1998 bringen die Bezirksbürgermeister der Stadtbezirke Berlin-Mitte, Joachim Zeller (CDU), und Berlin-Tiergarten, Jörn Jensen (Bündnis 90/Die Grünen), die Schilder für den Platz des 18. März 1848 an, die der Senat wieder entfernen ließ.

Straßenzeichen
Revolution(en) auf Berliner Straßenschildern?

Jürgen Karwelat

Wenn es die „Aktion 18. März" nicht gegeben hätte, dann würde im Berliner Stadtbild kaum etwas an die Ereignisse um den 18. März 1848 erinnern, eines der nicht so zahlreichen Daten in der deutschen Geschichte, auf das wir uns guten Gewissens berufen können. Auf den „Platz des 18. März" vor dem Brandenburger Tor läuft die „Straße des 17. Juni" zu, so ergibt sich eine reizvolle Stelle, wo auf Straßenschildern zwei Stränge deutscher Geschichte aufeinander zulaufen, die beide dafür stehen, dass das Volk sich gegen Unrecht und Willkür auflehnt und für seine Rechte manchmal förmlich „auf die Barrikaden geht".

Stadtpläne als Geschichtsbücher

„Stadtpläne sind aufgeschlagene Geschichtsbücher" sagte einmal bei einer Lesung der bekannte Berliner Schriftsteller und Feuilletonist Heinz Knobloch (1926–2003). Folgt man dagegen dem Historiker Rainer Pöppinghege, dann sind Straßennamen aber beileibe kein Spiegel der Geschichte, sondern allerhöchstens das Abbild dessen, „wie es hätte gewesen sein sollen"[1]. Dem Autor ist zwar einzuräumen, dass natürlich zu beachten ist, welche Gesellschaftsschicht und welche Institutionen das Recht hatten, Vorschläge für Straßennamen zu machen und diese auch umzusetzen. Trotzdem wird man nicht umhinkommen festzustellen, dass Straßenschilder viel über die Geschichte einer Stadt erzählen können, sei es durch Namen, die den Verlauf der alten Stadtbefestigung aufzeigen, wie die Wallstraße in Berlin-Mitte, sei es, dass die Straßennamen rund um den ehemaligen Görlitzer Bahnhof in Kreuzberg den Hinweis darauf geben, dass viele Menschen aus schlesischen Städten nach Berlin eingewandert sind, sei es, dass ganze Straßenzüge durch ihre Namensgebung an die Kriege preußischer Könige erinnern, deren Residenzstadt Berlin war. Pöppinghege spricht von Straßennamen als „Lesezeichen"[2]. Natürlich geben diese Namen nicht die Realität der Gesellschaft zum Zeitpunkt der Benennung wieder. Hunger, Elend, Entrechtung und undemokratische Verhältnisse sind nicht auf die Straßenschilder geschrieben worden. Aber natürlich ist auf den Straßenschildern die Vorstellung der

---
1 Rainer Pöppinghege: Wege des Erinnerns, Münster 2007, S. 13.
2 Matthias Martens: Straßennamen – Lesezeichen im kulturellen Gedächtnis, in: Sabine Horn/Michael Sauer (Hrsg.): Geschichte und Öffentlichkeit, Göttingen 2009, S. 61.

Herrschenden ablesbar, welche Vorbilder oder Ideale die Gesellschaft haben soll. Das ist auch eine Form von Realität. Diktaturen neigen besonders dazu, sich auch mit Hilfe der Symbolik der Straßennamen Legitimation zu verschaffen. Es ist die Aufgabe der folgenden Generationen, die verfestigten Geschichtsbilder auf den Straßenschildern zu prüfen, ggf. zu korrigieren und auch durch Neu- oder Umbenennungen der Stadt eine weitere Prägung zu geben.

Vorschriften über das Recht zur Straßenbenennung

Wer hatte nun im Laufe der Geschichte in Berlin das Recht zur Benennung von Straßen?

Solange es als keine Sache von herausragender Bedeutung betrachtet worden war, die Straßen der allmählich wachsenden Residenzstadt zu benennen, war in Berlin der Magistrat der Stadt dafür zuständig, ohne dass es einer weiteren Genehmigung durch andere Stellen bedurfte.[3] Für die meisten Fälle der Benennungen vor dem 18. Jahrhunderts wird anzunehmen sein, dass nicht einmal ein förmlicher Akt für eine Benennung vorlag, da die Namen organisch gewachsen und z. B. vom Beruf der ersten Bewohner oder der unmittelbaren Nachbarschaft zu Kirchen oder Hospitälern abgeleitet worden waren. Erst nach der Bebauung der Friedrichstadt ab 1728 wurden Benennungen von Straßen nach fürstlichen Personen eingeführt. So entstanden z. B. die „Friedrichstraße" und „Wilhelmstraße"[4]. Das Selbstbestimmungsrecht wurde Berlin mit der „Allerhöchsten Kabinettsordre" vom 20. Dezember 1813 entzogen, nach der der Magistrat und das Polizeipräsidium nur noch Vorschläge für die Straßenbenennungen in den Städten Berlin, Potsdam und Charlottenburg machen durften. Das Polizeipräsidium trug dann den gemeinsamen Entschluss an das preußische Innenministerium heran, das schließlich die Genehmigung des Königs einholte.[5] Dieses Verfahren wurde bis zum Sturz der Monarchie im Jahr 1918 beibehalten. Danach trat an die Stelle des Königs als Genehmigungsinstanz das preußische Innenministerium. Ausführendes Organ war, wie zuvor, die staatliche Polizei.

Erstaunlicherweise waren es die Nationalsozialisten, die mit der „Verordnung über die Benennung von Straßen, Plätzen und Brücken" vom 1. April 1939 eine Kompetenzänderung zugunsten der Kommunen durchführten. Dies war allerdings kein Akt zur Stärkung der kommunalen Selbstverwaltung, weil gleichzeitig bestimmt wurde, dass die Benennung der Zustimmung des Beauftragten der NSDAP bedurfte.

---

3 Hermann Vogt: Die Straßennamen Berlins, in: Schriften des Vereins für die Geschichte Berlins, Heft XXII. Berlin 1885, S. VI; Jürgen Karwelat: Straßenbenennungen, in: Berliner Geschichtswerkstatt (Hrsg.): Sackgassen. Keine Wendemöglichkeiten für Straßennamen, Berlin 1988, S. 79 f.
4 Vogt, Straßennamen, S. VI.
5 Heidrun Joop: Berliner Straßen. Beispiel Wedding, Berlin 1987, S. 26.

Die Maßnahme ist daher eher als weiteres Mittel der Nationalsozialisten zur Kontrolle staatlicher und kommunaler Institutionen zu werten.

Mit dem Ende der Nazi-Diktatur wurden die Kompetenzen neu aufgeteilt. In seiner Sitzung vom 18. Juni 1945 beschloss der Berliner Magistrat, dass der stellvertretende Bürgermeister Maron kraft seiner Funktion als oberster Dienstherr der Polizei für die Umbenennung von Plätzen und Straßen zuständig sei. Dies wurde aber bald geändert. Mit Magistratsbeschluss vom 16. Mai 1947 wurde klargestellt, dass Benennungen durch den Magistrat, Abteilung Bau- und Wohnungswesen, unter Mitzeichnung der Abteilung Verkehr und Betriebe, vorbereitet und durchgeführt werden sollten. Der Oberbürgermeister behielt das Recht der Schlusszeichnung.

Nach der Spaltung der Stadt 1949 hatte in Westberlin der Regierende Bürgermeister das Recht zur Schlusszeichnung, gab dieses Recht jedoch durch Senatsbeschluss vom 16. Oktober 1953 an den Senator für Bau- und Wohnungswesen ab. Den Bezirksämtern wurde laut Berliner Straßengesetz vom 11. Juni 1957 ein Vorschlagsrecht eingeräumt. Bei der nächsten Gesetzesänderung am 29. November 1966 wurden die Rechte der Westberliner Bezirke weiter gestärkt. Die Bezirksämter waren jetzt zuständig, der Senator für Bau- und Wohnungswesen musste allerdings zustimmen. Diese Zustimmungspflicht entfiel schließlich durch das Straßengesetz vom 28. Februar 1985. Nun war die Entscheidungsgewalt über die Straßennamen an der Basis angekommen, in dem gewählten Gremium, das in seiner Zuständigkeit unmittelbar mit den Alltagsdingen in den Bezirken befasst ist: in der Bezirksverordnetenversammlung. So ist auch die aktuelle Regelung. Laut dem Berliner Straßengesetz vom 13. Juli 1999 und den dazu gehörigen Ausführungsvorschriften zu § 5 des Berliner Straßengesetzes vom 29.11.2005 ist grundsätzlich die Bezirksverwaltung für die Straßenbenennungen zuständig.

Die Ausführungsvorschriften nennen Grundregeln, die bei der Benennung oder Umbenennung von Straßen zu berücksichtigen sind. Unter anderem darf ein bereits vorhandener Straßenname nicht erneut verwandt werden.[6] Nach Personen dürfen Straßen erst fünf Jahre nach dem Tod der Person benannt werden. Frauen sollen verstärkt Berücksichtigung finden. Umbenennungen sind nur unter eingeschränkten Voraussetzungen zulässig. Dies ist z. B. zur Beseitigung von Doppel- und Mehrfachbenennungen möglich. Möglich ist auch die Beseitigung von Straßennamen aus der Zeit von 1933 bis 1945, sofern die Straßen nach aktiven Gegnern der Demokratie und zugleich geistig-politischen Wegbereiterinnen und Wegbereitern und Verfechterinnen und Verfechtern der nationalsozialistischen Ideologie und Gewaltherrschaft benannt sind. Entsprechendes gilt, wenn die Straße aus politischen Gründen nach Orten, Sachen, Ereignissen etc. benannt wurde. Eine gleichlautende Regelung gilt für die Beseitigung von Straßennamen aus der

---

6 Mit der Schaffung von Groß-Berlin am 1.10.1920 wurden mit Berlin sieben weitere Städte, 59 Landgemeinden und 27 Gutsbezirke zusammengefasst, die in der Vergangenheit die Namensgebungen nicht aufeinander abgestimmt hatten. So kam es zu zahlreichen Doppelungen im neuen Groß-Berlin, was bis in die heutige Zeit zu unangenehmen Verwechslungen führt.

Zeit von 1945 bis 1989, sofern die Straßen nach Protagonisten der stalinistischen Gewaltherrschaft, des DDR-Regimes und anderer kommunistischer Unrechtsregime benannt wurden.

Aus der Zeit vor 1933 ist die Beseitigung von Straßennamen durch Umbenennung möglich, wenn der Name nach heutigem Demokratieverständnis negativ belastet ist und die Beibehaltung nachhaltig dem Ansehen Berlins schaden würde.

Neue „Frauenviertel" in Berlin

Die Regelung über die verstärkte Berücksichtigung von Frauennamen gibt es seit 1991. Hintergrund der Regelung war die Tatsache, dass in Berlin von den Straßen, die nach Personen benannt sind, nur etwa 10% auf Frauennamen entfielen.[7] Die Vorschrift hat dazu geführt, dass einige Bezirksverordnetenversammlungen in den letzten Jahren Grundsatzbeschlüsse gefasst haben, bei der Verwendung von Personennamen Frauen so lange zu bevorzugen, bis die Quote von 50% mit weiblichen Namen erfüllt ist. Entsprechende Beschlüsse sind in den Bezirksverordnetenversammlungen Mitte, Friedrichshain-Kreuzberg und Charlottenburg-Wilmersdorf gefasst worden. Ohne diese Grundsatzbeschlüsse hatte schon 1996 die Neuköllner Bezirksverordnetenversammlung auf Initiative der bezirklichen Frauenbeauftragten beschlossen, in einem Neubaugebiet in Rudow ausschließlich Frauennamen zu verwenden. So entstand ein Frauennamenviertel mit Benennungen nach 19 Frauen, die z. B. an Elly Heuss-Knapp (1881–1952), die Initiatorin des Müttergenesungswerks, und an Käthe Frankenthal (1889–1976), Ärztin und sozialistische Kommunalpolitikerin, erinnern. Auch in anderen Stadtteilen entstanden Frauenviertel. Der Bezirk Mitte hat drei „Frauenviertel", eines um den Hauptbahnhof und ein zweites an der Spree um das Haus der Dienstleistungsgewerkschaft ver.di. In Friedrichshain-Kreuzberg entstand 2006 um die O_2-World-Halle in der Nähe der Spree ein weiteres „Frauenviertel", u. a. gibt es dort eine Tamara-Danz-Straße, benannt nach der 1996 gestorbenen Sängerin der bekannten DDR-Rockgruppe Silly, Tamara Danz (1952–1996). Die Vorschläge wurden jeweils von der Bezirksverordnetenversammlung in den Ausschüssen entwickelt (meist Kultur- und Bauausschuss) und dann vom Bezirksamt förmlich umgesetzt. Was auffällt, ist die Tatsache, dass in den Vierteln Frauen aus sehr unterschiedlichen Epochen mit sehr unterschiedlichen Lebensläufen aufeinandertreffen. Die sechs Straßen an der Veranstaltungshalle erinnern neben der Sängerin Tamara Danz an Widerstandskämpferinnen, Künstlerinnen und Kommunalpolitikerinnen. Die Frage der Benennung oder Umbenennung führt häufig zu lang dauernden Grundsatzdebatten über den Sinn und Unsinn der Benennungen

---

[7] So schon Gisela Hahn: „Frauen unter Straßenniveau", in: Berliner Geschichtswerkstatt (Hrsg.): Sackgassen. Keine Wendemöglichkeiten für Straßennamen, Berlin 1988, S. 56 f.

von Straßen in den Bezirksverordnetenversammlungen. Bei Konkretisierung einer Umbenennung sind die Anwohnenden der betroffenen Straße durch schriftliche Information oder auch durch eine Bürgerversammlung einzubeziehen. Im Fall der Rudi-Dutschke-Straße in Kreuzberg klagten nicht nur Anwohner gegen die beschlossene Benennung. Es wurde sogar ein bezirksweiter Bürgerentscheid durchgeführt (siehe unten).

Spurensuche nach der Revolution auf Berliner Straßenschildern

Machen wir uns jetzt auf die Suche nach Berliner Straßennamen, die an die Revolution von 1848 erinnern. Einige Benennungen gehen dezidiert auf die Aktivitäten im Umfeld der „Aktion 18. März" zurück. So z. B. neben dem „Platz des 18. März" vor dem Brandenburger Tor auch die Benennung des Platzes am Maxim-Gorki-Theater, der zwar seit dem März 1998 den Namen „Platz der Märzrevolution" trägt, bis heute aber kein Namensschild hat. Und das kam so:
Der Forderung der „Aktion 18. März" zum 150. Jahrestag im Jahr 1998, den Platz vor dem Brandenburger Tor neu zu benennen, stand der damalige CDU/SPD-Senat ablehnend gegenüber. Er entzog im Oktober 1997 der Bezirksverordnetenversammlung Mitte das Benennungsverfahren und kam auf den „abwegigen" Gedanken, an weniger prominenter Stelle eine Ersatzlösung anzubieten. Man mutmaßte damals, dass der prominente Platz am Brandenburger Tor später einmal nach Helmut Kohl benannt werden sollte. So schlug Bausenator Klemann (CDU) vor, den seit 1952 stillgelegten Straßenbahntunnel hinter der Neuen Wache an der Straße „Unter den Linden" mit Beton zu deckeln und die so entstandene Fläche neben dem Maxim-Gorki-Theater zu einem Platz zu erklären. Der Platz sollte dann am 18. März 1998 offiziell eingeweiht werden. Gesagt–getan: Dem Aktionskünstler Ben Wargin, der den Straßenbahntunnel als Lagerfläche und skurrilen Ausstellungsort nutzte, wurde der Mietvertrag gekündigt. Die Umbaumaßnahmen zogen sich hin und kosteten schließlich circa 2,5 Millionen DM. Zum versprochenen Zeitpunkt, am 18. März 1998, war der Platz noch nicht fertig gestaltet. Ohne einen Platz konnte keine Platzbenennung vorgenommen werden. Stattdessen enthüllte am 18. März 1998 um 14 Uhr die Bürgermeisterin von Berlin und spätere Bundesfamilienministerin Christine Bergmann (SPD) am Maxim-Gorki-Theater zwar nicht ein Schild für den Platz, aber eine Gedenktafel an der Eingangstreppe des Theaters. Diese soll daran erinnern, dass in diesem Gebäude ab Mai 1848 die Preußische Nationalversammlung getagt hatte, die durch allgemeine Wahlen am 1. Mai 1848 gebildet worden war. Gleichzeitig demonstrierte an diesem Tag die „Aktion 18. März" vor dem Brandenburger Tor für die Benennung dieses Platzes. Die Bezirksbürgermeister von Berlin-Tiergarten, Jörn Jensen, (Bündnis 90/ Die Grünen), und von Berlin-Mitte, Joachim Zeller, (CDU) brachten mit Blick auf das Brandenburger Tor entgegen dem Entscheid des Berliner Senats und damit formal

widerrechtlich Straßenschilder mit der Aufschrift „Platz des 18. März 1848" an. Die Benennung des Platzes am Maxim-Gorki-Theater blieb dagegen ein seelenloser Vorgang, lediglich im Amtsblatt von Berlin veröffentlicht. Die Senatsverwaltung sollte konsequent sein und die verpatzte Platzbenennung von 1998 durch Anbringen der Schilder schnell nachholen!

Als weitere Erinnerung an die Märzrevolution ist die Benennung des „Ernst-Zinna-Wegs" aufzuführen. Dieser Weg befindet sich in unmittelbarer Nähe des „Friedhofs der Märzgefallenen", auf dem auch der 17-jährige Schlosserlehrling Ernst Zinna (1831–1848) beerdigt ist. Ernst Zinna starb am 19. März 1848 an einer Schusswunde, die er als letzter Verteidiger der Barrikade Jägerstraße/Ecke Friedrichstraße erhalten hatte. Die Initiative ging von Schülerinnen und Schülern des inzwischen aufgelösten Friedrichshainer Erich-Fried-Gymnasiums aus, die ursprünglich die Umbenennung der Strausberger Straße in Ernst-Zinna-Straße durchsetzen wollten. Dabei machte aber die Bezirksverordnetenversammlung Friedrichshain von Berlin nicht mit, die als Kompromiss die Benennung der bisher namenlosen Zufahrtsstraße zum Haupteingang des Krankenhauses Friedrichshain vorschlug. So kam es am 18. März 2000 zur Enthüllung der neuen Straßenschilder.

Damit ist die Liste der Straßennamen, die in Berlin an die unmittelbaren Ereignisse Mitte März 1848 erinnern, schon erschöpft. Im weiteren Umfeld lassen sich einige andere Benennungen aufführen, die wenn nicht im unmittelbaren, so doch im mittelbaren Zusammenhang mit der Revolution von 1848/49 gesehen werden können. So wurde am 3. September 1969 die neu geschaffene Straße zwischen dem heutigen „Platz der Vereinten Nationen" und der „Karl-Liebknecht-Straße" in „Mollstraße" benannt. Joseph Maximilian Moll (1813–1849) gehörte zu den Gründungsmitgliedern des am 7. Februar 1840 ins Leben gerufenen Deutschen Arbeiterbildungsvereins und wurde 1847 in London in die zentrale Leitung des Bundes der Kommunisten gewählt. Im Mai 1849 nahm er an den Kämpfen des badisch-pfälzischen Aufstands teil und fiel im Gefecht bei der Murg am 28. Juni 1849.

Auch in Wilmersdorf erinnern sieben Straßen im so genannten Badischen Viertel an die demokratische Bewegung von 1848/49, allerdings in ganz anderem Sinne als der „Platz des 18. März" und der „Ernst-Zinna-Weg". Die Straßennamen wie „Badensche Straße", „Waghäuseler Straße", „Prinzregentenstraße" oder „Bruchsaler Straße" sollten bei ihrer Benennung Ende des 19. bzw. Anfang des 20. Jahrhunderts daran erinnern, dass der spätere Kaiser Wilhelm I, der damalige Prinzregent (Spitzname „Kartätschenprinz"), im Juni 1849 das preußische Interventionsheer führte, das die Demokratiebewegung in Baden und in der Pfalz niederschlug. Nach einem Zeitungsartikel wurde die Angelegenheit 2003 auf Initiative des Autors durch die bündnisgrüne Fraktion in der Bezirksverordnetenversammlung Charlottenburg-Wilmersdorf und deren Ausschüsse diskutiert. Es wurden keine Anträge auf Umbenennung der Straßen gestellt, wohl aber ein Beschluss gefasst, die damaligen Ereignisse und der Gründe der damaligen Benennung zu kommentieren. Seit 2003 werden die Namensgebung und die damaligen antidemokratischen Absichten der Namensgeber auf zusätzlichen Schildern erläutert. Eine umfassende Erklärungstafel steht an der Westseite der Fußgängerbrücke über die Bundesallee.

Auch die Benennung der „Streckfußstraße" in Berlin-Karow am 31. Mai 1951 wird man mit viel Wohlwollen noch als Erinnerung an 1848 rechnen können. Adolf Carl Streckfuß (1823–1895), „Erzdemokrat" und „Volkschriftsteller", engagierte sich in der 1848er-Revolution durch aktive Mitgliedschaft in demokratischen Clubs. Für sein Werk „Die große französische Revolution und die Schreckensherrschaft" wurde er wegen Hochverrats angeklagt, jedoch freigesprochen. Ab 1862 war Streckfuß Stadtverordneter von Berlin. Besonders zwei jeweils vierbändige Werke zur Berliner Stadtgeschichte haben ihn berühmt gemacht.[8]

Bei der Revolution dabei – aber nicht deswegen geehrt

Zwar ist in Berlin ein ganzes Klinikum nach dem Arzt und Politiker Rudolf Virchow[9] (1821–1902) benannt, der nach eigenen Angaben am 18. März 1848 mit einer Waffe aus dem Schauspielhaus die Barrikade an der Marschallbrücke verteidigt hat. Die Namensgebung wird aber nicht auf diese revolutionäre Tat zurückzuführen sein, sondern auf seine Verdienste als Arzt und Politiker, der als der Gründer der modernen Pathologie gilt, für die Einführung der Trichinenschau in Preußen gesorgt hat und auf den auch die Einrichtung der Berliner Kanalisation zurückgeht. An die Barrikadenkämpfe und die Beteiligung von Virchow erinnert eine Gedenktafel an der Marschallbrücke, die dort 1998 auf Initiative der „Aktion 18. März" angebracht worden war.

Ähnliches kann über die Umbenennung des „Schlieffenufers" am 20. Januar 1991 in „Bettina-von-Arnim-Ufer" durch die Bezirksverordnetenversammlung Berlin-Tiergarten gesagt werden. Am 12. März 1889 hatte die neu angelegte Straße im großbürgerlichen Spreebogen nahe dem Reichstagsgebäude den Namen „Richard-Wagner-Straße" erhalten. Die Nationalsozialisten setzten am 24. Februar 1934 den Namen von Alfred Graf von Schlieffen (1833–1913) an die Stelle Wagners. Die Umbenennung 1991 durch die Verordnetenversammlung des Bezirks Tiergarten von Berlin war eine bewusste Abkehr von der Ehrung des Generalfeldmarschalls und Chefs des Generalstabs der Reichswehr, der den nach ihm benannten „Schlieffenplan" entwickelt hatte, demzufolge Deutschland seinen Gegner Frankreich an zwei Fronten, u. a. durch einen Angriff über das neutrale Belgien, angreifen sollte.

---

8 Lesenswert: 1848 Horst Denkler (Hrsg.): Adolf Streckfuß. Die Märzrevolution in Berlin, Ein Augenzeuge erzählt, Köln 1983, Zusammenfassung verschiedener Veröffentlichungen von Streckfuß zur Revolution von 1848 und Kurzbiografie.
9 Biografie von Christian Andree: Rudolf Virchow. Leben und Ethos eines großen Arztes, München 2002.

Die Schriftstellerin Bettina von Arnim[10] (1785–1859), die Schwester des Schriftstellers Clemens Brentano (1778–1842) und Ehefrau des Schriftstellers Achim von Arnim (1781–1831), spielte in den 1840er-Jahren in Berlin eine bedeutende Rolle, indem sie in ihrem Haus In den Zelten Nr. 5 ihre berühmten Salons veranstaltete. Bei diesen gesellschaftlichen Empfängen wurden künstlerische, aber auch politische Themen in liberaler Atmosphäre erörtert. Besonders in ihrem Werk „Dies Buch gehört dem König" (1843) und dem Buch „Gespräche mit Daemonen. Des Königsbuchs zweiter Teil" (1852) richtete sie sich an den preußischen König Friedrich IV., wies auf das soziale Elend und die fehlende Meinungsfreiheit in Preußen hin.

Erwähnenswert ist auch die 1893 benannte Rungestraße in Berlin-Mitte. Sie erinnert an August Ferdinand Heinrich Runge (1817–1886). Runge erwarb nach Auflösung des väterlichen Handelsgeschäfts einiges Vermögen und besaß u. a. Eigentum an den Häusern Köpenicker Straße 92, 93, 94 (heute Gedenktafel am Haus Köpenicker Straße 92). Runge war von 1844 bis Mai 1848 Berliner Stadtverordneter und dann wieder ab 1862[11]. Vor der Revolution war Runge Mitglied in einigen staatlich nicht genehmigten Vereinen. So im Berliner „Volkswahl-Komité", er war Mitbegründer des Gesellenvereins in der Köpenicker Straße 27 und im demokratischen „Volksclub". Am 12. November 1848 legte er aus Protest gegen die Politik des Magistrats seinen Posten als unbesoldeter Stadtrat nieder. 1850–1852 war er Vorsitzender des 1853 verbotenen Gesundheitspflegevereins der Berliner „Arbeiterverbrüderung". Danach ging er ins Schweizer Exil und kehrte 1862 nach Berlin zurück. Hier schloss er sich der Fortschrittspartei an, für die er 1862 bis 1882 im preußischen Landtag und 1867 bis 1874 auch im Reichstag saß. 1871 bis 1886 war er Kämmerer der Stadt Berlin. Es liegt nahe, dass nicht seine Aktivitäten während der Revolutionszeit, sondern vor allem seine politische Betätigung nach der Rückkehr aus dem Schweizer Exil der Beweggrund für die Straßenbenennung waren.

Etwas eigenartig ist die Benennung der „Pfuhlstraße" in Kreuzberg, eine Straße nahe der Spree in Höhe der Oberbaumbrücke. Die ungefähr nur etwa 100 Meter lange Straße geht von der Spree ab und stößt südwestlich auf die ungleich längere „Wrangelstraße". Ernst von Pfuel (1779–1866) war ein preußischer General, der ab 1847 Gouverneur von Berlin und 1848 preußischer Ministerpräsident und Kriegsminister war.[12] Weil er mit der Demokratiebewegung sympathisierte und nicht bereit war, die Demokraten mit militärischer Gewalt niederzuschlagen, wurde er am 2. November 1848 vom preußischen König abgesetzt. Die Straße trägt ihren Namen seit dem 4. April 1885, wahrscheinlich, weil Pfuel 1817 eine Militärschwimmanstalt gründete, in der den preußischen Rekruten das Schwimmen beigebracht wurde. Pfuel gilt als der „Schwimmvater des preußischen

---

10 Biografien von Konstanze Bäumer/Hartwig Schultz: Bettina von Arnim. Saint Albin, Berlin, 2004; Ingeborg Drewitz: Bettine von Arnim „… muß man nichts als leben", Berlin 2002.
11 Kurzbiografie in: Rüdiger Hachtmann, Berlin 1848, Bonn 1997, S. 961.
12 Vgl. Harald Müller: Ernst von Pfuel (1799–1866). Der unbequeme Nothelfer auf Zeit, in: Helmut Bleiber/Walter Schmidt/Susanne Schötz (Hrsg.): Akteure eines Umbruchs. Männer und Frauen der Revolution von 1848/49, Berlin 2003, S. 515–562.

Heeres". Die Schwimmanstalt befand sich in der Spree in unmittelbarer Nähe der heutigen Pfuelstraße. Die Ironie der Geschichte will es, dass die Wrangelstraße an den General Friedrich Freiherr von Wrangel erinnert, der am 10. November 1848 als Oberbefehlshaber der preußischen Truppen in Berlin einmarschierte, das preußische Parlament auflöste und den Belagerungszustand verhängte. 1849 wurde er, wie Pfuel, Gouverneur von Berlin.

Glücklich soll sich schätzen, wer nicht nur Revolutionär, sondern auch Schriftsteller ist. In Berlin gibt es zwei „Herwegh-", und eine „Emma-Herwegh-Straße". Die beiden „Herweghstraßen" in Hellersdorf und Treptow sind Benennungen aus der DDR-Zeit, um an den Dichter und Revolutionär Georg Herwegh[13] (1817–1875) zu erinnern. Im April 1848 beteiligte er sich, aus seinem Exil in Paris kommend, am radikaldemokratischen Aufstand in Baden.

2005 folgte durch die Bezirksverordnetenversammlung Mitte von Berlin die Benennung einer neuen Straße in der Nähe des neuen Berliner Hauptbahnhofs nach seiner Ehefrau Emma Herwegh (1817–1904), die sich ebenfalls an der Revolution 1848/49 beteiligte und wie ihr Mann in der Pariser Deutschen Legion war, die auf der republikanische Seite in Baden eingreifen wollte. Emma Herwegh, Tochter eines Berliner Seidenhändlers und Hoflieferanten, hatte „Glück" bei der Straßennamensvergabe, da um den neuen Hauptbahnhof ein neues Viertel mit Namen von berühmten Frauen entstehen sollte.

Und die Novemberrevolution von 1918?

Wenn schon kaum Spuren der Revolution von 1848 auf Berliner Straßenschildern zu finden sind, wie steht es dann mit den anderen Revolutionen und Revolten, die als positiver Teil unserer Geschichte angesehen werden können?[14]

Die Revolution von 1918 hat auf den Berliner Straßenschildern so gut wie gar nicht stattgefunden. Mit der „Habersaathstraße" in Berlin-Mitte wird seit 1951 an den Werkzeugmacher Erich Habersaath (1893–1918) erinnert, der am 9. November 1918 am Kasernentor des Garde-Füsilier-Regiments in der Chausseestraße von Offizieren erschossen wurde. Er war das erste Opfer der Novemberrevolution 1918. Die Benennungen von Straßen und Plätzen nach Rosa Luxemburg (1871–1919) und Karl Liebknecht (1871–1919) ausschließlich in den östlichen Bezirken Berlins sind dagegen eher darauf zurückzuführen, dass die SED betonen wollte, dass die beiden eine führende Rolle in der am 31. Dezember 1918 gegründeten Kommunistischen

---

13 Vgl. Ingo Fellrath: Georg Herwegh – Emma Herwegh: Vive la République! in: Sabine Freitag (Hrsg.): Die Achtundvierziger. Lebensbilder aus der deutschen Revolution 1848/49, München 1998.
14 Hier wird nur auf die Revolutionen und Revolten in der deutschen Geschichte eingegangen, daher auch nicht auf den Friedrichshainer „Straße der Pariser Kommune", die am 17. März 1971 ihren Namen erhielt, genau 100 Jahre nach dem revolutionären Aufstand der Pariser Arbeiter und der Nationalgarde, während die deutschen Truppen vor den Toren von Paris standen.

Partei Deutschlands spielten. Bezeichnend ist auch, dass der heutige „Platz der Republik" vor dem Reichstagsgebäude erst acht Jahre nach der Revolution 1926 vom „Königsplatz" zum „Platz der Republik" umbenannt wurde. In diesem Zusammenhang wird man noch die „Scheidemannstraße"[15] nennen können. Der SPD-Politiker Philipp Scheidemann (1865–1939) hatte am 9. November 1918 gegen 14 Uhr von einem Südfenster des Reichstagsgebäudes die „Deutsche Republik" ausgerufen. Insofern ist der Ort der Benennung sehr gut gewählt. Die Umbenennung der damaligen „Sommerstraße" erfolgte jedoch erst 1965, kurz nach dem 100. Geburtstag von Scheidemann, so dass weniger diese revolutionäre Tat, als das gesamte politische Wirken von Scheidemann mit der Namensgabe erfasst werden sollte. Ähnliches wird man von der „Ebertstraße", zwischen Brandenburger Tor und „Potsdamer Platz" gelegen, sagen müssen. Der SPD-Politiker Friedrich Ebert (1871–1925) wurde am 10. November 1918 zwar zum Vorsitzenden des „Rates der Volksbeauftragten" gewählt, also zum Mitglied Regierung der revolutionären Bewegung, die einen Tag zuvor den Kaiser gestürzt hatte, die Benennung hatte aber, als sie 1925 nach dem Tod von Ebert vollzogen wurde, die Person von Ebert als Reichspräsident im Blick. Bleiben noch die Benennungen des „Reichpietschufers" und der „Köbisstraße" in der Nähe des Landwehrkanals am 31. Juli 1947 zu nennen. Bei dem Matrosen Max Reichpietsch aus Neukölln und dem Heizer Albin Köbis, die hier geehrt werden sollten, handelte es sich allerdings nicht um Teilnehmer der November-Revolution, sondern um Teilnehmer an der Matrosenrevolte im Frühsommer 1917[16]. Reichpietsch und Köbis wurden in einem skandalösen Kriegsgerichtsprozess als angebliche Rädelsführer zum Tode verurteilt und am 5. September 1917 in der Wahner Heide bei Köln erschossen.

50 Jahre später – die 68er-Revolte ist erfolgreich

Unbedingt erwähnenswert ist die Umbenennung eines Teils der Kreuzberger „Kochstraße" in „Rudi-Dutschke-Straße". Der von der Berliner „Tageszeitung" aufgebrachte Vorschlag war politisch heiß umkämpft. Einige Unternehmen und Anwohnerinnen wie Anwohner, unter anderem der Axel-Springer-Verlag, versuchten mit Klagen den Beschluss der Bezirksverordnetenversammlung Friedrichshain-Kreuzberg vom 29. August 2005 und den darauf fußenden Beschluss des Bezirksamtes vom 21. Oktober 2005 zu Fall zu bringen. Die CDU Friedrichshain-Kreuzberg initiierte im Januar 2007 einen Bürgerentscheid im Bezirk, der aber mit einer Bestätigung des Namens von Rudi Dutschke[17] (1940–1979) endete. 57% der Bürgerinnen und

---

15 Die Straße verläuft vom Reichstagsgebäude bis zur heutigen „Yizhak-Rabin-Straße".
16 Vgl. Cornelia Carstens: Traditionsbrücke und Vergangenheitsbewältigung – Reichpietschufer Ecke Graf-Spee-Straße, in: Berliner Geschichtswerkstatt (Hrsg.): Sackgassen. Keine Wendemöglichkeiten für Straßennamen, Berlin 1988, S. 101 ff.
17 Ulrich Chaussy, Die drei Leben des Rudi Dutschke, Berlin 1993; Gretchen Dutschke, Wir hatten ein barbarisches schönes Leben. Rudi Dutschke – eine Biografie, Köln 1996.

Bürger sprachen sich für die Beibehaltung des Beschlusses des Bezirksamtes aus. Seit dem 30. April 2008 gibt es nun in Kreuzberg eine der geschichtsträchtigsten Straßenecken der Stadt. Die neue „Rudi-Dutschke-Straße" stößt an deren östlichen Ende auf die „Axel-Springer-Straße", direkt am Verlagsgebäude des Springer-Verlages. Mit der Namensgebung erinnert Berlin an die 1968er-Studentenbewegung und deren Exponenten Rudi Dutschke, auf den am 11. April 1968 ein Attentat auf dem Kurfürstendamm verübt wurde. Die Folge dieses Attentats waren die Osterunruhen 1968, die sich auch vor dem Verlagsgebäude des Springerkonzerns abspielten, da die Studierenden nicht zu Unrecht die Springerzeitungen für die Hetzstimmung gegen die Studentinnen und Studenten, und speziell gegen Rudi Dutschke, verantwortlich machten („Bild schoss mit"). Die Auslieferung der Springerzeitungen wurde blockiert. Lieferfahrzeuge wurden angezündet.

Die Rudi-Dutschke-Straße in Kreuzberg blieb bisher die einzige Straßenbenennung, die an die 1968er-Bewegung erinnert, sieht man einmal von dem kleinen „Rudi-Dutschke-Weg" ab, den es seit dem 11. April 1999 auf dem Privatgelände der Freien Universität Berlin gibt. Im Gegensatz zu diesem Weg „lebt" die Rudi-Dutschke-Straße, die Adresse von zahlreichen Geschäften, Institutionen und auch Privatpersonen ist.

Wendezeiten für Straßennamen – Wo ist die DDR-Bürgerrechtsbewegung?

Die friedliche Revolution in der DDR 1989/90 findet sich in Berlin praktisch auf keinem Straßennamenschild. Zwar kam es nach der „Wende" zu ca. 120 Rück- und Neubenennungen. Die Rückbenennungen zu den alten Namen aus der Zeit vor 1949 waren jedoch in der überwältigenden Überzahl. Damit lebten alte Geschichtsbilder wieder auf.[18] Direkten Bezug zu den Ereignissen der Jahre 1989/90 hatte keine Neubenennung. Der Vorschlag der Berliner Geschichtswerkstatt im Jahr 1991, den heutigen „Schlossplatz", der zu DDR-Zeiten in „Marx-Engels-Platz" benannt worden war, jetzt als „Neues Forum" zu bezeichnen, um an die Bürgerorganisation „Neues Forum" zu erinnern, die wesentlichen Anteil am Sturz des SED-Regimes hatte, wurde nicht aufgegriffen. Auch die Vorschläge zur Umbenennung der damaligen „Otto-Grotewohl-Straße" in „Straße der Bürgerbewegungen" (heute wieder „Wilhelmstraße") und die Umbenennung der „Wilhelm-Pieck-Straße" in „Robert-Havemann-Straße" (heute „Torstraße") blieben lediglich umstrittene Pläne, die in der Bezirksverordnetenversammlung Mitte keine politische Mehrheit fanden.

So bleibt, mit viel gutem Willen die Umbenennung der „Erich-Glückauf-Straße" im Marzahner Neubaugebiet in Ahrensfelde im Jahre 1992 in „Havemannstraße" als Erinnerung an die 1989er-Revolution in der DDR zu interpretieren. Robert Havemann[19]

---

18 Vgl. Herbert Mayer/Hans-Jürgen Mende: Die neuen Straßennamen seit dem Fall der Mauer, Berlin 1993.
19 Florian Havemann, Havemann, Frankfurt am Main 2007; Katja Havemann und Joachim Widmann: Robert Havemann oder Wie sich die DDR erledigte, Berlin 2003.

(1910–1982) war in den 1960er-Jahren einer der bedeutendsten Systemkritiker der DDR, der die politischen Verhältnisse und die Bevormundung der Wissenschaft kritisierte. Zahlreiche Gruppen der DDR-Opposition beriefen sich in der Wendezeit 1989/90 auf ihn, um eine Umgestaltung der DDR-Gesellschaft zu erreichen.

Im Jubiläumsjahr 2009 erinnerten sich Teile der Gesellschaft an diese Lücke auf dem Stadtplan. Am 9. Oktober 2009 hieß eine halbe Stunde lang ein Stück der „Karl-Marx-Allee" in Berlin-Mitte „Straße der friedlichen Revolution".[20] Mitglieder der „Vereinigung der Opfer des Stalinismus" überklebten am Strausberger Platz ein Straßenschild und forderten die Umbenennung der Straße. Unterstützung erhielt die Gruppe von der CDU-Fraktion Friedrichshain-Kreuzberg. Der Vorschlag, jedoch gerade die Karl-Marx-Allee umzubenennen, lässt jedoch Zweifel darüber aufkommen, ob es der Gruppe nicht doch mehr auf die Streichung von Karl Marx ankommt, als auf eine Erinnerung an die friedliche Revolution von 1989 in der DDR.

Die Revolution findet nicht auf der Straße statt

Zieht man ein Fazit über die Erinnerung von revolutionären Ereignissen auf Berliner Straßenschildern, dann muss man leider feststellen, dass diese Revolutionen und ihre Protagonistinnen und Protagonisten kaum vorkommen. In vielen Teilen Berlins haben sich vorkonstitutionelle Verhältnisse erhalten. Die Unterdrücker der demokratischen Bewegungen sind weit in der Überzahl. Im Verhältnis zu preußischen Generälen, Schlachtfeldern und Monarchen, die 1848 auf der anderen Seite der Barrikade gestanden haben und heute noch als Namen von Straßen und Plätzen dienen, erinnert nur eine sehr kleine Zahl von Straßen an die Umwälzungen des Jahres 1848. Hier gibt es noch Korrektur- und Ergänzungsbedarf. Es gibt zwar eine Straße für den General Wrangel, der 1848 das preußische Parlament aus Berlin vertrieb. Für eine Reihe anderer Personen, die sich damals um die Demokratie verdient gemacht haben, scheint aber kein Platz auf Berliner Straßenschildern zu sein.

Der Historiker Rüdiger Hachtmann hat gegenüber dem Autor die Namen von über 20 Persönlichkeiten aufgeführt, die aufgrund ihrer Aktivitäten in der 1848er-Revolution für eine Benennung einer Berliner Straße in Betracht kommen können.[21] Bei diesen Männern handelt es sich häufig um Personen, die Mitgründer bzw. führende Mitglieder der in der Revolution entstandenen politischen Clubs waren und

---

20 Siehe Berliner Zeitung vom 10./11.10.2009. Maoz Azaryahu. Zurück zur Vergangenheit? Die Straßennamen Ost-Berlin 1990–1994, in: Winfried Speitkamp (Hrsg.): Denkmalsturz. Zur Konfliktgeschichte politischer Symbolik, Göttingen 1997, S. 137–154, Rainer Eckert: Straßenumbenennung und Revolution in Deutschland, in: Eckhard Jesse/Konrad Löw (Hrsg.): Vergangenheitsbewältigung, Berlin 1997, S. 45–52.

21 Es handelt sich um Agoton Benary, Ferdinand Benary, Julius Berends, Ludwig Bisky, Stephan Born, Julius Brill, Julius August Collmann, Ludwig Eichler, Robert Oskar Feenburg(-Tugorskis), Hartwig Gercke, Johann Jacoby, Gustav Julius, Adolph Friedrich Karbe, Julius Kirchmann, Ernst Krause, Moritz Lövinson, Eduard Meyen, Edmund Monecke, Carl Nauwerck, Albert Neo, Salomon Neumann, Robert Ottensoser, Friedrich Saß, Gustav Adolf Schlöffel und Karl Siegerist. Kurzbiografien zu diesen Personen in: Rüdiger Hachtmann, Berlin 1848, Bonn 1997, S. 930 ff. mit zahlreichen weiteren Kurzbiografien.

die z. T. auch auf den Barrikaden am 18. März gekämpft hatten. Zahlreiche Genannte mussten als politisch Verfolgte das Land verlassen und gingen in die USA ins Exil. Als Beispiel seien die Demokraten Julius Berends und Gustav Adolf Schlöffel und die Barrikadenkämpferin Lucie Lenz näher dargestellt.

Das Vorstandsmitglied des Berliner Handwerkervereins Julius Berends (1817–1891) war Teilnehmer der Volksversammlungen in den Zelten zu Beginn des März 1848 und nahm an den Barrikadenkämpfen am 18. März 1848 teil. Er war Mitbegründer des „Demokratischen Volksklubs" und auch Abgeordneter der im Mai gewählten Preußischen Nationalversammlung. Dort stellte er am 8. Juni 1848 einen Antrag, die Nationalversammlung möge beschließen, „in Anerkennung der Revolution zu Protokoll zu erklären, dass die Kämpfer des 18. und 19. März sich wohl ums Vaterland verdient gemacht hätten". Der Antrag wurde zwar abgelehnt, trug aber doch erheblich zum Ende der Regierung von Ludolf Camphausen im Juli 1848 bei. Im Juni 1851 wurde Berends wegen seiner Betätigung im Berliner Handwerkerverein und im Maschinenbauarbeiter-Verein zu einer Geldstrafe verurteilt. 1853 wanderte er in die USA aus, arbeitete dort als Kaufmann und kehrte 1875 nach Neuruppin zurück. In den achtziger Jahren emigrierte er in die Schweiz, wo er 1891 starb.

Gustav Adolf Schlöffel (1828–1849), geb. in Landshut/Schlesien, Sohn eines Gutsbesitzers und Fabrikanten, wegen radikaldemokratischer Aktivitäten von der Universität Heidelberg relegiert, hielt sich seit Ende März 1848 in Berlin auf und war bis Mitte April Wortführer der radikalen Erdarbeiter. Er war Mitbegründer des „Central-Comités der Arbeiter" und gab die Zeitschrift „Volksfreund" heraus. Er wurde verhaftet und im ersten politischen Prozess nach dem 18. März am 11. Mai 1848 wegen versuchten Aufruhrs zu sechs Monaten Festungshaft verurteilt. Ende Oktober konnte er aus der Festung Magdeburg flüchten, hielt sich danach bis Anfang März 1849 in Ungarn auf und schloss sich Mai/Juni 1849 der badenschen Revolutionsarmee an. Er verlor sein Leben in der Schlacht von Waghäusel am 20./21. Juni 1848, in der preußische Truppen unter Führung des Kronprinzen Wilhelm das Revolutionsheer zurückdrängen konnten.

Lucie Lenz (eigentlich Luitgard Louise Elisabeth Lorenz, geb. 1824, gest. 1863 oder später)[22], betrieb in Berlin bis 1847 ein Putzmachergeschäft. Sie beteiligte sich am 18. März 1848 vermutlich an den Barrikadenkämpfen und war im April 1848 Verfasserin eines Flugblatts zur Unterstützung der Lohnkämpfe der Männer. Am 14. Juni 1848 nahm sie in Männerkleidung am Sturm auf das Zeughaus teil. Sie war Mitbegründerin und Vorsitzende des am 12. Oktober 1848 vom "Demokratischen Frauenclub" abgespaltenen Frauenvereins „Germania". Lucie Lenz emigrierte 1848 in die Schweiz, nach Frankreich und England, wo sie 1855 heiratete. Nach einer anderen Version hielt sie sich seit 1850 wieder in Berlin auf. Lucie Lenz ist eine der wenigen

---

22 Kurzbiografie in: Rüdiger Hachtmann, Berlin 1848, Bonn 1997, S. 951.

Frauen, über deren Rolle in der 1848er-Revolution Einzelheiten überliefert sind.[23] Straßennamen sind aufgeschlagene Geschichtsbücher. Sorgen wir dafür, dass die positiven Teile der deutschen Geschichte den ihnen gebührenden Platz auf den Stadtplänen erhalten. Die Revolution von 1848 hat auf den Straßenschildern von Berlin diesen Platz noch nicht gefunden.

---

23 Näheres zur Rolle der Frauen in der Berliner 1848er-Revolution in: Rüdiger Hachtmann, Berlin 1848, Bonn 1997, S. 503 ff.

Der Berliner City Marathon zieht Besucher aus aller Welt an. Die Strecke führt über den Platz des 18. März. Mit Schildern werben hier Volker Hobrack und Werner Ruch für demokratische Tradition und revolutionären Geist.

Denkzeichen. Gedenktafeln an die Märzrevolution von 1848 in Berlin

Volker Hobrack

Gedenktafeln in Alt-Mitte

Die und der Wissbegierige hat es schwer. Stehen sie in Berlin vor einer Gedenktafel, dann haben sie allzu oft einen Ort vor Augen, der wenig Historisches an sich hat. Der Krieg hat die Substanz der Stadt an vielen Stellen geschädigt und sie im Stadtkern fast völlig zerstört. Häuser wurden abgerissen und durch Neubauten ersetzt oder modernisiert. Originales sieht er selten. Auf bronzenen Tafeln werden der und dem Neugierigen dafür mit kurzen Texten Informationen darüber gegeben, welches historische Ereignis an dieser Stelle stattfand oder welche/welcher berühmte Berlinerin/Berliner hier gewohnt hat. Oder die Hinweise stehen für „verschwundene" Architektur und städtebauliche Ensembles und sollen die Vorstellungen über die historische Stadt vertiefen. Es bleibt der Fantasie und der Neigung der Betrachtenden überlassen, was sie mit der kurzen Information anfangen wollen. Vielleicht wird Neugier auf die Geschichte der Stadt Berlin angestachelt und ein zumindest imaginärer Weg aus dem Alltag in vergangene Zeiten gewiesen.

Denkmale und Gedenksteine gibt es schon seit Menschengedenken. Sie spiegeln immer auch die Geschichtsauffassung der jeweiligen Zeit wider. So werfen Fachleute und Laien immer wieder die Frage auf, ob nicht für diese oder jene Person, für dieses oder jenes besondere Ereignis eine Gedenktafel gestiftet werden solle, ob nicht ein Denkmal mit größeren Abmessungen der Bedeutung des zu Erinnernden besser gerecht werde oder eine andere Form des Gedenkens angemessener sei. Zudem gibt es etliche Möglichkeiten des Erinnerns, des Ehrens und Gedenkens, so z. B. eine Straßenbenennung, ein Ehrengrab, eine Briefmarke, ein Gedenkbuch.

Von der Antike bis in die Zeiten der Feudalherrschaft war eine Verehrung von Herrschern auf Reiterdenkmalen oder auf erhöhten Sockelstandbildern selbstverständlich; die Erinnerung an untergebene Feldherren, Baumeister, geistliche Würdenträger oder Bürgermeister u. a. setzte sich erst in der frühen Neuzeit ab dem 17./18. Jahrhundert durch und in künstlerisch anspruchsloseren und kleineren Formen. Das ehrende Gedenken an verdienstvolle Bürger im öffentlichen, städtischen Raum kennen wir erst seit dem 19. Jahrhundert. Das bürgerliche Selbstverständnis manifestierte sich seitdem zusätzlich zum repräsentativen Hausbau auch in Denkmalen und Gedenktafeln. Auch Menschen jenseits des Adels und deren Verdienste um das Gemeinwohl wurden nun immer mehr genannt. Im Verständnis der Zeit sind mit der Bezeichnung „Bürger" selbstverständlich nur Männer gemeint; Frauen spielten im öffentlichen Leben nur untergeordnete Rollen. Bis heute sind sie in der Erinnerungskultur unterrepräsentiert.

Als Auftraggeber für Erinnerungsmale treten die kommunalen Stadtverwaltungen oder Bürgervereine auf. In Berlin ist es der Magistrat, der seine Auftraggeberschaft deutlich erkennbar macht mit der Nennung: - Die Stadt Berlin - oder - Die dankbaren Bürger -. Auch die Universität erkennt in der postumen Verehrung bekannter Wissenschaftler eine Möglichkeit, den eigenen Bekanntheitsgrad zu befördern.

Auch in den Zeiten der totalitären Regime in Deutschland, der Zeit des Nationalsozialismus und der der ersten Jahre der DDR, wurden Gedenktafeln im Auftrag von Kommunen realisiert, doch dabei einer staatlichen Zensur unterworfen und teilweise zu propagandistischen Zwecken genutzt. Dies war den Akteuren sehr wohl bewusst und für die Zeitgenossinnen und Zeitgenossen scheinbar unabänderlich.

Die nachfolgenden Veränderungen der politischen Machtverhältnisse hatten zur Folge, dass viele dieser Tafeln aus politisch-ideologischen Gründen demontiert und vernichtet wurden. Denkmale wurden entfernt, Straßen oder Institutionen, wie z. B. Schulen, wurden umbenannt. Während nach dem Ende des Zweiten Weltkriegs 1945 alle eindeutig symbolischen Zeichen und Namen der nationalsozialistischen Gedenkkultur auf alliierte Weisungen getilgt werden mussten, gab es vergleichbare staatliche Anordnungen unter der ersten demokratisch gewählten DDR-Regierung 1990 nicht. Es ereigneten sich private, illegale „Entsorgungen" von Gedenktafeln für Identifikationsfiguren des verhassten alten Regimes. Im weit geöffneten politischen Raum der DDR in ihrem letzten Jahr konnten fast gefahrlos Hoheitszeichen und staatliche Symbole abmontiert werden. Eine aufgestaute Empörung analog der historischen Bilderstürmerei richtete sich gegen Denkmale und Gedenktafeln. Bezeichnend für diese Stimmung, die auch nach der Wiedervereinigung anhielt, war die laute Kritik in Medien und Bürgerversammlungen gegen das Weiterbestehen des Marx-Engels-Denkmals, des Lenin-Denkmals und des Thälmann-Denkmals. Diese konnten nicht heimlich und leicht abgebaut werden und der Senat von Berlin sowie die Bezirksverwaltungen sahen sich gezwungen, mit dem Widerspruch zwischen „Bürgerwillen" und Denkmalschutz zurechtzukommen. Eine vom Senat berufene Kommission von Politikerinnen und Politiker und Historikern einigte sich auf den Abriss des Lenin-Denkmals und des Denkmals für die Kampfgruppen der Arbeiterklasse. Das Marx-Engels-Denkmal bzw. das Marx-Engels-Forum, das Thälmann-Denkmal und weitere Denkmale aus der DDR-Zeit wurden belassen.

All dies war eine Reaktion auf die verordnete Geschichtsdarstellung der SED seit 1949, die sich in Ostberlin (und auch in anderen größeren Städten der DDR) durch die Platzierung von Denkmalen für Protagonisten der marxistisch-leninistischen Philosophie, von Arbeiterführern und darüber hinaus durch die Positionierung vergleichsweise vieler Tafeln für Frauen und Männer aus dem antifaschistischen Widerstandskampf im öffentlichen Raum widerspiegelte. Die Gleichförmigkeit und stereotype textliche Fassung dieser Tafeln ist ein deutliches Kennzeichen der verordneten, einseitigen Erinnerungskultur. Gleichzeitig entstanden in der DDR aber auch Gedenktafeln ohne ideologisch verbrämte Darstellungen mit hohen künstlerischen Qualitäten. Die Tafeln für die Mediziner Rudolph Virchow (1821–1902), Robert Koch (1843–1910) oder den russischen Komponisten Michail Glinka (1801–1857) seien hier stellvertretend genannt.

Gedenktafelkommission

Nach der Wiedervereinigung hatte sich 1993 in der Bezirksverordnetenversammlung (BVV) des Bezirks Mitte von Berlin eine Kommission gebildet, die den Umgang mit vorhandenen und die Schaffung neuer Gedenktafeln auf demokratische Weise gestalten wollte. Man verständigte sich zuerst darauf, keine Tafeln aus der DDR-Zeit zu entfernen oder zu verändern, da sie Zeitzeichen sind und viel über frühere Erinnerungskultur aussagen. Sie sprechen durch Anlass ihrer Entstehung, durch Wortwahl und Sprachstil eigentlich für sich. Als „Kommentierung" sollte in Einzelfällen nachträglich höchstens eine Jahreszahl dazugesetzt werden.

Der erste Vorschlag für eine neue Gedenktafel galt dem Fabrikanten Otto Weidt (1883–1947, Rosenthaler Str. 39), der verfolgten Juden vielfältig geholfen hatte. Vor 1989 hatte sich die Publizistin Inge Deutschland vergeblich für ihn beim vormaligen Magistrat von Berlin eingesetzt; 1993 konnte eine Erinnerungstafel aus privaten Spenden realisiert werden.

Die nächsten Gedenktafelvorhaben waren dem Volksaufstand vom 17. Juni 1953 (Leipziger Straße/Ecke Wilhelmstraße), dem Widerstandskämpfer des 20. Juli 1944, Johannes Popitz (1884–1946, Palais am Festungsgraben), der Privatsynagoge Beth Zion in der Brunnenstraße 33 und dem beherzten Reviervorsteher Wilhelm Krützfeld (1880–1953, Synagoge Oranienburger Straße) gewidmet.

Die Gedenktafelkommission wurde aus je einer/einem Abgesandten jeder Fraktion des BVV Mitte gebildet unter Mitarbeit von interessierten Laien und Fachleuten. Demokratisch sollte die Meinungsbildung zu unterschiedlichen Vorschlägen erfolgen. Als Kriterien wurden vereinbart: Die Persönlichkeit, das geschichtliche Ereignis oder die Stätte sollte eine über Berlin hinausweisende Bedeutung haben. Es sollten Personen aus allen Lebensbereichen berücksichtigt werden, die Herausragendes geleistet haben, auch wenn ihre Namen heute nicht jedem geläufig sind. Auch an Häusern, die nicht im Originalzustand erhalten sind, oder an zerstörten topografischen Stellen sollte eine Einordnung vorgenommen werden als ein Geschichtshinweis und als Beitrag zur Rekonstruktion des historischen Stadtbildes. Wenn Personen schon durch Straßennamen oder andere Erinnerungsmale geehrt wurden, wollte man auf eine zusätzliche Gedenktafel verzichten. Im Ergebnis sind bis heute über hundert Gedenktafeln und dazu einige Stelen und Denkmale entstanden.

Im Westteil Berlins gab es bis zur Wiedervereinigung neben einzelnen Privatinitiativen in der Vorbereitung der 750-Jahrfeier im Jahr 1987 außerdem das alle Bezirke einbeziehende Programm der „Berliner Gedenktafeln", welches von der Landesbank Berlin finanziert worden war. Porzellantafeln der Königlichen Porzellanmanufaktur (KPM) sollten mit einem einheitlichen Erscheinungsbild historische Spuren im Stadtraum erkennbar machen. Die Begutachtung von Vorschlägen oblag der Historischen Kommission zu Berlin, die die Kriterien und Grundsätze für die Würdigung vorgab. Die Vorschläge sollten besonders Personen und Stätten gewidmet werden, die hervorragende Bedeutung für die brandenburgisch-preußische und die deutsche Geschichte haben. Dass es dabei auch Schwierigkeiten und Widerstände gab, zeigte sich bei der Realisierung von Gedenktafeln und Denkmalen für Gegner und Opfer des Nationalsozialismus. Besitzer von Häusern wollten beispielsweise keine Erinnerung an die Sozialistin Rosa Luxemburg (1871–1919) oder den Gewerkschaftsführer und Sozialdemokraten Wilhelm Leuschner (1890–1944) an ihren Häusern dulden. Mit den vor den Häusern im öffentlichen Straßenraum aufgestellten Skulpturen wurden von den Verantwortlichen daraufhin Lösungen gefunden, die weit mehr Aufmerksamkeit erreicht haben, als es Tafeltexte vermocht hätten. Einzelne Stadtbezirke, wie Kreuzberg und Spandau, legten in den 1980er-Jahren eigene kommunale Projekte auf, die die jahrelang vernachlässigte Erinnerung an den Widerstand gegen das nationalsozialistische Regime zu ihrem Schwerpunkt machten.

Das KPM-Programm wurde nach der Vereinigung der beiden Stadthälften Berlins auch auf die Stadtbezirke im ehemaligen Ostberlin ausgedehnt. Im historischen Kern der Stadt gab es viele Orte wichtiger historischer Ereignisse, die vor 1989 von den Entscheidungsträgern der SED unberücksichtigt blieben, ebenso aber auch Wohnorte oder Wirkungsstätten berühmter Menschen aus Wissenschaft, Politik, Kunst, aus dem Widerstand u. a. für deren Ehrung aus politisch-ideologischen Gründen nichts getan worden war. Die ersten KPM-Tafeln in Berlin-Mitte konnten ab 1994 für den preußischen Staatsrat und späteren Bundeskanzler Konrad Adenauer (1876–1967), für den Kunstmäzen James H. Simon (1851–1932), für den Stadtrat Heinrich Runge (1817–1886), für den Propst und Statistiker Peter Süßmilch (1707–1767) u. a. realisiert werden.

Die Vorschläge der Gedenktafelkommission waren der Historischen Kommission zu Berlin zur Bestätigung vorzulegen. Bei der Zumessung der beantragten Vorhaben wurden die neuen, östlichen Stadtbezirke wohlwollend bedacht, besonders auch der Stadtbezirk Mitte wegen der größeren historischen Dichte. Im Vergleich der Prüfkriterien der Historischen Kommission zu den Kriterien der Gedenktafelkommission ergaben sich keine Unterschiede, abgesehen von den formalen Einschränkungen für Textlänge, Wortwiederholungen, Kurzbezeichnungen. Vorschläge für Gedenktafeln an historische Frauengestalten waren zu Beginn dieser Arbeit Anfang der 1990er-Jahre im Rahmen des KPM-Programms nicht dabei. Die erste einer Frau gewidmete Gedenktafel wurde 1995 für Bona Peiser (1864–1929) geschaffen. Sie leitete ab 1895 die erste öffentliche Lesehalle in Berlin und beförderte damit die Gleichberechtigung von Frauen im Beruf. Die zweite Frauen-Gedenktafel konnte 1997 für Rahel Levin Varnhagen von Ense (1777–1833) angebracht werden. Beide Tafeln wurden außerhalb des KPM-Programms durch Privatspenden realisiert mit dem Vorteil, dass für die Gestaltung der Tafeln Künstler und Künstlerinnen beauftragt werden konnten ohne einengende Vorgaben und mit der Möglichkeit zusätzlicher bildlicher Gestaltung. Im ersten Fall war es der Schriftzug der Bibliothekarin, im zweiten die Wiedergabe eines Porträts nach dem Original von Friedrich Tieck.

Erinnerungszeichen an die Märzrevolution 1848

Zum 150. Jahrestag der Märzrevolution hat die Gedenktafelkommission Mitte in Zusammenarbeit mit der „Aktion 18. März" ein Vorhaben verwirklicht, dass seit über 100 Jahren in Berlin im Gespräch war und nicht umgesetzt werden konnte: in der Mitte Berlins an den Barrikadenstandorten des 18./19. März von 1848 der gefallenen Aufständischen zu gedenken. Zusätzlich zur Bestattungsstätte der Märzgefallenen im Volkspark Friedrichshain sollten markante Orte des Barrikadenkampfes mit Gedenktafeln markiert und auf Einzelheiten der kämpferischen Ereignisse aufmerksam gemacht werden. Auch die Namen der beteiligten Barrikadenkämpfer und deren Gegner bei den preußischen Truppen sollten genannt werden, um die Informationen zu den Kampforten durch Hinweise zu den individuellen Schicksalen zu ergänzen und das historische Geschehen am originalen Ort nachzuerzählen. Denn die heutige Topografie der Standorte gibt nirgends Anhaltspunkte auf die damaligen Gefechte. Bei der großen Anzahl von Barrikadenstandorten musste eine Auswahl getroffen werden auf wenige allgemein bekannte Kampforte (wie z. B. Alexanderplatz, Rathaus Breite Straße) und mit Rücksicht auf die begrenzte Anzahl von möglichen Spenderinnen und Spendern. Für 12 ausgewählte Gedenktafelstandorte sollten jeweils einzelne Spendende gesucht werden mit der Bitte, einen Beitrag zu leisten zur Erinnerung an die Wurzeln parlamentarischer Demokratie. Die Standorte sind:

1. Breite Straße/Ecke Gertraudenstraße
2. Rathausstr. 25 (Nikolaiviertel)
3. Oberwallstraße/Ecke Französische Straße
4. Friedrichstraße/Ecke Kronenstraße
5. Friedrichstraße/Ecke Oranienburger Straße
6. Friedrichstraße/Ecke Taubenstraße
7. Oberwallstraße/Ecke Jägerstraße
8. Gendarmenmarkt (Deutscher Dom)
9. Neue Roßstraßenbrücke
10. Marschallbrücke/Ecke Reichstagufer
11. Strausberger Platz/Karl-Marx-Allee
12. Alexanderplatz (Nähe Straßenbahnhaltestelle)

Die Tafeln sind in Augenhöhe an den benachbarten Häusern angebracht, an den Brückenpfeilern und im Pflaster des Alexanderplatzes. Für die Finanzierung kamen die Ortsverbände der demokratischen Parteien, die Verwaltungen von Stadtbezirk und Bausenat, die Heinemann-Gesellschaft, die „Aktion 18. März" und Privatpersonen auf.

Das Motto aller 12 Gedenktafeln findet sich in der einheitlich gestalteten Kopfzeile
„Für demokratische Tradition und revolutionären Geist –
1848 MÄRZREVOLUTION 1998"
Ebenso ist eine einheitlich gestaltete Fußzeile mit Freiligraths bekanntem Spruch auf allen Tafeln zu lesen:
„Es kommt dazu trotz alledem, daß rings der Mensch
die Bruderhand dem Menschen reicht."

Das mittlere Tafelfeld hat auf jeder Gedenktafel einen ortsbezogenen Text, bezieht sich unmittelbar auf die Situation des Barrikadenstandortes und schafft einen Eindruck von Authentizität.

Als Material für die Gedenktafeln wurde Gußeisen gewählt mit Bezug auf den damaligen Stand der Metallgießkunst und den Zeitgeschmack. Die Erzeugnisse der Königlichen Eisengießerei standen in einem guten Ruf, und Grabmale, Denkmale (Beispiel Kreuzbergdenkmal), selbst Halsschmuck wurden in jenen 40er-Jahren des 19. Jahrhunderts in Gußeisen hergestellt und verwendet.

Die Gestaltung und Ausführung lagen in den Händen des Berliner Künstlers Manfred Butzmann, der aus einem beschränkten Wettbewerb als Sieger hervorging. Er hat als Graphiker schon in der DDR-Zeit eine kritische Heimatkunde betrieben und mit Plakaten, Buchillustrationen und Gemälden auf Missstände in der eingeschlossenen Gesellschaft hingewiesen. Nach dem Mauerfall beschäftigte er sich weiter mit Themen der demokratischen Beteiligung und Demokratiedefiziten, und er nahm gern die Aufgabe an, mit der Gestaltung der 18. März-Gedenktafeln auf die Anfänge der parlamentarischen Demokratie in Deutschland zu verweisen.[1]

Im gleichen Jahr 1998 konnte auch die Gedenktafel für den Barrikadenkämpfer Ernst Zinna (8. Sept. 1830–19. März 1848) wieder aufgestellt werden. Sie ist eine der wenigen Zeugnisse aus der DDR-Zeit, die an die Märzrevolution erinnern. Entworfen wurde sie von dem Graphiker und Maler Arno Mohr (1910–2001) mit einer szenischen Darstellung des jungen Ernst Zinna, der auf der Barrikade stehend Säbel und Fahne in seinen Händen hält. Ihn und die Barrikadenverteidiger unterstützt der Bürger in Gehrock und Zylinder, die Trommel schlagend, und das einfache Volk, das durch eine schlichte Frauengestalt und ein Kind repräsentiert wird. Im Hintergrund sind die aufmarschierenden Soldaten erkennbar. Dieser Zeichnung ist der folgende Text untersetzt:

---

1 Siehe den Beitrag von Manfred Butzmann.

> „An dieser Stelle fiel der Schlosserlehrling Ernst Zinna bei den Barrikadenkämpfen am 18. März 1848. Er gab sein junges Leben im Kampf um Deutschlands Zukunft für Demokratie und gesellschaftlichen Fortschritt."

Die Ausführung der Stahltafel übernahm der bekannte Kunstschmied Fritz Kühn (1910–1967). Die Tafel und der tragende Stein wurden 1986 an der Ecke Friedrichstraße/Jägerstraße aufgestellt. Durch den kurz darauf begonnenen Neubau des sowjetischen Kulturzentrums wurde das Ensemble entfernt und eingelagert. Der jetzige Standort der Tafel (ohne Stein) befindet sich seit 2002 wenige Schritte weiter am Haus Jägerstraße 63c. Dieser Tafel vorausgegangen waren zwei Vorläufertafeln für Ernst Zinna in der Jägerstraße (in der DDR-Zeit Otto-Nuschke-Straße). Über dem Eingang von Nr. 4b befand sich folgender Hinweis:

> „Hier wohnte Ernst Fr. Rud. Zinna, der im März 1848 als Schlosserlehrling mit 17 Jahren auf den Barrikaden für die Einheit Deutschlands sein Leben ließ. Ihm zu Ehren, 18. März 1948, FDJ Berlin"

Der Verbleib dieser Tafel ist nicht bekannt. Ebenfalls nach der Wiedervereinigung verloren gegangen ist eine Tafel vom gegenüber liegenden Haus Jägerstr. 73–76, die den Text trug:

> "Ernst Zinna / 1848
>
> FDJ / Im Geiste der revolutionären Kämpfer haben wir die geschichtliche Pflicht zu erfüllen – alles zu tun, damit der Sozialismus zum Siege geführt wird. Kundgebung der FDJ der Hauptstadt der DDR Berlin – März 1968"

Diese Tafel von 1968 spiegelt die Rolle wider, die der staatlichen Jugendorganisation Freie Deutsche Jugend (FDJ) zugedacht war. Sie habe sich in eine geschichtliche Pflicht zu stellen mit dem gesellschaftlichen Ziel des Sozialismus. Wie anders Sozialismus auch interpretiert werden konnte, zeigten die Nachbarn in der Tschechoslowakei im „Prager Frühling". Vergleicht man die drei Tafeltexte, werden die unterschiedlichen propagandistischen Zielrichtungen staatlicher Erinnerungskultur durch die jeweilige Wortwahl sehr deutlich. Die FDJ als Jugendorganisation der staatstragenden Einheitspartei hatte als Auftraggeber für die Gedenktafeln genau das zu realisieren, was in den leitenden Parteigremien als politische Linie in der Geschichtsdarstellung vorgegeben wurde. Die Barrikadenkämpfer stehen symbolhaft als Vorkämpfer des Sozialismus, gleichzeitig als Kämpfer für Deutschlands Einheit. Bei Gründung der DDR 1949 wurde die deutsche Einheit noch als politisches Ziel verfolgt und sogar in der DDR-Nationalhymne textlich festgelegt. Nach dem Mauerbau 1961 wurde davon Abstand genommen und nur noch der Terminus der „sozialistischen Nation auf deutschem Boden" verwendet. Vielleicht ist darin der Grund zu suchen, warum die Tafel entfernt wurde. Der Kämpfer für deutsche Einheit wandelte sich nach zwei Jahrzehnten in den Kämpfer für Deutschlands Zukunft, Demokratie und gesellschaftlichen Fortschritt. Die Anfänge der demokratischen

Entwicklung in Preußen bzw. Deutschland lagen auch nach Auslegung der DDR-Geschichtswissenschaft in den Ereignissen von 1848/1849, doch würde zwangsläufig die weitere geschichtliche Entwicklung in der sozialistischen Gesellschaft münden. Schließlich haben Marx und Engels in demselben Jahr 1848 das „Kommunistische Manifest" verfasst.

Ernst-Zinna-Preis

Die Vereinnahmung des Namens von Ernst Zinna geschah in der DDR nicht nur durch die Propaganda der marxistisch-leninistischen Geschichtsaufarbeitung, sondern auch zur Ehrung und Belohnung vorbildlicher Leistungen junger Menschen im Produktionsalltag durch den Ernst-Zinna-Preis.

Dieser Preis wurde durch den Berliner Magistrat von 1957 bis 1989 an junge Erfinderinnen und Erfinder, Rationalisatorinnen und Rationalisatoren und auch an junge Künstlerinnen und Künstler vergeben. Junge Leute sollten motiviert und belohnt werden, wenn sie in allen Sphären der sozialistischen Arbeitswelt außerordentliche Leistungen vollbringen. Künstlerisch Tätige wurden animiert, mit Kunstwerken im Stil des sozialistischen Realismus die Arbeitswelt darzustellen, und die jungen Leute aus den volkseigenen Betrieben sollten bewegt werden, im Rahmen der „Neuererbewegung" Vorschläge für Produktionssteigerungen einzureichen und sich bei ihrer Umsetzung zu engagieren. Die Neuererbewegung war ein DDR-spezifisches Vorschlagswesen für Betriebe mit dem Ziel, Arbeitsressourcen einzusparen und die Arbeitseffektivität zu erhöhen. Neben individuellen Vorschlägen konnten auch gezielt Neuerervereinbarungen zwischen der/dem/den Beschäftigten und der Betriebsleitung abgeschlossen werden, die vergütet wurden.

Der Ernst-Zinna-Preis war den Ausgezeichneten freundlicher Anlass, für ihre Arbeit Anerkennung zu finden, obwohl nicht zu erkennen war, was Preisbezeichnung und Verleihungsziel miteinander zu tun hatten. Der Autor dieser Zeilen hat selbst 1971 als junger Hochschulabsolvent und als Mitglied eines Arbeitskollektivs diesen Preis für die Einführung des Palettensystems im Groß- und Einzelhandel von Ostberlin erhalten, ohne damals irritiert gewesen zu sein über den Namensbezug oder gar nachzufragen, welche Beziehung zum revolutionären Barrikadenkämpfer bestünde.

Historische Spuren der Märzrevolution im Nikolaiviertel

Mit dem Wiederaufbau des Nikolaiviertels in den 1970er-Jahren wurde von der bisherigen Linie der vielfachen rücksichtslosen Beseitigung architektonisch wertvoller Zeugnisse im historischen Stadtkern, Beispiel Fischerinsel, abgewichen. Die veränderte

Sicht auf die eigene Geschichte sollte auch die Gestaltung einer sozialistischen Stadt im Zusammenspiel von alten und neuen Bauten ermöglichen. Neben dem Roten Rathaus wurden die letzten verbliebenen Häuser des ansonsten zerstörten Nikolaiviertels restauriert, die Nikolaikirche wiederaufgebaut und eine spezielle Plattenbauvariante mit historisierenden Fassadenelementen für die Nachahmung des alten Berliner Kiezes um die Kirche herum entwickelt. Entlang der Rathausstraße und der Poststraße wurde an den Balkonbrüstungen des ersten Stockwerkes ein Relieffries angebracht, der wichtige Etappen der Stadtgeschichte bildlich darstellt. Er nimmt Bezug auf die steinerne Chronik des Rathauses mit den dort angebrachten 36 Bildreliefs der deutschen Geschichte und führt die Geschichtsdarstellung in der Poststraße, an der Gerichtslaube beginnend, bis in die Rathausstraße weiter. Hier weist der Fries elf Bildtafeln auf, die durch verschiedene Stadtsiegel jeweils voneinander abgesetzt sind. Schöpfer dieser Betonguss-Bilder war der Bildhauer Gerhard Thieme (geb. 1928), der die Fortsetzung der Chronik mit dem 30-jährigen Krieg beginnt, danach für das 19. Jahrhundert die erste Stadtverordnetenversammlung in der Nikolaikirche 1809 darstellt und dann zwei Bildern der Märzrevolution folgen lässt: Ernst Zinna mit Säbel und Fahne auf der Barrikade und die Aufbahrung der Märzgefallenen auf dem Gendarmenmarkt. Leider verschwinden diese Reliefs so hinter den Baumkronen des Biergartens, dass nur Informierte sie entdecken können. Die Bildfolge wird am Eckhaus Poststraße/Rathausstraße durch einen schmaleren Metallfries fortgesetzt, der die aus damaliger offizieller Sicht historisch wichtigen Ereignisse aufführt: Gründung der KPD 1919, Blutmai 1932, Reichstagsbrand 1933, Widerstand im KZ, Befreiung am 8. Mai 1945, sowjetische Soldaten verteilen Brot 1945, Vereinigung KPD und SPD zur SED, Gründung der DDR 1949, Flughafenbau Berlin-Schönefeld 1950, Aufbau Alexanderplatz, die DDR zur Olympiade 1969, X. Weltfestspiele 1970, Wohnungsbau in Marzahn, Weltraumflug 1986, 750 Jahre Berlin 1987. Auch wenn die Bedeutung der aufgeführten Ereignisse, besonders die der jüngsten Vergangenheit, damals und heute unterschiedlich bewertet wird, wurde doch auch schon in der DDR-Geschichtsdarstellung die Märzrevolution 1848 als entscheidender Einschnitt in der deutschen Geschichte markiert und als eine Geburtsstunde der demokratischen Entwicklung anerkannt. Spätere politische Entwicklungen haben überall in Deutschland und auch in der DDR darauf Bezug genommen, wenn auch mit divergierenden Auslegungen in Ost und West.

Eine weitere DDR-Gedenktafel erinnert in der Topsstraße (nahe Friedrich-Ludwig-Jahn-Stadion) an die erste große Volksversammlung vor dem Schönhauser Tor.

„Am 26. März 1848 fand hier an der ‚einsamen Pappel'
die erste große Massendemonstration der Berliner Werktätigen statt.
Sie forderten Beseitigung der Willkürherrschaft, Verbesserung der Löhne,
Einführung der allgemeinen Schulpflicht."

Allzu deutlich ist die Verwendung tagespolitischen Vokabulars für ein historisches Ereignis und die unsichtbare Linienführung zur Auflösung der politischen und sozialen Probleme in die Gegenwart ablesbar.

Auf einer Stele an der Gertraudenstraße vor den Hochhäusern der Fischerinsel wurde im Zusammenhang mit anderen historischen Ereignissen (Feldzug des Michael Kohlhaas) auch die Revolution von 1848 dargestellt. Zwei Tafeln verwiesen mit Bild und Text auf die Verteidigung der Barrikade Breite Straße. Diese Stele ist mit dem Abriss der benachbarten Mehrzweckgaststätte „Ahornblatt" entfernt worden mit unbekanntem Verbleib.

Gedenktafel 1848 an der Singakademie und am Schauspielhaus

Die Anfragen und Anträge der „Aktion 18. März" und der Gedenktafelkommission Mitte von Berlin um öffentliche Zeichen der Erinnerung an die Märzrevolution sind in der Berliner Hauptverwaltung in den 1990er-Jahren immer hinhaltend bis abweisend beantwortet worden. Der Beschluss der Bezirksverordnetenversammlung und des Bezirksamtes Berlin-Mitte zur Umbenennung des Platzes vor dem Brandenburger Tor in „Platz des 18. März 1848" wurde monatelang nicht bestätigt und für überflüssig gehalten. Eine Platzbenennung mit diesem Bezug wurde an der Singakademie in Betracht gezogen, obwohl dieser Platz damals noch gar nicht vorhanden war und erst mit der Zuschüttung des Lindentunnels entstehen sollte.[2] Die Senatsbauverwaltung erbrachte einen eigenen Beitrag zum 150. Jahrestag nach der Realisierung der zwölf Gedenktafeln für die Barrikadenstandorte durch Aufstellung einer Gedenktafel an der Singakademie (Maxim-Gorki-Theater) und durch die Anbringung der gleichen Tafel am Schauspielhaus am Gendarmenmarkt. Diese Tafel weist auf die Tagungsorte der ersten preußischen Nationalversammlung hin, die nach einem halben Jahr vom König aufgelöst wurde. Grundlegende demokratische Rechte wurden von dieser Nationalversammlung in einer demokratischen Verfassung verankert, deren Realisierung erst viele Jahrzehnte später erfolgen konnte.

Zwei Informationstafeln auf dem „Platz des 18. März"

Die erste Informationstafel berichtet mit Textbeiträgen und bildlichen Darstellungen über die Geschichte des Platzes von den Anfängen der dorotheenstädtischen Stadterweiterung im 18. Jahrhundert bis zur Gegenwart. Die zweite Tafel schildert die Ereignisse am Brandenburger Tor in den Tagen der Märzrevolution und den Anlass der Umbenennung des Platzes. Beide Tafeln sind an jedem Tag im Jahr von Touristen umlagert und rechtfertigen die Annahme von 1998, dass die geschichtlichen Kenntnisse über eines der bekanntesten Bauwerke Deutschlands bei weitem nicht überall verbreitet sind und auch der Bezug zur Märzrevolution von 1848 wenig bekannt ist.

2 Vgl. dazu den Beitrag von Jurgen Karwelat.

Es fehlt auf dieser Informationstafel ein Hinweis auf den europäischen Zusammenhang revolutionärer Ereignisse im Jahr 1848. Nicht nur in Berlin war die Bevölkerung gegen Willkürherrschaft aufgestanden, sondern gleichzeitig auch in Warschau, Budapest, Mailand, Wien und Paris.[3] Auch dort überall gab es blutige Auseinandersetzungen zwischen dem Militär absolutistischer Herrscher und den unterdrückten Unterschichten. Erfolgreich waren letzten Endes überall die reaktionären Kräfte, die die Rufe nach Freiheit und demokratischer Mitbestimmung erstickten.

Bei den jährlichen Erinnerungsveranstaltungen am 18. März wird der Gedanke an einen nationalen Gedenktag immer wieder erhoben. Eine parlamentarische Initiative im Bundesrat fand bisher noch keine Mehrheit.[4] Vielleicht ändern sich die Einsichten darüber mit dem Ausbau der Anlage des „Friedhofs der Märzgefallenen" im Park Friedrichshain zu einer nationalen Gedenkstätte.[5] Die Bemühungen darum könnten gekoppelt werden mit einer Kampagne zur breiteren öffentlichen Kenntnisnahme. Wunschziel ist die Festsetzung eines europäischen Gedenktages zu Ehren der Anfänge der Demokratiegeschichte im Jahr 1848.

---

3 Vgl. dazu den Beitrag von Rudiger Hachtmann.
4 Vgl. dazu den Beitrag von Christoph Hamann.
5 Vgl. dazu den Beitrag von Susanne Kitschun.

Die Revolution hat gewählt:
Demokratie
Keine Gewalt.

18. März

Bildzeichen. 1848 und die Bildende Kunst

Manfred Butzmann

Kann eine misslungene Revolution dazu führen, dass die Kunst, die sich damit befasst, weniger oberflächlich ist, auch nachdenklicher und – vielleicht – dialektischer?[1] Eine siegreiche Revolution jedenfalls, dies lehrt uns die Geschichte der Kunst, führt zu manchmal peinlichem Pathos. Sie wird in Anspruch genommen von den Siegern. Und diese lassen den Sieg in Szene setzen. Die Darstellungen Napoleons und Stalins geben dafür ein beredtes Beispiel. Nichts Vergleichbares konnte nach der Märzrevolution von 1848 entstehen.

Eher beschränkt in Format und Aussage ist die Federlithografie „Zinna auf der Barrikade" (1848) von Theodor Hosemann (1807–1875), die den Barrikadenkampf vom 18. März 1848 an der Ecke Jäger- und Friedrichstraße inmitten Berlins nahe dem Gendarmenmarkt darstellt. Das Hosemann-Blatt ist ebenso eine Ausnahme wie auch Eduard Gärtners (1801–1877) Studie „Barrikade nach den Kämpfen" (1848). Beide Künstler wurden geradezu von den Ereignissen ergriffen und mussten, in einer anderen Art und Weise, als es ihr bisheriges Werk vermuten ließ, unmittelbar darauf reagieren.

Nicht anders erging es dem bedeutenden Maler Adolph Menzel (1815–1905) mit seinem unvollendeten Gemälde „Aufbahrung der Märzgefallenen" (1848), welches die Trauerzeremonie vom 22. März 1848 auf dem Gendarmenmarkt in Berlin-Mitte darstellt. Auf der Treppe vor dem Deutschen Dom waren 183 mit Kränzen und Schleifen geschmückte Särge platziert worden. Menzel, der in anderen Fällen bislang unvollendet gebliebene Bilder fertig stellte, nahm die Arbeit an dem Revolutionsbild nicht wieder auf. Seine Erregung, die ihn zu seinem Bildentwurf führte, ließ sich nach dem Revo-lutionsjahr nicht wieder herstellen. Die Revolution hatte ihren Höhepunkt gehabt – und auch Menzels Gemälde stellt in seinem unvollendeten Stadium einen Höhepunkt seiner Malerei dar. Dies muss er empfunden haben, und deshalb blieb das Bild bis zum Ende seines langen Lebens in diesem Zustand seines Beginns. Zehn Jahre vor seinem Tod präsentierte er es in einer großen Ausstellung aus Anlass seines 80. Geburtstages. Ich empfinde es als vollkommenen Ausdruck einer unvollendeten Revolution.

---

1 Der vorliegende Beitrag wurde von Christoph Hamann mit Ergänzungen versehen. Siehe Christoph Hamann: Denkzeichen. Die Revolution von 1848 im öffentlichen Raum, in: Durchsicht. Forum für Museumspädagogik in Berlin und Brandenburg, 1998, Heft 9, S. 7–11.

Das Plakat auf S. 97 zur Volkskammerwahl am 18. März 1990 sollte den unmittelbaren Zusammenhang zwischen dem Datum der ersten freien Wahlen in der DDR und dem Datum der Märzrevolution von 1848 deutlich machen und auf den friedlichen Charakter der Revolution von 1989 hinweisen.

Die allegorische Holzschnittfolge „Auch ein Totentanz" (1849) ist der Ausdruck einer gescheiterten Revolution und der Einsicht Alfred Rethels (1816–1859) in die Vergeblichkeit, die gesellschaftliche Situation nach dieser erfolglosen, opferreichen Bemühung verändern zu wollen. Die Grundaussage der sechs Tafeln entspricht aber auch Rethels damaliger Niedergeschlagenheit, die durch seine Lebenssituation und die Missachtung seiner Fresken im Krönungsfestsaal des Aachener Rathauses verursacht war. Psychisch erkrankt wurde er 1853 in eine Anstalt eingewiesen, in der er 1859 starb. Vielleicht kann man in diesem Zusammenhang auch an den Thronverzicht des preußischen Königs Friedrich Wilhelm IV. (1795–1858) aus ähnlichen Gründen erinnern. Ein „Romantiker auf dem Thron" ist vielleicht nicht dazu geboren, Sieger über eine Revolution zu sein. Und Rethels Sieger über die Revolution – der Tod – reitet auf einer eher traurigen Kreatur über die toten Revolutionäre: So wurden Helden bisher nicht dargestellt.[2]

Der Berliner Maler Werner Heldt (1904–1954) wurde nach dem Krieg durch seine Bilder zum Berliner Trümmermeer bekannt. Auch bei ihm nehmen seine großen Kohlezeichnungen, die er inspiriert durch den 100. Jahrestag der Berliner Märzrevolution schuf, eine Sonderstellung in seinem Gesamtwerk ein. Die Kohlezeichnung „Aufruhr 1848" ist eine Darstellung, zu der sich kein zeitgenössisches Vorbild finden lässt. Sowohl der städtische Raum als auch die aufrührerische Volksmenge sind Heldts Erfindungen. Der gesamte Straßenraum ist von der Menge eingenommen. Diese ist kaum durch historische Details aus der Mitte des 19. Jahrhunderts definiert. Fahnen und Gewehre sind nur angedeutet. Die Zeichnung zeigt eher die aufgebrachte Menschheit als die Bevölkerung einer bestimmten Stadt. Es geht hier also nicht ausschließlich um 1848! Aber: Die Straße gehört den Menschen! 1948 zeigte er eine empörte Masse von Individuen – dies war das genaue Gegenteil der Darstellung einer manipulierten Menschenmasse auf seinem Blatt „Der Aufmarsch der Nullen" (1933/34). Heldt hat solche Aufmärsche in der Nazizeit selbst erlebt. Die Nazis verklärten ihre so genannte Machtergreifung selbst als Erhebung oder Revolution. Heldt findet dafür eine Metapher. Jegliche Individualisierung entfällt. Durch Regie von oben erfährt der Platz eine ihn ausfüllende symmetrische Gliederung durch Fahnen und Transparente. Nichts wird dem Zufall überlassen – die Masse ist manipulierbar geworden. Von diesen „Nullen" war natürlich keine Revolution zu befürchten![3]

Der Ironiker Johannes Grützke (*1937) hat mit seinem dreiteiligen Wandbild aus Majolika-Keramik „Morgen brechen sie auch" (1998) in Konstanz an die durch Friedrich Hecker (1811–1881) angestachelten Bürger erinnert, deren Begeisterung aber außerhalb der Stadttore sogleich wieder abflaute. Mit Spießbürgern wird man keine Revolution machen können! Mit einem ähnlichen Gefühl scheint Grützke auch an sein Wandbild in der Frankfurter Paulskirche gegangen zu sein – mit Spießbürgern ist

---

2 Siehe dazu Friedrich Dieckmann: Die Künstler und die Revolution. Im Gedenken des Dresdner Maiaufstands, in: Aktion 18. März (Hrsg.): Aufruf, 2007, S. 13–15.
3 Siehe Manfred Butzmann: Wem gehört die Straße? In: Aktion 18. März (Hrsg.): Aufruf, 2002, S. 6.

auch keine Demokratie zu erreichen. Philipp Veit (1793–1877), ein Sohn von Dorothea von Schlegel, verwirklichte 1848 anlässlich der in der Frankfurter Paulskirche stattfindenden Nationalversammlung das akademisch gemalte Monumentalbild „Germania". Zersprengte Fußfesseln wie die im Vormärz unterdrückte schwarz-rot-goldene Fahne sowie die Sonne im Hintergrund deuten mit viel Pathos den Wunsch nach einem demokratischen, geeinten Deutschland an. Die Revolution oder ein Revolutionsführer werden dadurch nicht geehrt.

Ich möchte mich nun der Kunst zuwenden, die sich eher im Sinne und in den Diensten der Obrigkeit mit der niedergeschlagenen Revolution befasst. Dabei wird fast immer zu symbolischen Deutungen gegriffen – so als ob man Scheu vor der Darstellung der getöteten Revolutionäre hätte – oder auch eine Scheu vor der Darstellung mordender Soldaten?

Die Symbolisierung der Niederschlagung der Revolution durch die Darstellung eines Heiligen Georg und dessen Kampf mit einem wilden Drachen entfernt sich so weit von den historischen Ereignissen, dass der Anlass für diese Schöpfung eventuell auch ganz übersehen werden könnte. Das 1855 gegossene Standbild von August Kiss (1802–1865) wurde der Stadt Berlin von der Witwe des Künstlers geschenkt, diese wiederum schenkte den Drachentöter – einer heißen Kartoffel gleich – dem Königshaus. Wollten die Berliner sich nicht mit der im Kern reaktionären Botschaft des Denkmals identifizieren? Der Berliner Volkswitz legte bald nach der Aufstellung des Denkmals im Eosanderhof des Berliner Stadtschlosses dem Heiligen Georg folgenden Satz in den Mund: „Ein Pferd reiten, det Schwert führen, mit dem Drachen sich rumkeilen und dann noch außerdem die olle Standarte hochhalten, det is'n bisken ville verlangt."

Nach dem Abriss des Stadtschlosses kam der Drachentöter in den Volkspark Friedrichshain, die im Kern reaktionäre Aussage das Standbilds von Kiss verliert sich offensichtlich in einer harmlos-unpolitischen Auslegung als Märchengestalt. Und so konnte das Ensemble 1987 aus Anlass der 750-Jahr-Feier Berlins wieder ins Zentrum rücken. Seit dieser Zeit steht der Recke im Nikolaiviertel an der Spree, und von den umliegenden Cafés kann man bei Kaffee und Kuchen zusehen, wie sich das aufständische Drachenvieh vergeblich aufbäumt.[4]

Ebenfalls ins Allegorische flüchtet sich die figürliche Darstellung des den Drachen tötenden Erzengels Michael an der Rückseite des Schlosses Babelsberg aus dem Jahr 1853 von August Kiss nach einem Entwurf von Heinrick Strack (1805–1880). Dieses Erinnerungsmal sollte an den badischen Feldzug der preußischen Truppen von 1848 erinnern. Unter dem Erzengel befanden sich lange die Inschrift: „Zu Ehren der siegreichen Operationsarmee am Rhein im Jahre 1848" und die Initialen Friedrich Wilhelms IV. In einem Brief an seinen im Felde stehenden Bruder Prinz Wilhelm

---

4 Siehe Manfred Butzmann: „Wir haben es mit Teufeln zu tun. Darum kann man Deinen Auftrag eine Engelsmission nennen." In: Aktion 18. März (Hrsg.): Aufruf, 2007, S. 6.

gab der preußische König die Interpretation des Drachentöters vor: „Wir haben es nun einmal mit Teufeln zu tun. Darum kann man Deinen Auftrag eine Engelsmission nennen."[5]

Auch das 1851 von Ludwig Ferdinand Hesse nach den Entwürfen von Friedrich August Stüler (1800–1865) errichtete Triumphtor am Mühlenberg steht im Kontext des Feldzugs von 1849 in Baden. Das Vorbild ist ein römisches Tor aus dem dritten Jahrhundert und auch die Bildsprache ist antikisierend. „Das Triumphtor", so der Historiker David E. Barclay, „stellte gleichzeitig eine bewusste, propagandistische Herausforderung an die Kräfte der ‚Revolution' und eine Bejahung des monarchischen Prinzips dar."[6] Aller heroisierenden Formensprache zum Trotz: Die politische Intention des Tors zeigt sich an einer Rückseite und lässt damit zugleich die Interpretation einer impliziten Revolutionsfurcht deutlich werden. So heißt es dort: „Zu Ehren des Prinzen von Preussen Fr. Wilhelm Ludw. des Feldherrn, der Führer und der Krieger, welche den Aufruhr in der Rhein-Pfalz und in Baden besiegten. MDCCCXLIV."

Einen ähnlich entpolitisierenden Charakter hat das „Bildstöckl" von Bischweier, mit welchem der badische Großherzog Leopold I. seinen Dank an Prinz Wilhelm ausdrücken wollte. Es befindet sich heute wieder an seinem ursprünglichen Platz am Ufer der Havel.[7] Gemütlich kann man auf den beiderseits davon befindlichen Sitzbänken Platz nehmen und den schönen Blick über die Havel genießen. An eine Revolution und deren Niederschlagung denkt man dabei sicher nicht. Anscheinend ist mit der Niederschlagung einer Revolution nicht so richtig „Staat zu machen". Eine staatstragende Monumentalkunst scheint nicht möglich – man flüchtet sich mit seinen Denkmalen ins Allegorische.

Ich selbst benutzte erstmals im März 1990 ein Motiv aus der Zeit der Märzrevolution – und zwar als ich von dem Datum der ersten freien Volkskammerwahl erfahren hatte. Es war der 18. März 1990 dafür vorgesehen – und man hätte bei einer historisch reflektierten Wahl dieses Tages sicher auf den höheren Zusammenhang im Sinne des Entstehens der Demokratie in Deutschland und des Strebens nach einem Einheitsstaat hinweisen können.[8] Dies geschah aber keinesfalls, obwohl es sehr naheliegend gewesen wäre. Und genau aus diesem Zusammenhang heraus entstand damals mein Plakat „Die Revolution hat gewählt – Demokratie – Keine Gewalt". Das im Format A1 gehaltene Plakat zeigt im Hochformat das wichtigste Detail einer kolorierten Lithografie von Anton Klaus (1810–1857) aus dem Jahr 1848, welche die große Barrikade an der Neuen Königsstraße am Berliner Alexanderplatz in der Nacht vom 18. auf den 19. März 1848 zeigt.[9] Inmitten des heftig tobenden Kampfes richtet sich ein Barrikadenkämpfer,

---

5 Lothar Gall (Hrsg.): 1848. Aufbruch zur Freiheit (Katalog der Ausstellung des deutschen Historischen Museums und der Schirn Kunsthalle Frankfurt zum 150-jahrigen Jubiläum der Revolution von 1848/49, Berlin/Frankfurt 1998, S. 402.
6 David E. Barclay: Denkmal und Revolutionsfurcht, in: Jahrbuch für Brandenburgische Landesgeschichte, 44. Jg. (1993), S. 158.
7 Nach 1961 hatte es den Grenzanlagen weichen müssen.
8 Zu den Grunden für die Wahl dieses Tages siehe den Beitrag von Christoph Hamann in diesem Band.
9 Zu den Darstellungen der Barrikade am Alexanderplatz siehe Dorothea Minkels: Die historische Aussagekraft von Bildern am Beispiel der großen Barrikade am Alexanderplatz im Jahre 1848, in: Berlin in Geschichte und Gegenwart. Jahrbuch des Landesarchivs Berlin 2001, S. 37–72.

in der rechten Hand eine schwarz-rot-goldene Fahne, offenbar mit einem Ruf an das bereits auf die Barrikade schießende Militär. Dabei ist seine linke Hand heftig gestikulierend nach oben gereckt. „Brüder, nicht schießen!", könnte man ihm ohne weiteres in den Mund legen.[10] Ich hatte das Plakat bereits vor den Wahlen in eigenem Auftrag drucken lassen, weil ich eine nicht zu unterdrückende Angst davor hatte, dass das Wahlergebnis von radikalen Gruppen nicht anerkannt werden könnte. Es verrät also durchaus etwas über meine damalige Befindlichkeit. Ich hatte wohl immer noch mit sehr viel Selbstlauf revolutionärer Ereignisse gerechnet. Am unteren Rand des Plakates setzte ich unübersehbar das Datum „18. März" und dies ohne einen Hinweis auf die Jahreszahl „1848" oder „1990". Dies in der Hoffnung, dass der wissende Betrachter deutlich genug an die erste bürgerliche Revolution in Deutschland erinnert werden wird. Das Wahlergebnis, etwas anders als ich es erhofft hatte, wurde von allen anerkannt, die Demokratie erwies sich als stark genug, aber die „Mühen der Ebene" begannen früher als erwartet!

Das gleiche Motiv mit der Darstellung der Barrikade vom Alexanderplatz benutzte ich auch für den Aufruf unserer „Aktion 18. März" zum Gedenkzug durch Berlin aus Anlass des 150. Jahrestages der Märzrevolution von 1848 im Jahr 1998. Mein erstes Plakat zum Thema „1848" entstand noch ohne Kenntnis der Arbeit der „Aktion 18. März". Heute bin ich in dieser aktiv und freue mich über das Zusammenfinden von Unterstützerinnen und Unterstützern aus Ost und West wie auch über die gemeinsam errungenen Erfolge.

---

[10] Kommandant dieser Barrikade war der Tierarzt Friedrich Ludwig Urban (1806–1879), der in der Folge in der Tat eine versöhnende Rolle gespielt hat. Siehe Christoph Hamann: „Herr Urban ist kein Robespierre." Friedrich Ludwig Urban – „Barrikadenheld" und „Volkstribun", in: Der Bär von Berlin. Jahrbuch des Vereins für die Geschichte Berlins, Berlin 1996, S. 7–24. Dorothea Minkels: 1848 ein Barrikadenheld. Aus dem Leben des Tierarztes Friedrich Ludwig Urban (1806–1879). Tatsachenroman, Berlin [1998].

Der Friedhof der Märzgefallenen müsste korrekt Friedhof der März- und Novembergefallenen heißen. 1918 wurden hier die Opfer der Novemberrevolution begraben. 33 Männer, die im Kampf gegen die reaktionären preußischen Truppen ihr Leben ließen, fanden hier ihre letzte Ruhestätte. Karl Liebknecht hielt bei drei Beerdigungen im November und Dezember 1918 die Grabreden.

Gedenken an die Revolutionsopfer von 1848 und 1918
Zur Erinnerungskultur auf dem Märzgefallenenfriedhof im Friedrichshain seit 1918

Heinz Warnecke

Dem Berliner Schriftsteller Alfred Döblin (1878–1957) fiel im Trauerzug für die Berliner Opfer der Novemberrevolution am 20. November 1918 unter den annähernd hunderttausend Frauen und Männern unter den roten Fahnen, roten Kranzschleifen und Abzeichen ein älterer Mann auf, der eine schwarz-rot-goldene Fahne hochhielt, die an einem kurzen Stiel befestigt war.[1] Offenbar wollte er nach dem Sturz der Hohenzollerndynastie und dem Zusammenbruch der Herrschaft des Militarismus daran erinnern, dass die Novemberrevolution und die 1848er-Revolution jeweils Schritte auf einem Weg waren.[2] Mein Anliegen ist, diesem Zusammenhang nachzugehen und ihn mehr als bisher bewusst zu machen. Als Bezugspunkt dient mir dafür die Erinnerungskultur rund um den Friedhof der Märzgefallenen im Berliner Volkspark Friedrichshain.

Auf den Zusammenhang von Revolution von 1848 und Novemberrevolution 1918 machte Karl Liebknecht (1871–1919), sozialdemokratischer Abgeordneter des Deutschen Reichstags und seit Jahren Wortführer der entschiedenen Linken gegen Militarismus und Krieg, die Berlinerinnen und Berliner bereits in der Mittagsstunde des 9. November aufmerksam. Er erinnerte Tausende vor dem Schloss der Hohenzollern Versammelte daran, dass der preußische König Friedrich Wilhelm IV. hier am 19. März 1848 vor den für die Freiheit gefallenen Frauen und Männern seine Mütze ziehen musste. Er stellte fest, die Herrschaft des Kapitalismus, die Europa in ein Leichenfeld verwandelt hatte, sei gebrochen. Der Tag des damals erhofften Gesellschaftsfortschritts, „der Tag der Freiheit", sei erreicht, es beginne die „freie sozialistische Republik Deutschland ..., in der es keine Knechte mehr geben" werde, „in der jeder ehrliche Arbeiter den ehrlichen Lohn seiner Arbeit finden wird".[3] Am folgenden Tag wird im Leitartikel in „Die rote Fahne" (Spartakus) betont, das Ziel sei nicht „nur Republik, sondern *sozialistische* Republik", „ihr Banner nicht die schwarz-rot-goldene Fahne der bürgerlichen Republik von 1848 ..., sondern die rote Fahne der Kommune von 1871 und der russischen Revolution".[4] Nicht wenige verglichen den

---

[1] Alfred Doblin: „... an einem kurzen Stiel eine Fahne. Welche sonderbaren Farben. Schwarz Rot Gold. Es sollen die Farben der Revolution 1848 sein", in: Ders: November 1918, Bd.1. Bürger und Soldaten, Olten 1978, S. 252.
Vgl. Klaus Bellin: In diesem Lande überflüssig, in: Neues Deutschland (ND) Berlin, 9./10.8.2003, S. 11.
[2] Vgl. Ernst Troeltsch: „ ... was unter allen Umständen und bei allen kommenden Zukunftsmöglichkeiten erledigt und zu Ende ist. Das aber ist der Militarismus ... eine politische Institution, ein entschiedenes Moment der Staatsverfassung, wie dies, weil er zugleich das Wesen der deutschen herrschenden Gesellschaft ausmachte." Zitiert nach Herbert Michaelis (Hrsg.): Der Weg in die Weimarer Republik. Ursachen und Folgen. Vom deutschen Zusammenbruch 1918 und 1945 bis zur staatlichen Neuordnung Deutschlands in der Gegenwart, Berlin [1959], S. 226.
[3] Berlinische Zeitung (Vossische Zeitung), Berlin, 10.11.1918. S. 2.
[4] Die rote Fahne, in: Die rote Fahne. Ehemals „Der Tag". Organ der Spartakus Richtung, Berlin, 10.11.1918, S. 1.

Revolutionserfolg mit dem Fall der Bastille 1789 in Paris.[5] Sie „beschworen spontan" einen Anschluss-Schritt „an das, was 1848 angefangen wurde", einen Schritt von der Hohenzollerndynastie zu einem „auf Recht und Freiheit gegründeten Volksstaat".[6] Das Streben nach Freiheit und Souveränität von 1848 und 1918 fand in den deutschen Verfassungen nach 1918, von der Reichsverfassung 1919 bis zum heutigen Grundgesetz der Bundesrepublik Deutschland seinen unmissverständlichen Niederschlag: „Alle Staatsgewalt geht vom Volke aus."[7]

Die Erinnerung und das Gedenken des Autors an die Revolutionsopfer von 1848 und 1918 orientieren sich an diesem Grundsatz und werden getragen vom aktiven Streben nach demokratischen Freiheiten und Rechten.

Seit dem 22. März 1848 war der Friedhof der Märzgefallenen ein symbolischer Ort für die Erinnerung an die in den Straßen Berlins sowohl für demokratische Rechte und Freiheiten als auch für politischen und gesellschaftlichen Fortschritt gefallenen Frauen und Männer. Der protestantische Prediger Adolf Sydow (1800–1882) sagte am Tag der Beisetzung an den Gräbern voraus, dass künftige Geschlechter zu der Stätte pilgern werden, „welche die Gebeine der Märtyrer unserer Freiheiten und Rechte umschließt".[8] Obwohl die Beisetzungsstelle der 255 Revolutionsopfer nur 30 mal 40 Meter maß, wurde sie in den Jahren von 1848 bis 1918 sowohl von zahlreichen Einzelnen als auch gemeinschaftlich von Tausenden, überwiegend Berliner Werktätigen, aufgesucht. Besonders an den Jahrestagen der Revolution bekräftigten Fahnen und Losungen auf Kranzschleifen das Anliegen der Besucherinnen und Besucher, den Kampf für die 1848er Freiheiten und Rechte sowie für die Volkssouveränität fortzusetzen.

So war es für viele Berlinerinnen und Berliner wie für die revolutionäre Arbeiterbewegung Berlins im November und Dezember 1918 selbstverständlich, dass die Opfer der Novemberrevolution von 1918 – 33 Arbeiter, „rote" Soldaten und Matrosen – an der Seite der 1848er-Märzgefallenen im Berliner Friedrichshain beigesetzt wurden.[9] Den Antrag der Führung der USPD und der KPD, auch die 32 Revolutionsopfer vom Januar 1919 (Spartakus-Aufstand) ebenfalls dort zu bestatten, lehnten der Berliner Magistrat und die Regierung ab. Noch am 25. Januar 1919 hofften zahlreiche Trauernde auf die Beisetzung der Opfer im Friedrichshain und schlossen sich erst hier dem Trauerzug nach Friedrichsfelde an.[10]

---

5 Vgl. Der Erfolg der Revolution, in: Berliner Tageblatt und Handelszeitung, Berlin, 10.11.1918, S. 1.
6 So schrieb etwa das Berliner Tagblatt: „Was unsere Großväter damals vergeblich ersehnten, nämlich die Errichtung eines auf Recht und Freiheit gegründeten Volksstaates, das soll das Ziel unseres Strebens sein.", in: Ulf Brunnbauer (Hrsg.): Schnittstellen. Gesellschaft, Nation, Konflikt und Erinnerung in Südosteuropa. Festschrift für Holm Sundhausen zum 65. Geburtstag, München 2007, S. 438.
7 Vgl. Art. I Verfassungsurkunde, Weimar vom 11.8.1919: „Das Deutsche Reich ist eine Republik. Die Staatsgewalt geht vom Volke aus.", in: Handbuch der Politik, Erster Band, Grundlagen der Politik, Berlin/Leipzig 1920, S. 172; sowie: „Alle Staatsgewalt geht vom Volke aus", Artikel 20(2) Grundgesetz für die Bundesrepublik Deutschland, Bonn, April 1989, S. 31.
8 Adolf Sydow: Worte, gesprochen im Friedrichshain bei der Bestattung der 18. und 19. März Gefallenen, (Flugblatt) Berlin 1848; Vgl. Heinz Warnecke: 1848/1918. Die 1848er-Märzgefallenen im Friedrichshain, Berlin 2005, (Hrsg.): Geschichtskommission Die Linke. Friedrichshain-Kreuzberg, Titelseite.
9 Vgl. Ingo Materna: Geschichte der revolutionären Arbeiterbewegung 1917–1919, Berlin 1978, Beiträge zur Geschichte der Berliner Arbeiterbewegung, Sonderreihe, S. 45 ff.
10 Joachim Hoffmann: Berlin-Friedrichsfelde. Ein deutscher Nationalfriedhof, Berlin 2001, S. 18 f.

In den Jahren von 1918/19 bis 1933 wurde das gemeinsame Gedenken von einer differenzierten demokratischen öffentlichen Meinung getragen. Diese war sowohl von den in der demokratischen Presse verbreiteten Einsichten in die Geschichte der Revolutionen von 1848 und 1918 als auch von den eigenen Erfahrungen Tausender im Kampf um demokratische Freiheiten und Rechte geprägt. Charakteristisch für die Gedenkveranstaltungen im Friedrichshain waren bei vielen der aus der Arbeiterschaft stammenden Besucherinnen und Besucher die Gefühle der Solidarität und Verbundenheit mit dem internationalen Kampf der Arbeiterinnen und Arbeiter sowie Sympathie mit der sich in Russland entwickelnden Sowjetmacht.

Aber auch Illusionen über die bereits erreichten Freiheiten und Rechte sowie die Volkssouveränität waren verbreitet. Aus Anlass des Jahrestages der 1848er-Märzrevolution im Jahr 1919 behauptete der Leitartikler des sozialdemokratischen Volksblattes „Vorwärts": „Seit dem 8. November 1918 herrscht in Deutschland die *volle und uneingeschränkteste Demokratie*, die dem Volkswillen die Herrschaft gibt."[11]

Eine im Wesentlichen übereinstimmende öffentliche Meinung und Gemeinsamkeit des Gedenkens an die Revolutionsopfer von 1848/1918 zeigte sich im Jahr 1923, beim fünfundsiebzigsten Jahrestag der 1848er-Märzrevolution in Berlin. Die Teilnehmerinnen und Teilnehmer am Gedenken im Friedrichshain hatten in überwiegender Zahl den Ausgang des Ersten Weltkrieges, die Novemberrevolution von 1918 sowie die Niederschlagung des Kapp-Putsches 1920 in Berlin miterlebt. Sie verbanden ihren Respekt vor den 1848er-Revolutionären mit dem vor den Kämpferinnen und Kämpfern der Pariser Kommune 1871 und vor den toten und lebenden Revolutionsteilnehmerinnen und -teilnehmern von 1918. Sowohl die Kommunisten als auch die Sozialdemokraten luden zum Gedenken ein.

Eine Kommission der Gewerkschaft (Berlin und Umgebung) forderte zur Teilnahme am Gedenken auf und dazu, „erneut zu geloben, dass die Revolution fortgeführt wird, bis die Ideale der 1848er Kämpfer in ihrem ganzen Umfange erfüllt sind".[12]

Tausende besuchten die Gedenkstätte in diesem Sinne: „Entblößten Hauptes bewegten sich die Massen an den Kränzen und Gräbern vorbei. Jede einzelne Schleife wurde gelesen". Der Demonstrationszug der Berliner Arbeiterjugend vom Portal II des Reichstages durch die Mitte Berlins zum Friedrichshain wurde mit Beifall begrüßt: „Die Internationale erklingt. Das Lied der Jugend: Nun werden Fackeln entzündet, feierlich. Musik erklingt. B. spricht Freiligraths Dichtung: ‚Die Toten an die Lebenden' ".[13]

Der Leitartikel des „Vorwärts" resümierte unter dem Titel „Hoffnung aus Gräbern": Im November 1918 sei die „deutsche demokratische Republik als ein schweres Erbe auf die Schultern der deutschen Arbeiter gefallen", sie sei „1920 zum

---

11 Der achtzehnte März, in: Vorwärts. Berliner Volksblatt, Zentralorgan der SPD, Berlin, 18.3.1919, S. 1.
12 Gedächtniskundgebung am 18. März (Anzeige), in: Vorwärts, Berliner Volksblatt, 17.3.1923.
13 Ebd.

ersten Mal gegen einen reaktionären Gewaltstreich erfolgreich verteidigt" worden und es sei nun eine Macht vorhanden, „die für die Erhaltung schwer erstrittener Freiheitsrechte einsteht. Und die das gleiche Recht aller Völker und Bürger auf ihre Fahne geschrieben hat".[14] Erinnernswert sei die Warnung vor der Gefahr der faschistischen Diktatur und davor, dass sich die bürgerlichen Parteien Deutschlands mit einem Sieg des Faschismus abfinden würden. Die Last der Verteidigung ruhe „wieder auf den sozialdemokratischen Massen". Der Artikel schließt mit der Hoffnung: „Europa wird republikanisch, demokratisch und sozialistisch sein oder es wird nicht sein."[15]

Das Erinnern und Gedenken an die Revolutionsopfer von 1918 war jedoch von Beginn an auch von politischen Vorurteilen beeinflusst, vor allem gegenüber dem Spartakusbund, der seit 1917 in der Unabhängigen Sozialdemokratischen Partei wirkte. Aus diesem Bund ging Ende Dezember 1918 die Kommunistische Partei Deutschlands hervor. Die auch unter Kommunistinnen und Kommunisten vorherrschende Auffassung, die Novemberrevolution sei vor allem ein Werk der Anhängerinnen und Anhänger des Spartakus-Bundes gewesen, stärkte die quantitativ kleine, am Anfang ihres Wirkens stehende Partei. Doch weit mehr und in noch stärkerem Maße verbreitete sich in der Öffentlichkeit das negative Vorurteil, die Revolution sei durch das zügellose zerstörerische Wirken von Spartakisten, Anarchisten, auch ausländischen Kommunisten, vor allem russischen Bolschewisten, ausgelöst und im Gegensatz zu den Lebensinteressen des deutschen Volkes vorangetrieben worden. Ganzseitig wurde schon im Dezember 1918 in der sozialdemokratischen Tagespresse inseriert: „Wir wollen Frieden, um nicht, wie in Rußland, dem von den Arbeitslosen diktierten Militarismus zu verfallen", „Bolschewismus", so die Auffassung, sei „der Militarismus der Faulenzer".[16] Dieses gegenrevolutionäre Vorurteil wurde nicht nur auf Anhängerinnen und Anhänger des Spartakus-Bundes, sondern auch auf parteilose Mitglieder von Soldatenräten, Betriebsobleute und Betriebsräte ausgedehnt, um sie öffentlich zu diskreditieren. Dem schloss sich die von antirepublikanischer Seite auf breiter Front vorgebrachte „Dolchstoßlegende" an, der zufolge Armee und Flotte hinterrücks von den Spartakisten „erdolcht" worden seien.[17] Die bei SPD und KPD gleichlautende Orientierung auf den Fortschritt zum Sozialismus legte es nahe, die demokratischen Freiheiten und Rechte gemeinsam zu verteidigen und die Anfänge von Militarismus und Faschismus entschlossen zu bekämpfen. Doch wurde die erhoffte gemeinschaftliche Macht aller Linken, „die für die schwer erstrittenen Freiheitsrechte einsteht", nicht erreicht.

Der Friedhof der Märzgefallenen wurde im Jahre 1925 nach den Plänen des Stadtbaudirektors Ludwig Hoffmann (1852–1932) umgestaltet. Das ursprünglich fast

---

14 Hoffnung aus Grabern. Zum 18. März, in: Vorwärts, 18.3.1923, Beilage „Vor 75 Jahren", S. 1.
15 Ebd.
16 Generalsekretariat Antibolschewismus, Bolschewismus..., in: Vorwärts, 24.12.1918.
17 Joachim D. Petzold: Die Dolchstoßlegende, Berlin 1963.

quadratische Gräberfeld mit einer Linde in der Mitte erhielt seine heutige rechteckige Form mit einem verbreiterten Zugang und einem befestigten Rundum-Weg.[18] Am 11. Oktober 1925 wurde das von Hoffmann entworfene Eingangsportal in einer würdigen Veranstaltung des Stadtbezirks enthüllt.[19] Damit waren bessere Voraussetzungen für gemeinschaftliches Erinnern und Gedenken an die Revolutionsopfer von 1848 und 1918 geschaffen. Der erste Bürgermeister des 1920 neu geschaffenen Bezirks Friedrichshain von Berlin, Paul Mielitz (1881–?), ein Sozialdemokrat, der 1933 von den Nazis seines Amtes enthoben wurde, gelobte bei der Einweihung, den Kampf der 1848er fortzusetzen. Anschließend demonstrierten etwa zehntausend Angehörige des „Reichsbanners Schwarz-Rot-Gold, Bund deutscher Kriegsteilnehmer und Republikaner" in Reih und Glied an der Gedenkstätte und einer alten schwarz-rot-goldenen Freiheitsfahne vorbei. Die erhoffte Vereinigung der Kraft aller linken und demokratischen Verbände zur Verteidigung der demokratischen Freiheiten und Rechte, zum Schutz der Verfassung und Republik erfüllte sich aber auch 1925 nicht.

1928, zum zehnten Jahrestag der Novemberrevolution und achtzigsten der Märzrevolution, war innerhalb der Arbeiterschaft die öffentliche Meinung noch immer nicht entschieden republikanisch-demokratisch ausgeprägt, nicht zuletzt deshalb, weil die Wortführer der kommunistischen und sozialdemokratische Presse nicht zielstrebig genug auf die gemeinschaftliche Verteidigung demokratischer Rechte und Freiheiten orientierten. Der Reichstagsabgeordnete Ernst Schneller (1890–1944), Mitglied der KPD und der Verfasser des Leitartikels der Tageszeitung „Die Rote Fahne" vom 18. März 1928, folgerte aus der Erfahrung der Revolutionen von 1848, 1871, 1905, 1917 und der Novemberrevolution von 1918, dass es keinen Frieden mit der Bourgeoisie geben könne. Seine Kritik richtete er hauptsächlich gegen die reformistisch orientierten Führer der Sozialdemokratie und deren „Politik des Burgfriedens, der Arbeitsgemeinschaft und der Regierungskoalition".[20] Die Gedächtnisfeier der Berliner Kommunisten im Friedrichshain galt in diesem Jahr dem „Gedenken der gefallenen proletarischen Kämpfer" beider Revolutionen und ausdrücklich dem „Massenprotest gegen die rüstende Konterrevolution".[21]

Die Sozialdemokratische Partei Berlins feierte die Märzopfer 1928 nicht im Friedrichshain, sondern mit einer großen Kundgebung vor dem Berliner Schloss, der, so die zeitgenössische Bezeichnung, „Hohenzollern-Zwingburg". Die Kundgebung bewertete der Leitartikler des „Vorwärts" als ein „unwiderlegbares Zeichen dafür, dass die Republikaner Berlins ihre Pflicht zu tun wissen und stets zur Stelle sind, wenn es heißt, für den Geist der Freiheit und Demokratie Zeugnis abzulegen".[22]

---

18 Die ursprüngliche Anlage als Schema mit nummerierten Grabstellen ist enthalten in: Der Friedhof der Märzgefallenen, in: Berliner Volks-Zeitung, Berlin, 18. März 1903, Erstes Beiblatt.
19 Vgl. Hans Czihak: Kampf um die Ausgestaltung des Märzfriedhofs im Berliner Friedrichshain, in: Berlinische Geschichte. Dokumente, Beiträge, Informationen, Stadtarchiv der Hauptstadt der DDR, Berlin 1988, Heft 9, S. 24–34.
20 Ernst Schneller: Der Weg der Revolution. Zum 18. März 1928, in: Die Rote Fahne, 18.3.1928, S. 1.
21 Aufruf zur Gedächtniskundgebung am 18. März!, in: Die Rote Fahne, 17.3.1928.
22 Berlin feiert die Märzopfer, in: Der Abend, Spätausgabe des Vorwärts, 19.3.1928.

Am 18. März 1932 orientierte die Leitung der KPD von Berlin und Brandenburg statt auf die Ehrung der Revolutionsopfer von 1848 auf eine Märzgefallenen-Gedenkfeier in Friedrichsfelde für die Opfer vom März 1871, 1919 und 1920.[23] Ernst Schneller veranstaltete an diesem Tag am Märchenbrunnen im Volkspark Friedrichshain eine Versammlung zum „Kampf- und Helfertag der Roten Hilfe".[24] Nur in der illustrierten Beilage „Der rote Stern" findet sich unter dem Titel „Stürmt für Arbeit, Brot und Freiheit mit Thälmann" der Grabstein eines Berliner Barrikadenkämpfers vom Märzgefallenenfriedhof abgebildet und mit einer Bildunterschrift versehen, die an den Sieg des Berliner Volks über die absolute Monarchie erinnert.[25] Die politischen Gegensätze der beiden Arbeiterparteien erwiesen sich letztlich als unüberbrückbare Hürden für ein gemeinsames Erinnern und Gedenken an die Revolutionsopfer von 1848 und 1918 und verhinderten Aktionen über die Parteigrenzen hinweg.

Ab 1933 war das Gedenken an den Gräbern der 1848er-Märzgefallenen und der Opfer der Novemberrevolution weiterhin möglich, weil der Friedhof zugänglich blieb. Obwohl die Polizei alle Besucherinnen und Besucher observierte, die sich der Gedenkstätte näherten, besuchten nicht wenige Berlinerinnen und Berliner zwischen 1933 und 1945 die Gräber der Revolutionsopfer.

So legte Lucie Heimburger (1897–1983), seit 1916 Mitglied der Arbeiterjugend Berlins, zusammen mit ehemaligen Gefährten alljährlich am Grab Erich Habersaaths (1893–1918), eines der Revolutionsopfer vom 9. November 1918, Blumen nieder. „Wir taten es auch in der finsteren Nacht des Faschismus, selbst wenn die Blumen von den Nazis wieder entfernt wurden."[26] Egon Bethke (1923–?) erinnert sich, dass er 1940, als 17-Jähriger, nachdem ihm sein Vater von der 1848er-Revolution erzählt hatte, an den Gräbern der Revolutionsopfer stand. Das war für ihn ein Anstoß zur Teilnahme an der Berliner Hundertjahrfeier der 1848er-Revolution im Jahr 1948 und der Volkskongress-Bewegung für Einheit und gerechten Frieden.[27]

Die Kommunisten orientierten sich seit 1935 ausdrücklich darauf, „die großen Freiheitstraditionen der Revolution von 1848 in den breiten Volksmassen wieder lebendig werden zu lassen und eine Ideologie des Freiheitskampfes gegen den Faschismus zu schaffen".[28] Allein im Stadtbezirk Friedrichshain erfuhren mehr als 300 KPD-Mitglieder im Lauf der illegalen Arbeit von den Beschlüssen zu den Freiheitstraditionen. Unter

---

23 1871: Pariser Kommune; 1919: Räterepubliken in München und Bremen, Generalstreiks, bewaffnete Auseinandersetzungen zwischen Aufständischen und Freikorps; 1920: Kapp-Putsch.
24 Die Rote Fahne, 18.3.1932.
25 Der rote Stern, März 1932, Nr. 11, S. 3.
26 Lucie Heimburger: Ich stand an der Seite Erich Habersaaths, in: Neues Deutschland, 9.11.1968. Vgl. Günter Freyer: Tod vor der Maikäferkaserne, in: Rotfuchs. Tribüne für Sozialismus und Kommunismus in Deutschland, Berlin, Januar/2007. 1951 wurde in Berlin die Kesselstraße in Habersaathstraße umbenannt, 1969 erhielt die Technische Unteroffiziersschule Prora den Namen „Erich Habersaath", 1973 wurde eine Gedenktafel in der Berliner Chausseestraße enthüllt.
27 Egon Bethke: „Die Revolutionsfeier war für mich ein weiterer Anlaß für meine künftige politische Entscheidung ... und erklärte meine Mitgliedschaft in der SED. Mein politisches Leben in Westberlin war kein Zuckerlecken.", Herr Egon Bethke erinnert sich an den 18. März 1948, in: Werner Ruch, Berlin 1848. Rückblick auf die Hundertjahrfeier der Revolution von 1848 und ihre Vorbereitung, in: Friedrichshainer Hefte, Berlin 2008, S. 34.
28 Resolution der Brüsseler Parteikonferenz der KPD, in: Dokumente zur Geschichte der SED, Bd. 1, Berlin 1981, S. 310.

Einsatz ihres Lebens verbreiteten sie mehrere illegale antifaschistische Tarnbroschüren und Flugschriften, darunter die im Abzugsverfahren heimlich hergestellte „Friedrichshainer Fahne". „Denkt an 1918!", hieß es in einem der Friedrichshainer Flugblätter.

Nach der Niederlage Hitlerdeutschlands und der Befreiung durch die Armeen der Anti-Hitler-Koalition begann 1945 auch eine neue Etappe der Erinnerungs- und Gedenkkultur rund um den Friedhof der Märzgefallenen. Die demokratische öffentliche Meinung Berlins stimmte darin überein, zunächst die elementaren verfassungsmäßigen demokratischen Freiheiten und Rechte wiederherzustellen, den Nazistaat, der Krieg und Völkermord herbeigeführt hatte, restlos zu zerschlagen, den Militarismus und Faschismus vollständig zu überwinden und auf einen Staat der Volkssouveränität hinzuwirken, in dem „alle Staatsgewalt vom Volke ausgeht".

Die von der demokratischen Linken, von den Arbeiterparteien und Gewerkschaften angekündigten politischen Schritte waren mit der Erinnerung und dem Gedenken an die Revolutionsopfer von 1848 und 1918 verbunden. Dementsprechend beschloss der Berliner Magistrat zusammen mit allen Stadträten am 17. Dezember 1945, den historischen Revolutionsfriedhof im Friedrichshain zur Gedenkstätte auszubauen.[29]

Das Friedhofsgelände war in den letzten Kriegsstunden durch Beschuss von zwei in der Mitte des Parks gelegenen haushohen Betontürmen von Verwüstung bedroht. Die Grabstätten der Revolutionsopfer waren überwachsen, oft von Schutt- und Gerümpelhaufen verdeckt. Alle Schäden, auch die am Eingangstor zum Friedhof, erwiesen sich jedoch als reparabel.

Am 17. März 1946 fand auf Initiative der Friedrichshainer demokratischen Linken die erste Gedenkveranstaltung nach dem Krieg an den Gräbern der Märzgefallenen statt. Zu den Teilnehmern gehörten Angehörige der KPD, der SPD, der Gewerkschaften und antifaschistisch-demokratisch gesinnte Jugendliche, aber auch entschiedene Demokraten aus CDU und LDP. Zahlreiche Friedrichshainer Arbeiterinnen und Arbeiter marschierten mit roten Kampffahnen und riesigen, zur Einheit der Arbeiterklasse mahnenden Transparenten, zum Friedhof der Märzgefallenen. Im Demonstrationszug bemerkte der Berichterstatter „eine alte schwarzrotgoldene Fahne". Das war vermutlich die Traditionsfahne, die bereits 1923 gezeigt wurde und trotz der Verfolgung durch die Nazis erhalten geblieben war. Die Kundgebung begann mit dem gemeinsamen Singen der „Internationale". Darauf hielten die Genossen Erich Bührig (FDGB), Schwarz (SPD) und Erwin Butte (KPD) kurze Ansprachen. Zum Abschluss gelobten die Versammelten zu vollenden, wofür die Kämpfer von 1848 und 1918 sowie die aus den Tagen des Kapp-Putsches einst ihr Leben gaben. Danach erfolgte eine Kranzniederlegung.[30] Mit dem Lied "Brüder zur Sonne, zur Freiheit" endete die Kundgebung.[31]

---

29 Die Sitzungsprotokolle des Magistrats der Stadt Berlin 1945/46, bearbeitet und eingeleitet von Dieter Hanauske, Bd. 1, 1945, Berlin 1995, S. 731.
30 Bekenntnis zur Einheit. Bezirk Friedrichshain an den Gräbern der Märzgefallenen, in: Vorwärts, 19.3.1946.
31 Werner Ruch: Friedrichshainer Botschaft, 17. März 1946, in: Geschichtskommission Die Linke. Friedrichshain-Kreuzberg (Hrsg.): Friedrichshainer Hefte, Berlin 2006.

1948/1998

1948 erlebten Berlinerinnen und Berliner den hundertsten Jahrestag der Märzrevolution als unvergesslichen Tag der Erneuerung demokratischen Erinnerns und Gedenkens. Die öffentliche Meinung in der Stadt zeugte von einer entschieden antifaschistisch-demokratischen Gesinnung. Diese gründete sich hauptsächlich auf die jüngeren Erfahrungen und Einsichten der Berlinerinnen und Berliner aus den letzten Wochen und Monaten des Krieges und des beginnenden Wiederaufbaus. Übereinstimmend war der Wunsch, den 18. März festlich zu begehen.[32]

Als Marschall Wassilij D. Sokolowski (1897–1968), der Chef der Sowjetischen Militäradministration (SMAD) in Deutschland, den 18. März 1948 für die sowjetische Besatzungszone zum Feiertag erklärte, wollte er damit „den Wünschen weitester Kreise der deutschen demokratischen Öffentlichkeit, der demokratischen Parteien, Freien Gewerkschaften und anderer antifaschistischer Massenorganisationen" Rechnung tragen.[33] Die Alliierte Kommandantur von Berlin legte den 18. März 1948 für die westlichen Sektoren Berlins ebenfalls als arbeitsfreien Gedenk- und Feiertag fest. Diese Entscheidung wurde allerdings in den Besatzungszonen in Westdeutschland nicht übernommen.

Als sich Berlin auf das Gedenken am 18. März vorbereitete, vollzogen sich bereits die ersten Schritte zur Teilung der Stadt. Monate zuvor unterbreitete das Bezirksamt Friedrichshain konkrete Vorschläge zur Gestaltung der Gedenkstätte für die Revolutionsopfer von 1848 und 1918.[34] Diese gipfelten darin, in der Mitte der Gedenkstätte einen Stein mit der Inschrift aufzustellen: „Den Toten 1848/1918. Das Denkmal habt ihr selber euch errichtet. Nur ernste Mahnung spricht aus diesem Stein. Dass unser Volk niemals darauf verzichtet, wofür ihr starbt, einig und frei zu sein." Der Text auf dem Gedenkstein wurde von Peter Alfons Steiniger (1904–1980) verfasst, während der NS-Zeit rassisch verfolgt, später Professor für Völkerrecht an der Berliner Humboldt-Universität. Mit Rücksicht auf antikommunistische Vorurteile wurde beim Textantrag der Name Peter A. Steinhoff, Steinigers Pseudonym als Romanschriftsteller in der Nazizeit, angegeben und auf den Stein übertragen. Von orientierender Bedeutung für Erinnern und Gedenken ist die Zusammenfassung der Jahreszahlen „1848/1918" zu Beginn des Gedenksteintextes.

Am 18. März 1948, dem arbeitsfreien Feiertag, beteiligten sich mindestens hunderttausend Berlinerinnen und Berliner am Demonstrationszug des Erinnerns. Von großem Gewicht war das Motiv, sich vor der Öffentlichkeit, sowohl des eigenen Landes als auch der der Länder der Alliierten und der ganzen Welt, am 18. März zur Überwindung des Militarismus und der Überreste des Naziregimes, zu demokratischen

---

32 Ders.: Berlin 1948, S. 5 f.
33 Vgl. W. Sokolowski, G. Lukjantschenko, Befehl Nr. 20, Berlin vom 3.2.1948, in: Neues Deutschland (ND), 5.2.1946, S. 1.
34 Vgl.: Hans Wolfgang Funke/Paul-Singer Verein (Hrsg.): Der Friedhof der Märzgefallenen. Friedhof, Gedenkort, Nationale Gedenkstätte, Aus den Protokollen des Bezirksamtes Friedrichshain, Berlin 2008, S. 29 f.

Freiheiten und Rechten, zur Verfassung der künftigen deutschen Republik und als Volk der friedliebenden Völkergemeinschaft der Welt zu bekennen.[35]

Ein Hauptanliegen war die Erneuerung der Reichsverfassung von 1919, darunter die Festlegung: „Alle Staatsgewalt geht vom Volke aus." Auf dem Weg zu einer derartigen demokratischen Verfassung waren bis zum Zeitpunkt der Demonstration bereits Vorbereitungen getroffen worden, darunter auch Analysen der deutschen Verfassungen von 1849 und 1919. Der Berliner Verfassungsausschuss legte zur festlichen Sitzung der Stadtverordneten-Versammlung am 18. März bereits den ersten „Entwurf der Verfassung von Berlin" vor.[36] Der Sozialdemokrat Ernst Reuter (1889–1953) würdigte, dass die Verfassung soziale Gerechtigkeit gewähre und „alle die Rechte gewährleistet, für die die Gefallenen von 1848 gekämpft haben".[37] Der Verfassungsentwurf der SPD, CDU und LDP trat, nach Auflösung der Alliierten Kommandantur, in abgeänderter Form und nur für die Berliner Westsektoren in Kraft.

Am 18. März legte die Delegation der Stadtverordneten und des Berliner Magistrats nach Gedenkworten des sozialdemokratischen Stadtverordnetensprechers Otto Suhr (1894–1957) Blumen und Kränze nieder. Suhr erinnerte an die lange Geschichte des Kampfes für ein Denkmal zur Erinnerung an die 1848er, an die „erste und einzige nationale deutsche Revolution". Von den Opfern der Novemberrevolution 1918 sprach er nicht, obwohl der Gedenkstein auch den Toten von 1918 gewidmet ist. Stellvertretend für alle „Helden des Friedens und der Freiheit", die es zu achten gilt nannte er die Widerstandskämpfer gegen Hitler, ausdrücklich die Opfer des 20. Juli 1944.[38] Nach der Enthüllung des Gedenksteins übertrug er die Pflege der Gedenkstätte für die Revolutionsopfer 1848/1918 erneut dem amtierenden Bürgermeister von Berlin-Friedrichshain.

Zum Abschluss der Gedenkfeier vom März 1948 erinnerte Wilhelm Pieck (1876–1960), einer der beiden Vorsitzenden der SED und selbst aktiver Revolutionsteilnehmer von 1918, an die Lehren der Novemberrevolution. Er räumte große Fehler ein, die nach dem Ende des Ersten Weltkrieges „durch die Nichtausrottung der reaktionären Kräfte" gemacht wurden. Seine Hoffnung richtete er auf „eine Revolution für deutsche Einheit", auf den Erfolg des Volkskongresses, auf die Ausarbeitung und den baldigen Beschluss der deutschen Verfassung.[39]

Der Gewerkschaftsfunktionär Karl Fugger (1897–1966), SED, zog in seiner Gedenkrede am Vortag, dem 17. März, Folgerungen daraus, daß die Arbeiter- und Gewerkschaftsbewegung seit hundert Jahren um demokratische Grundrechte, um Freiheit und Menschenwürde kämpfte. „Die letzten Jahrzehnte haben jedem den-

---

35 Vgl. Aus dem Bericht der Gewerkschaftszeitung Tribüne vom 19. März 1948, in: Ruch, Berlin 1948, S. 33.
36 Vgl. Festakt in der Städtischen Oper, in: Ruch, Berlin 1848, S. 3, 7 f.
37 Artikel in: Der Sozialdemokrat, in: Ernst Reuter, Artikel, Briefe, Reden, 1946–1949, Schriften, Reden, Bd. 3, Berlin 1974, S. 362.
38 Ansprache des Stadtverordnetenvorstehers Dr. Otto Suhr, in: Telegraf, 18.3.1948, Sondernummer S. 3.
39 Wilhelm Pieck: Rede am Grab der Revolutionskämpfer, in: Tägliche Rundschau, 19.3.1948. Vgl. Karl Liebknecht: Was will der Spartakusbund? ... daß die Waffenlager und die gesamte Rüstungsindustrie vom Proletariat mit Beschlag belegt werden, 23.12.1918, in: Karl Liebknecht: Gesammelte Reden und Schriften, Bd. VIII, Berlin 1972, S. 632.

kenden Menschen eindeutig gelehrt, unter dem Kapitalismus gibt es weder gesicherte demokratische Grundrechte, noch Freiheit der Persönlichkeit, noch Menschenwürde für die Werktätigen. Darum sagen wir: ‚Freiheit durch Sozialismus'". Es habe, „die neue Epoche der Menschheit, die des demokratischen Sozialismus" begonnen, „die sich unaufhaltsam durchsetzen werde.[40]

Die veröffentlichte Meinung in Westberlin orientierten am 18. März im Gegensatz dazu auf die alte, bürgerliche Epoche, ausdrücklich auf die „staatsrechtliche Fundierung von Demokratie, Recht und Freiheit" (Peters, CDU), auf „Einheit, Recht und Freiheit" – auf „Einheit nicht mit der Preisgabe unserer Freiheit" (Carl Hubert Schwennicke, LDP). Die Festrede vor der Stadtverordnetenversammlung orientierte auf Einheit und Freiheit im „engen Verband der europäischen Nationen" bürgerlichen Charakters, allerdings auch auf die „Vergesellschaftung der entscheidenden Produktionsstätten" (Paul Löbe, SPD). Am Schluß der öffentlichen Kundgebung vor dem Reichstag wurden die demokratischen Sozialisten, alle freiheitlich gesinnten Menschen der Welt und die "stumme Armee der Millionen in der Ostzone" gegrüßt. Im Bekenntnis zur Freiheit wurde der Wille zu einem „freien, friedlichen und demokratischen Deutschland" gesehen (Franz Neumann, SPD).[41]

Das Erinnern und Gedenken der Teilnehmerinnen und Teilnehmer am Ostberliner Gedenkzug 1948 vom Gendarmenmarkt zum Friedrichshain galt sowohl den Opfern der Märzrevolution von 1848 als auch der Novemberrevolution 1918. Die Gewerkschaftszeitung „Tribüne" berichtete von Tausenden, die gekommen waren, „um zu bekunden, daß sie vollenden wollen, was 1848 und 1918 unvollendet blieb, um dem Volkskongress zuzustimmen und zu geloben, nicht eher zu ruhen, bis eine unteilbare demokratische deutsche Republik Wirklichkeit geworden ist".[42]

Seit 1946 zogen alljährlich Zehntausende von Berlinerinnen und Berlinern an einem Sonntagvormittag in der Mitte des Monats Januar zum Zentralfriedhof Friedrichsfelde. Dieser Ort wurde nach dem Willen der SED-Führung seit 1951 zum zentralen Gedenkort für die Opfer der revolutionären Arbeiterbewegung. Dahinter trat das Gedenken an den 18. März 1848 und an den 9. November 1918 auf dem Märzgefallenenfriedhof weitgehend zurück. Zu allen Gedenktagen der Novemberrevolution, auch zum 50. Jahrestag am 9. November 1968, führte der Gedenkzug nach Friedrichsfelde.[43] Die Ursache für diesen Wandel lag in der Einschätzung der SED, die Novemberrevolution sei eine nur halb vollendete Revolution, auf die die ganze Konterrevolution folgte. Wilhelm Pieck und Otto Grotewohl (1894–1964) stimmten darin überein, dass für die Niederlage der Novemberrevolution ausschlaggebend war, dass damals eine Partei wie die von Lenin, Liebknecht und Luxemburg fehlte.[44]

---

40 Karl Fugger: 1848–1948, Hundert Jahre Kampf um Einheit, Demokratie und Frieden, (17. März 1948), Berlin 1948, S. 15, 16.
41 Vgl. Telegraf, 18.3.1948, Sondernummer, S. 1–3.
42 Hunderttausend demonstrierten trotz strömenden Regens, Tribüne, 19.3.1948.
43 Kranzniederlegung in Friedrichsfelde, in: ND, 7.11.1958.
44 Wilhelm Pieck: Die internationale Bedeutung der Novemberrevolution und ihre Lehren, Tägliche Rundschau (TR), 9.11.1948, S. 1.

Auch 1949 fand auf dem Märzgefallenenfriedhof eine Gedenkveranstaltung statt. Daran nahmen Delegationen aus Betrieben, den Magistratsstellen und der Volkspolizei teil und legten Blumen und Kränze am Gedenkstein nieder. Die Gedenkrede hielt Oberbürgermeister Friedrich Ebert (1894–1979). Das Gelöbnis, die Revolutionen von 1848 und 1918 zum siegreichen Ende zu führen, verband er mit der Versicherung, dass „trotz Terror die Lehren aus der gescheiterten Märzrevolution und der Revolution von 1918 gezogen" wurden. Berlin werde die Hauptstadt Deutschlands bleiben.[45]

In den Jahren von 1949 bis 1989 erfolgten die Ehrung und Würdigung der Revolutionsopfer von 1848 und von 1918 im Friedrichshain überwiegend durch Niederlegen von Blumen und Kränzen an den Gräbern der Opfer beider Revolutionen.[46] Beteiligt waren daran Delegationen aus Berliner Betrieben, Arbeiterinnen und Arbeiter, Angestellte, Gewerkschafterinnen und Gewerkschafter, Mitglieder politischer Parteien und gesellschaftlicher Organisationen Berlins. Die Meinung, das Andenken sei „mit nun alljährlich am 18. März verordneten Gedenkfeiern vom Staat ideologisch vereinnahmt worden", war unbegründet. Weder am 18. März noch am 9. November gab es im Friedrichshain ein strenges Gedenkritual.[47]

Bisherige Recherchen zur Verbindung des Gedenkens an die Revolutionsopfer von 1848 und 1918 ergaben, dass nur wenige größere Veranstaltungen zur Erinnerung an die Revolutionsopfer im Friedrichshain stattfanden und in den Medien gebührend gewürdigt wurden.

In der Zeit von 1948 bis 1960 wurde der Friedhof der Märzgefallenen zur Gedenkstätte für die gefallenen und ermordeten Männer, Frauen und Kinder der bürgerlich-demokratischen Revolution von 1848 und der Novemberrevolution von 1918 umgestaltet. Dazu fassten die Bezirksverordneten von Friedrichshain mehrere Beschlüsse.[48] Das Eingangstor wurde durch ein Tor von vier Metern Breite ersetzt. Die Massengräber von 1918 wurden nach einem Entwurf von Franz Kurth durch drei rote Sandstein-Grabplatten hervorgehoben, die Namen der Opfer eingraviert. 1960 wurde die weithin sichtbare Statue eines „Roten Matrosen" des Berliner Bildhauers Hans Kies (1910–1984) aufgestellt. Am 25. Januar 1961 enthüllte Vizeadmiral Waldemar Verner (1914–1982), stellvertretender Verteidigungsminister der DDR, in Anwesenheit von zahlreichen Delegationen aus Friedrichshain das Denkmal.

Am 18. März 1968 versammelten sich Hunderte FDJ-Mitglieder aus den Stadtbezirken Friedrichshain und Prenzlauer Berg „in langen Kolonnen unter wehenden Fahnen", „mit Fackeln und Fahnen" zu einer 1848er Gedenkstunde auf dem Friedhof der Märzgefallenen. Zu ihnen sprach Erich Correns (1896–1981),

---

45 Die Opfer des 18. März verpflichten. Friedrich Ebert sprach an den Gräbern der Märzgefallenen, in: ND, 19.3.1949.
46 Die Opfer der Märzrevolution verpflichten, in: ND, 19.3.1949; Kranzniederlegung im Friedrichshain, in: ND, 19.3.1950.
47 Vgl. Claudia Klemm. Die wiederkehrenden Festelemente, Symbole und Argumentationsmuster sowie die schriftlich fixierte Deutung stützten die bestehende öffentliche Meinung, das gegebene politische und gesellschaftliche Denken und Tun. Dies.: Erinnert, umstritten, gefeiert. Die Revolution von 1848/49 in der deutschen Gedenkkultur, Göttingen 2007, S. 601.
48 Vgl. Kurt Laser: Der Friedhof der Märzgefallenen – Begräbnisstätte zweier Revolutionen, in: Geschichtskommission (Hrsg.): 1848–1928–2008. 160. Jahrestag der Märzrevolution, Berlin 2008, S. 37.

Präsident des Nationalrats der Nationalen Front. Auf Vorschlag der FDJ wurde der Betriebsberufsschule der Gas- und Wasserwerke Berlins an diesem Tag auf dem Friedhof der Ehrenname „Ernst Zinna" verliehen.[49] Die FDJ konzentrierte sich bei der Erinnerung und beim Gedenken an 1848 auf den jungen Revolutionär Ernst Zinna (1830–1848).

Am 17. März 1973, zum 125. Jahrestag der Märzrevolution und zum 55. Jahrestag der Novemberrevolution in Berlin, fand an der Beisetzungsstätte im Friedrichshain eine offizielle Kranzniederlegung statt. Repräsentanten der Regierung der DDR und andere führende politische Persönlichkeiten legten in Anwesenheit einer Ehrenkompanie der Nationalen Volksarmee nach einer Schweigeminute Kränze und Blumen nieder. Danach erhielten Mitglieder der FDJ und Thälmann-Pioniere die Gelegenheit, Blumen niederzulegen.

Darüber hinaus fand am 19. März in der Berliner Kongresshalle eine große Gedenkveranstaltung statt. Albert Norden (1904–1982), führender SED-Funktionär, betonte in seiner Rede den engen Zusammenhang zwischen der Französischen Revolution von 1789 und der Revolution von 1848 ebenso wie die gegenwärtige Verbindung zur „Grossen Sozialistischen Oktoberrevolution des Jahres 1917". Auf den Zusammenhang zur deutschen Novemberrevolution 1918/19 ging er nur mit dem Bemerken ein, „dass halbe Revolutionen ganze Konterrevolutionen zur Folge haben".[50] Ihm zufolge zeugen die Friedrichshainer Gedenkstätten, also die für die Märzgefallenen des Jahres 1848 und für die Kämpfer der Novemberrevolution sowie die für die Spanienkämpfer und die polnischen Soldaten, „von der Einheit von Internationalismus und Patriotismus, der Einheit revolutionären Denkens und Handelns".[51] Im März 1973 fanden ferner zwei Konferenzen und Kundgebungen für den Barrikadenkämpfer Ernst Zinna statt. Die Gedenkveranstaltung der Berliner FDJ wurde vor der Gedenktafel Zinnas aus dem Jahr 1948 am Wohnhaus in der Jägerstraße durchgeführt.

In den nachfolgenden Jahren wurde das Gedenken an die Revolutionsopfer von 1848 und 1918 im Friedrichshain immer mehr nur noch ein „Erinnern im kleinen Kreis an den Gräbern der Märzgefallenen"[52].

Am 18. März 1988 wurde ein „Meeting der Jugend zum Gedenken an die Märzkämpfer" im Friedrichshain veranstaltet. Die Jugendlichen legten Kränze nieder und gelobten, das Werk der von der Reaktion Ermordeten fortzusetzen.[53]

Am 9. November desselben Jahres fand aus Anlass des 70. Jahrestages der Novemberrevolution in Berlin in weiter Entfernung vom Friedhof der Märzgefallenen eine

---

49 Dieter Adolph/Alfred Doil: Ehrenappell der Jugend im Friedrichshain, in: ND, 19.3.1968, S. 18.
50 Albert Norden: Die Kämpfer von gestern feiernd, bereiten wir die Gesellschaft von morgen vor, 19. März 1973, in: Ders.: Fünf Jahrzehnte im Dienst seiner Klasse. Ausgew. Aufsätze und Reden 1922–1974, Berlin 1974, S. 456.
51 Ebd. S. 468.
52 Klemm, S. 518.
53 ND, 19./20.3.1988.

offizielle Militärparade der Nationalen Volksarmee der DDR statt. Am Marstall wurde eine Bronzetafel zur Erinnerung an die „Roten Matrosen" enthüllt. Von einer Kranzniederlegung im Friedrichshain am 18. März berichtete das „Neue Deutschland" unter der Überschrift „Gedenken an Opfer der Klassenschlacht".[54]

Ein Jahr darauf, am 9. November 1989, erzwangen die Bürgerinnen und Bürger der DDR die Öffnung der Grenzen zur Bundesrepublik und nach Westberlin. Bei den ersten freien Wahlen zur Volkskammer am 18. März 1990 entschied sich die Mehrheit der Wähler für die bürgerliche Allianz für Deutschland und damit letztlich für den Beitritt der DDR zur Bundesrepublik Deutschland. Doch richteten sich beim Blick auf den 18. März die Hoffnungen Vieler auf eine Verfassung und Staatsordnung, die Volkssouveränität verkörpern. Diese im Grundgesetz zugesagte Verfassung steht noch aus. Die Wählerhoffnungen erfüllten sich meiner Auffassung nach nicht.

Das Jahr 1998 – der 150. Jahrestag der 1848er-Märzrevolution und der 80. Jahrestag der Novemberrevolution 1918 – legten ein gemeinsames Gedenken und Erinnern nahe. Doch der Zusammenhang beider Revolutionen wurde wie schon seit 1990 auch in diesem Gedenkjahr in der Öffentlichkeit so gut wie gar nicht bewusst gemacht. Erst in den folgenden zehn bis fünfzehn Jahren änderte sich dies.

Von lang anhaltendem Einfluss auf die Gedenkkultur im Friedrichshain war und ist die Veröffentlichung des „Aufrufs" zum Gedenken am 18. März. Alljährlich wird dieses mehrere Seiten zählende Blatt von der „Aktion 18. März" herausgegeben. Durch seinen Inhalt und seine Gestaltung – diese liegt in den Händen von Manfred Butzmann – hat der alljährliche „Aufruf" positiven Einfluss genommen. Von wesentlicher Bedeutung ist, dass in Beiträgen dieser März-Zeitung sowohl der Opfer der 1848er-Märzrevolution als auch der der Novemberrevolution von 1918 auf dem Friedhof der Märzgefallenen gedacht wurde.

Durch die Führungen über den Friedhof der Märzgefallenen aus Anlass des „Tags des offenen Denkmals"[55] wird seit mehreren Jahren bei den Besucherinnen und Besuchern das Bedürfnis geweckt, sowohl über die 1848er als auch die Revolutionsopfer von 1918 Näheres zu erfahren. Mitglieder der Geschichtskommission Die Linke. Friedrichshain-Kreuzberg, seit 2005 namentlich die Gruppe „Aktion November/Dezember 1918", versuchten dem wachsenden öffentlichen Interesse am Schicksal der Revolutionsopfer von 1918 durch Veranstaltungen, Führungen und Veröffentlichungen zu entsprechen.[56]

Die Plakatreihe einer Ausstellung zum 18. März 1848 aus dem Jahr 2003 schloss mit einem Plakat zum gemeinsamen Anliegen des 18. März 1848 und des 9. November 1918. Mit den Worten des 1848ers Robert Blum orientierte es darauf, „An die

---

54 ND, 9.11.1988, S. 5.
55 Durchgeführt von Kurt Laser und Heinz Warnecke.
56 Heinz Warnecke/Werner Ruch: Tag des offenen Denkmals, Schwerpunktthema: Krieg und Frieden, ...Berlin am Ende 1918; Dies: Was will die neue Initiative „Aktion November/Dezember 1918"? Sie will an die 33 Revolutionsopfer von November und Dezember 1918 erinnern, in: Geschichtskommission Die Linke. Friedrichshain-Kreuzberg (Hrsg.): Flyer, Berlin, 11. Sept. 2005.

Geschäfte des Friedens zu gehen", gleichzeitig auf die für 1848 wie für 1918 geltende Losung „Brüder! Nicht schießen!" Die Forderung gipfelte im aktuellen Hinweis, dass gegenwärtig jeder den Kriegsdienst mit der Waffe verweigern kann.[57] Von 2003 bis 2008 wurden entsprechende Beiträge in der Presse und in Druckschriften der Reihe „Friedrichshainer Hefte" veröffentlicht, darunter 2003 die Dokumentation „Opfer der Novemberrevolution auf dem Friedhof der Märzgefallenen" und eine Zusammenstellung zeitgenössischer Pressebeiträge zu den Beisetzungen der Revolutionsopfer von 1918 und deren Ehrungen der Jahre von 1923 bis 1928.[58] Seit einer Gedenkveranstaltung zum Jahrestag 2003 findet am 9. November jedes Jahres ein kurzes Gedenken an den Gräbern der Revolutionsopfer von 1918 im Friedrichshain statt.[59]

Das Gedenkjahr 2008 – einhundertsechzig Jahre Märzrevolution von 1848, neunzig Jahre Novemberrevolution 1918 – begann mit Veranstaltungen der „Aktion 18. März" aus Anlass des Jahrestages des 18. März 1848. Es wurde mit den Führungen auf dem Friedhof der Märzgefallenen zu den Revolutionen von 1848 und 1918 fortgesetzt und mit dem gemeinsamen Gedenken der „Aktion November/Dezember 1918" zum Jahrestag der Novemberrevolution am 9. November abgeschlossen.[60] In einigen Veröffentlichungen des Gedenkjahres versuchten Autoren beiden Anlässen gerecht zu werden. Die Vorbereitungen des Paul-Singer Vereins zu einer Informationsstelle auf dem Friedhof der Märzgefallenen lassen erkennen, dass sowohl auf das Gedenken an die Opfer der 1848er-März- als auch der Novemberrevolution eingegangen wird.[61]

Auf dem Kolloquium der oben genannten Geschichtskommission zum „160. Jahrestag der Märzrevolution" wurde von den Veranstaltern und Teilnehmerinnen und Teilnehmern sowohl auf die Pflege der 1848er demokratischen Traditionen – den noch unvollendeten Kampf um Volkssouveränität – als auch auf die Pflege der Traditionen seit November 1918 orientiert.[62] Aus Anlass des 90. Jahrestages der Novemberrevolution fand am 23. Oktober 2008 ein weiteres Kolloquium statt, das sich vor allem mit dem Schicksal der jungen Generation am Ausgang des Ersten Weltkrieges beschäftigte.

Am 9. November versammelte sich in der Friedrichshainer Gedenkstätte eine größere Gruppe. Nach Worten des Gedenkens der Bundestagsabgeordneten Halina Wawzyniak (Die Linke) wurden Blumen und Kränze niedergelegt.
Die Erinnerung an die Revolutionsopfer von 1848/1918 im Friedrichshain entwickelte sich von 1998 bis zur Gegenwart zu einer bemerkenswerten demokratischen Ber-

---

57 Heinz Warnecke: Abschlussplakat und Katalogblatt, Ergänzung zum Katalog: Spurensuche 18. März. Zum Jahrestag von 1848 bis 2003. Ausstellung im Roten Laden, Weidenweg 17, vom 18. Februar bis 18. März 2003, Berlin 2003.
58 Heinz Warnecke: Opfer der Novemberrevolution 1918 auf dem Friedhof der 1848er-Märzgefallenen, Stadtbezirk Berlin-Friedrichshain-Kreuzberg, (Hrsg.): Geschichtskommission, Berlin 2003.
59 Friedrichshain, Über die Opfer der Novemberrevolution, in: ND, 7.11.2003, S.16: Heinz Warnecke, 85 Jahre Novemberrevolution, in: Klartext, PDS-Zeitung Friedrichshain-Kreuzberg, November 2003, S. 8.
60 Heinz Warnecke: Hier könnte die 1848er Fahne wehen. Einladung zum Tag des offenen Denkmals, in: ND, 7.9.2006, S. 18.
61 Vgl. Rüdiger Strauß/Paul-Singer Verein (Hrsg.): Flyer Friedhof der Märzgefallenen, Berlin (2009).
62 Vgl. 1848–1928–2008, S. 11 f.

liner Tradition.⁶³ Ein Erfolg des Engagements war der Beschluss des Berliner Abgeordnetenhauses über die Aufnahme des 18. März als Datum in den Flaggenkalender Berlins. Diese Entscheidung lässt darauf hoffen, dass die Frauen und Männer der Novemberrevolution, die ebenso „im Kampf für demokratische und freiheitliche Rechte" ihr Leben ließen, eine vergleichbare Ehrung erfahren.⁶⁴

Der Hallenser Historiker Manfred Hettling greift in seinem Beitrag zum „demokratischen Anfang" ein Grundproblem demokratischen Erinnerns und Gedenkens auf: den Mangel an entsprechender eigener Aktion. Diese Verbindung von Erinnern und Handeln war ihm erst 1998 in Berlin bewusst geworden – als er selbst den 1848er Slogan „Wir sind das Volk" mit persönlicher politischer Aktivität verband. Eine Erinnerungskultur, die sich der Demokratie verpflichtet sieht, müsse mit eigenverantwortlicher Aktion, eben mit demokratischem Handeln, verbunden werden. Will man „1848 jedoch zum populärdemokratischen Gründungsmythos machen", dann müssen künftig „die Leidenschaft der Aktion und die Institution der Verfassung" miteinander verknüpft werden. Dies ist unterstützenswert.⁶⁵ So könnte Erinnern und Gedenken an die Revolutionen mit Tagen der Offenen Tür im Bundestag, im Abgeordnetenhaus von Berlin sowie in den Rathäusern der Stadtbezirke, mit der Teilnahme an Rechenschaftslegung und Kontrolle der Verfassungswirklichkeit verbunden werden.

Die Jahreszahlen „1848/1918" auf dem Erinnerungsstein der Gedenkstätte auf dem Friedhof der Märzgefallenen im Friedrichshain symbolisieren den Zusammenhang beider Revolutionen. Im Sinne der Worte Walter Mompers sollte die Erinnerung an diese immer auch das eigene Engagement für demokratische Freiheiten und Rechte einschließen.

---

63 Vgl. Heinz Warnecke: 18. März 2008: Links und jung seit 160 Jahren, in: Die Linke. Friedrichshain-Kreuzberg, Februar/März 2008, S. 7.
64 Vgl. Dringlicher Antrag: Flagge zeigen für Freiheit und Demokratie am 18. März, Berlin 16.2.2006, Abgeordnetenhaus Berlin, Drucksache Nr. 15.
65 Manfred Hettling: Die Jagd nach dem demokratischen Anfang. Rückblick auf das Jubiläumsjahr zu 1848, in: Geschichte in Wissenschaft und Unterricht, Jg. 51 (2000), Heft 5/6, S. 310.

Am 17. Juni 1989 wurde die Mauer vor dem Brandenburger Tor bemalt. Ein schmaler Streifen vor der Westseite der Mauer war DDR-Gebiet. Westberliner Polizei durfte nicht einschreiten und Grenzsoldaten der DDR waren auf der anderen Seite der Mauer. Schließlich kam englische Militärpolizei. Es wurden Personalien aufgenommen, ansonsten schritten die Ordnungshüter aber nicht ein.

1848 in der Geschichtswissenschaft und Gedenkkultur der DDR

Walter Schmidt

Die Revolution von 1848/49 nahm in der Geschichtsforschung wie in der Gedenkkultur der DDR von Anfang an einen zentralen Platz ein. Diese Revolution galt trotz ihrer Niederlage aus verschiedenen Gründen als das wichtigste Ereignis in der deutschen Geschichte des 19. Jahrhunderts. Dafür sprach zuvörderst, dass dieses Jahr die größte revolutionäre Aktion des deutschen Volkes seit Reformation und Bauernkrieg markierte und der Durchsetzung einer demokratisch strukturierten Gesellschaftsordnung in einem noch zu konstituierenden einigen deutschen Nationalstaat galt. Die DDR stand – im Gegensatz zum Deutschen Reich, in dem die Reichseinigung von 1871 als Höhepunkt galt, und auch im Unterschied zur Bundesrepublik, in der lange Zeit immer noch des Jahres 1871 eher als des Jahres 1848 gedacht wurde und für 1848 vor allem die Frankfurter Nationalversammlung als Revolutionserbe favorisiert wurde – zur Einschätzung des bedeutenden Revolutionshistorikers Veit Valentin: „Dieser März 1848 ist die große Geschichtswende der Deutschen im neunzehnten Jahrhundert."[1] Hinzu kam, dass mit diesem Jahr der Beginn des Aufstiegs der deutschen Arbeiterbewegung verbunden ist, was sich sowohl im Erscheinen des Kommunistischen Manifests als auch in der Gründung der Arbeiterverbrüderung manifestierte, die bereits Massen von Arbeitern organisierte. Beides machte dieses Jahr für eine Gesellschaft, die sich anschickte, den Kapitalismus zu überwinden, und eine neue soziale Ordnung gestalten wollte, zu einem wichtigen historischen Bezugspunkt.[2]

Geschichtswissenschaft wie Erinnerungskultur in der DDR knüpften an konzeptionelle Leitlinien an, die von der radikalen deutschen Demokratie und von der deutschen Arbeiterbewegung seit ihrem Entstehen entwickelt worden waren. Für diese politischen Kräfte stand 1848 für das erste Großereignis deutscher Geschichte, in dem nicht nur das Volk Demokratie und nationale Einheit gegen die adlig-monarchische Reaktion verwirklichen wollte, sondern auch schon die Arbeiterklasse ihre ersten Schritte zu politischer Selbständigkeit machte und sich die erste Sporen im

---

[1] Veit Valentin: Geschichte der Deutschen Revolution 1848–1849, Erster Bd., Berlin 1930, S. 339.
[2] Die folgende Darstellung stützt sich auf mehrere Arbeiten des Autors: Forschungen zur Revolution von 1848/49 in der DDR. Versuch eines historischen Überblicks und einer kritischen Bilanz, in: Walter Schmidt (Hg.): Demokratie, Liberalismus und Konterrevolution. Studien zur deutschen Revolution von 18548/49, Berlin 1998, S. 11–80; Das Erbe der Revolution von 1848 in den Jubiläumsjahren 1948–1998, in: Sitzungsberichte der Leibniz-Sozietät, Bd. 27, Jg. 1998, Heft 8, S.79–135; Die Revolution 1848/49 in einer sich wandelnden Geschichtskultur, Berlin 2000; Bedingungen und Resultate der Geschichtsforschung vor und nach 1989. Das Beispiel 1848/49, in: Geschichtsschreibung in der DDR. Rück-Sichten auf Forschungen zum 19. und 20. Jahrhundert und zur ersten Hälfte des 20. Jahrhunderts, Jena 2001, S. 23–70; Rede auf dem Friedhof der Märzgefallenen am 18. März 2005, in: Aktion 18. März: Aufruf 2006, S. 2.

Ringen um soziale Demokratie erwarb. Zugleich erschien in dieser Sicht 1848 als der Zeitpunkt, an dem das deutsche Großbürgertum erstmals versagte, da es seine politischen Ziele nicht mit Hilfe des Volkes durchzufechten bereit war, sondern unter Verzicht auf eigene politische Macht sich mit der alten konservativ-reaktionären Elite verbündete. Sowohl die alte Sozialdemokratie als auch die Kommunistische Partei hatten für ein solches Verständnis der achtundvierziger Revolution, für diese Einordnung in den Gang der deutschen Geschichte gleichsam vorgearbeitet.[3]

Bereits in ersten Äußerungen politischer Kräfte namentlich aus dem linken Lager nach der Zerschlagung des Faschismus erschien auch die Revolution von 1848/49 als ein Bezugspunkt, von dem die Aufgaben einer demokratischen Neugestaltung Deutschlands historisch hergeleitet wurden. So hieß es im Aufruf der KPD vom 11. Juni 1945 ausdrücklich, dass es nach der „Vernichtung des Hitlerismus" gelte, „die Sache der Demokratisierung Deutschlands, die Sache der demokratischen Umbildung, die 1848 begonnen wurde, zu Ende zu führen, die feudalen Überreste völlig zu beseitigen"[4]. Alexander Abusch hob in einer äußerst kritischen Abrechnung mit den negativen, antidemokratischen Zügen der deutschen Geschichte in seiner 1946 erschienenen Schrift „Der Irrweg einer Nation" die achtundvierziger Revolution trotz ihres Scheiterns als eines der wichtigsten traditionswürdigen Ereignisse hervor.[5] Marx und Engels folgend erkannte er als deren Verdienst, dass das deutsche Volk seine erste Revolution zwar nicht zu Ende geführt, aber die revolutionäre Bahn doch wirklich betreten habe. Immerhin sei jetzt versucht worden, „alle deutsche Rückständigkeit in einem Sprung zu überwinden und die deutsche Entwicklung in einen Zusammenhang mit dem demokratischen Freiheitskampf in ganz Europa zu bringen"[6]. Auch im historischen Selbstverständnis bürgerlich-liberaler Kräfte in der Sowjetischen Besatzungszone bildete 1848 ein wichtiges historisches Traditionselement zur Bewältigung des vom Faschismus hinterlassenen Chaos.[7] In deren Sicht aber erschienen indes nicht die Volkskämpfe dieses Jahres, sondern das Wirken der bürgerlichen Eliten und namentlich die Frankfurter Nationalversammlung als wesentliches zu bewahrendes Erbe.

---

3 Vgl. hierzu Jahrbuch für Geschichte, Bd. 8, Berlin 1973 mit den Beiträgen von Wolfgang Schröder, Walter Wittwer, Fritz Klein, Klaus Kinner und Günter Benser; ferner Beatrix W. Bouvier: Zur Tradition von 1848 im Sozialismus, in: Dieter Dove/Heinz-Gerhard Haupt/Dieter Langewiesche: Europa 1848. Revolution und Reform, Bonn 1998, S. 1169 ff.; Thomas Mergel: Sozialmoralische Milieus und Revolutionsgeschichtsschreibung. Zum Bild der Revolution von 1848/49 in den Subgesellschaften des deutschen Kaiserreichs, in: Christian Jansen/Thomas Mergel: Die Revolutionen von 1848/49. Erfahrung-Verarbeitung-Deutung, Göttingen 1998, S. 247 ff.; Dieter Rebentisch: Friedrich Ebert und die Paulskirche. Die Weimarer Demokratie und die 75-Jahrfeier der 1848er-Revolution, Heidelberg 1998; Walter Schmidt: Die Revolutionsrezeption in den Jubiläumsjahrestagen 1873-1898-1923, in: Helmut Bleiber/Rolf Dlubek/Walter Schmidt (Hrsg.): Demokratie und Arbeiterbewegung in der deutschen Revolution von 1848. Beiträge des Kolloquiums zum 150. Jahrestag der Revolution von 1848 am 6. und 7. Juni 1998 in Berlin, Berlin 2000, S. 242-278; Ders.: Der 75. Jahrestag von 1923. Die Revolution von 1848 in nachrevolutionärer Situation, in: Ders. (Hrsg.): Bürgerliche Revolution und revolutionäre Linke. Beiträge eines wissenschaftlichen Kolloquiums anlasslich des 70. Geburtstages von Helmut Bock, Berlin 2000, S. 186-206.
4 Revolutionäre deutsche Parteiprogramme; Berlin 1964, S. 196.
5 Vgl. Alexander Abusch: Der Irrweg einer Nation, Berlin 1960, S. 88-103.
6 Ebenda, S. 102 f.
7 Vgl. dazu Manfred Bogisch: Die LDPD und die Revolution von 1848/49. Zur Entwicklung des Traditionsverständnisses in der LDPD 1945 bis 1948, in: Jahrbuch für Geschichte, Bd. 8, Berlin 1973, S. 353-377.

Zum ersten Höhepunkt der Beschäftigung mit dem achtundvierziger Revolutionserbe wurden im Osten wie im Westen Deutschlands die Hundertjahrfeiern von 1948. In Historiographie wie Geschichtspolitik waren drei Jahre nach der totalen Niederlage Hitlerdeutschlands und inmitten der sich mit rasantem Tempo vollziehenden Aufspaltung des 1871 zustande gekommenen deutschen Nationalstaats Grundfragen deutscher Geschichte zu stellen. Die Jahrhundertfeiern waren von zwei historisch-politischen Problemen beherrscht: Die Erinnerung an 1848 war einmal verbunden mit einer – freilich recht unterschiedlich – kritischen Bilanz der letzten hundert Jahre deutscher Geschichte. Zum anderen wurde in noch stärkerem Maße der akut drohende Verlust der nationalen Einheit des Landes thematisiert. Jede politische Richtung, auch in der Sowjetischen Besatzungszone, beschwor, freilich auf inhaltlich stark divergierende Weise, die Bewahrung der Nation als Vermächtnis der 1848er-Revolution.

Wohl noch kein Jubiläum zuvor hatte so viel historisch-politische Aktivitäten zu verzeichnen wie der hundertste Jahrestag von 1848. Alle Parteien und andere politisch engagierte Organisationen sahen sich zu Stellungnahmen veranlasst. In zahlreichen Städten fanden spezielle Ausstellungen statt, in Berlin allein vier. Ungezählt waren die Broschüren und wissenschaftlich-populären Arbeiten, die in diesem Jahr zum Revolutionsereignis erschienen.[8] Sämtliche Landesregierungen publizierten Vorträge, Erinnerungsmaterialien und Revolutionsdokumente; mancher Reprint erblickte das Licht der Welt; die Schulbehörden gaben Richtlinien für die Behandlung des Themas 1848/49 im Unterricht heraus. An den meisten Universitäten fanden akademische Festakte zu Ehren des Revolutionsjubiläums statt. Die Studenten aller deutschen Universitäten kamen zur Erinnerung an das 1848er Wartburgtreffen am 12. Mai auf der Wartburg zusammen. Die DEFA steuerte einen Gedenkfilm bei: „Und wieder 48". Gedacht wurde diesmal nicht nur in Frankfurt des 18. Mai, des Eröffnungstages des Nationalparlaments, sondern – erstmals im deutschen Revolutionsgedenken ganz offiziell – auch des 18. März in Berlin auf dem Friedhof der Märzgefallenen im Friedrichshain, der zum Zentenarium zu einer „würdigen Gedenkstätte für die Opfer der Revolution von 1848 und 1918 gestaltet"[9] worden war. Der Regierende Bürgermeister von Berlin, Otto Suhr, enthüllte im Namen des damals noch einheitlichen Berliner Magistrats einen Gedenkstein, der den gefallenen Barrikadenkämpfern auf dem Märzfriedhof im Friedrichshain ein Jahrhundert lang verweigert worden war.[10]

---

[8] Exemplarisch seien nur einige Publikationen in Berlin und Brandenburg genannt: Berlin gab das Signal. Der Kampf um die einige demokratische deutsche Republik 1848–1948, Berlin 1948; Um Einheit und Freiheit. Ursprung und Entwicklung der Revolution von 1848. Aus Anlaß der hundertjährigen Wiederkehr im Auftrag des Magistrats von Groß-Berlin für die Jugend herausgegeben von Dr. Karl Ludwig Gerth, Berlin 1949; Die deutsche Revolution 1848/49. Materialsammlung für die Revolutionsfeiern in den Schulen. Zusammengestellt von K. Ellrich und I. M. Lange, Berlin 1948; Mitteilungsblatt für die Märkischen Schulen und Volksbildungsämter. Sonderausgabe des Pädagogischen Kabinetts. Geschichtliche Reihe: Die deutsche Revolution 1848/49 von Ministerialrat Dr. W. Meyer.

[9] Heike Abraham: Der Friedrichshain. Die Geschichte eines Berliner Parks von 1840 bis zur Gegenwart, Berlin 1988, S. 31.

[10] Dazu vgl. Abraham: Der Friedrichshain, S. 20–29; Hans Czihak: Der Kampf um die Ausgestaltung des Friedhofs der Märzgefallenen im Berliner Friedrichshain, in: Schmidt: Studien zur deutschen Revolution von 1848/49, S. 549–561.

Dessen von dem bekannten Juristen Alfons Peter Steiniger entworfene Text lautete:

> Das Denkmal habt ihr selber euch errichtet,
> Nur ernste Mahnung spricht aus diesem Stein,
> Daß unser Volk niemals darauf verzichtet,
> Wofür ihr starbt: Einig und frei zu sein.[11]

Die Jahrhundertfeiern in der Sowjetischen Zone und in Ostberlin galten – ganz in der Tradition der alten deutschen Sozialdemokratie und der KPD – vornehmlich, ja fast ausschließlich der Märzrevolution, mit dem Berliner 18. März als eigentlichem Höhepunkt.[12] Dabei wurde insbesondere die welthistorisch erstmalige Intervention der Arbeiter in eine bürgerliche Revolution herausgestellt und zugleich sichtlich überhöht. Auch verband sich hier die Pflege des Revolutionserbes mit der Erinnerung an das gleichzeitige Erscheinen des Kommunistischen Manifests. Die Frankfurter Nationalversammlung, die in den westlichen Feiern im Zentrum stand, blieb dagegen mehr oder weniger am Rande. Die Kritik am Verhalten des deutschen Großbürgertums in der Revolution – und damit auch am Nationalparlament – wurde zwar verhalten, jedoch nachhaltig artikuliert.

In den historisch-politischen Gedenkveranstaltungen Ostdeutschlands gab die SED unverkennbar Richtung und Ton an. Sie hatte im Januar 1948 auf einer Parteivorstandssitzung Richtlinien zur Durchführung der Jubiläumsveranstaltungen beschlossen. Unter dem Titel „Von der Paulskirche bis zum Volkskongreß" stellte sie die gesamte 1848er Kampagne in den Dienst der von ihr 1947 ins Leben gerufenen Volkskongressbewegung für Einheit und gerechten Frieden, die sich der staatlichen Spaltung der Nation entgegenstellen und auch im Westen Deutschlands gesellschaftspolitische Veränderungen wie im Osten in Gang bringen sollte. Die Barrikadenkämpfe von 1848 wurden direkt mit der aktuellen Volkskongressbewegung für Einheit und gerechten Frieden verklammert. Der zweite Volkskongress war ganz bewusst zum 17. und 18. März einberufen worden.

Der von der SED vorgegebenen historisch-politischen Linie lag eine dreifache Absicht zugrunde. *Erstens* sollte das Ringen um eine antifaschistisch-demokratische deutsche Einheitsrepublik, wie sie der SED vorschwebte, durch Berufung auf den erstmalig von unten betriebenen Versuch einer deutschen Nationalstaatsbildung eine revolutionäre historische Legitimation erhalten. *Zweitens* war der SED daran gelegen, mit der historischen Reminiszenz zugleich ihre in der Ostzone bereits durchgeführten und für ein einheitliches Deutschland anvisierten sozialpolitischen Umwälzungen,

---

11 Leopoldine Kuntz: Schwierigkeiten mit einem Denkmal, in: Berlinische Monatsschrift, 1993, Heft 3, S. 20 ff.; Klaus Steiniger: Über den Kommunisten P. A. St., in: Die Weltbühne, 17.6.1980, S. 783–786; Czihak: Der Kampf um die Ausgestaltung des Friedhofs der Märzgefallenen, S. 560.
12 Vgl. hierzu und zum Folgenden: Helene Fiedler: Die SED und der hunderste Jahrestag der Märzrevolution von 1848 in Deutschland, in: Jahrbuch für Geschichte, Bd. 8, Berlin 1973, S. 323–352.

die weit über die Ziele und Forderungen von 1848 hinausgingen, als historisch legitimierte Vollendung der 1848er-Revolution ins Bewusstsein zu heben. Nicht zufällig formulierte Wilhelm Pieck auf einer Massenkundgebung am 18. März 1948: „Wir werden vollenden, was sie begannen."[13] *Drittens* schließlich zielte diese Kampagne wohl auch schon darauf ab, die nach den Tendenzen zu einer eigenen westdeutschen Staatsgründung voraussehbare eigene Staatsbildung in der Ostzone auch in einer revolutionär-demokratischen Tradition deutscher Geschichte zu verankern.

Doch war 1948 die Berufung auf 1848 in der Sowjetischen Besatzungszone noch vielstimmig. Die in der LDPD wie auch in der CDU organisierten bürgerlich-liberalen Kräfte setzten in ihren Anleitungen für Revolutionsfeiern andere Schwerpunkte.[14] Zwar betonte der Vorsitzende der LDPD Külz auch: „Was 1848 unvollendet blieb, müssen wir jetzt vollenden."[15] Allerdings hob man in der LDPD den Liberalismus als eigentlichen Träger der Revolution hervor, sah im Grunde vor allem in der Nationalversammlung das eigentliche traditionswürdige Revolutionssymbol, erwähnte die Volkskämpfe nur am Rande und hielt gewaltsame Revolutionen hier und da sogar als dem politischen Stil der Deutschen widersprechend. Es begannen hier erst die Auseinandersetzungen, in denen linke liberale Kräfte das demokratische, auf das Volk bezogene Element gegenüber dem Liberalismus in den Vordergrund ihres Geschichtsverständnisses rückten.

Die wichtigste Veranstaltung in der Kampagne um die Würdigung von 1848, die bis zum 18. Mai, dem Eröffnungstag der Nationalversammlung lief, fand am 18. März auf dem Friedhof der Märzgefallenen in Berlin-Friedrichshain statt. Als Brennpunkt der politischen Auseinandersetzungen zwischen Ost und West im bereits angelaufenen Kalten Krieg hatte Berlin am Vormittag des 18. März nicht nur überhaupt die erste offizielle Märzehrung durch den noch einheitlichen Magistrat, sondern erlebte neben der von der SED dominierten Veranstaltung im Friedrichshain eine zweite 18.-März-Kundgebung im Westen der Stadt. Getragen von SPD sowie CDU und LDPD in den Westsektoren fand zur gleichen Zeit eine gegen die Volkskongresslinie der SED gerichtete Gegendemonstration vor der Reichstagsruine auf dem Platz der Republik statt, auf der Franz Neumann und Jakob Kaiser das Wort führten. Es war dies allerdings die einzige größere Veranstaltung zum 18. März von westlicher Seite.

Die Geschichtsschreibung unterlag nicht weniger als die öffentlichen Feiern den gesellschaftspolitischen Herausforderungen. Auch auf diesem Felde herrschte um 1948 in der Sowjetischen Besatzungszone allerdings noch Vielstimmigkeit. Für die traditionelle Geschichtsschreibung stand vor allem das revolutionsgeschichtliche Engagement des Jenaer Ordinarius Karl Griewank, der mit seinen Forschungen und Arbeiten durchaus neue Akzente gegenüber bisherigen Sichtweisen auf 1848 setzte, so zu den Ursachen des Scheiterns der Revolution, mit seiner Kritik an den Liberalen

---

13 Neues Deutschland, 19.3.1948.
14 Siehe hierzu v. a. Bogisch, S. 66–372.
15 Ebenda, S. 366.

und zur Berechtigung einer zweiten Revolutionswelle.[16] Neuland beschritt er bei der Erforschung der Rolle der Studenten in der Revolution und mehr noch bei der umfassenden Historisierung des Revolutionsbegriffs, dem seine letzte große Arbeit galt.[17]

Zugleich meldeten sich erstmals auch Marxisten zu Wort, meist in Broschüren und Zeitschriftenbeiträgen, die zunächst auf der Grundlage vorhandener Literatur kritische Neubewertungen zum historischen Platz der Revolution und ihren Trägern vornahmen,[18] so etwa Meusel und Hager, oder die wie Kuczynski und Kamnitzer mit interessanten wirtschaftsgeschichtlichen Ansätzen aufwarteten.[19] Der Einstieg in die Achtundvierziger-Forschung der DDR, der im Umfeld des Zentenariums erfolgte, ist aufs engste mit dem aus dem amerikanischen Exil remigrierten Karl Obermann verbunden.[20] Seine verdienstvolle Dokumentation zur Revolutionsgeschichte wies bereits auf eine Revolutionsdarstellung hin, in der die revolutionär-demokratischen Elemente im Zentrum stehen. Sein Buch über die deutschen Arbeiter in der Revolution analysierte erstmals die Rolle der verschiedenartigsten Arbeiterorganisationen im Revolutionsjahr und markierte die marxistische forschungsstrategische Orientierung dieser Zeit ebenso wie die von Kuczynski angeregten Untersuchungen von Hans Radandt über die ökonomischen Kämpfe und Gewerkschaften von 1848.[21] Gerhard Schilferts 1952 publizierte Habilitationsschrift über die Kämpfe um ein demokratisches Wahlrecht zeigte an, dass weit über die Arbeiterfrage hinausgehende Themen in Angriff genommen wurden.[22] Auch erste regionalgeschichtliche Studien wiesen durchaus in die Breite.[23]

Die folgenden fünfziger und sechziger Jahre wurden eine Zeit umfangreicher empirischer Forschungen zur Revolutionsgeschichte, die zu einem großen Teil aus

---

16 Vgl. Karl Griewank: Ursachen und Folgen des Scheiterns der deutschen Revolution von 1848, in: HZ, 170, 1950, S. 495ff. Zu Griewank vgl. Karl-Heinz Noack: Karl Griewank (1900–1953), in: Heinz Heitzer/Karl-Heinz Noack/Walter Schmidt (Hrsg.): Wegbereiter der DDR-Geschichtswissenschaft, Berlin 1989, S. 75 ff.: Walter Schmidt: Karl Griewank und das Zentenarium von 1848, in: Hans Werner Hahn/Werner Greiling (Hrsg.): Die Revolution von 1848/49 in Thüringen. Aktionsräume-Handlungsebenen-Wirkungen, Rudolstadt & Jena 1998, S. 705 ff.; und v. a. Tobias Kaiser: Karl Griewank (1900–1953) – ein deutscher Historiker im „Zeitalter der Extreme", Stuttgart 2007.
17 Vgl. Karl Griewank: Deutsche Studenten und Universitäten in der Revolution von 1848, Weimar 1949; Ders.: Der neuzeitliche Revolutionsbegriff. Entstehung und Entwicklung, Weimar 1955.
18 Zur Literatur der DDR-Forschungen zu 1848 siehe die Sonderbände der Zeitschrift für Geschichtswissenschaft (ZfG) von 1960, S. 212 ff. (Helmut Bleiber) und S. 245 ff. (Herwig Förder und Walter Schmidt); von 1970, S. 408 ff. (Helmut Bleiber und Walter Schmidt); und von 1980, S. 143 ff. (Jürgen Hofmann und Walter Schmidt); Helmut Bleiber: Die deutsche Revolution von 1848/49 in der Geschichtsschreibung der DDR (bis in die 60er-Jahre), in: Walter Schmidt (Hrsg.), Demokratie, Agrarfrage und Nation in der bürgerlichen Umwälzung in Deutschland. Beiträge des Ehrenkolloquiums zum 70. Geburtstag von Helmut Bleiber am 28. November 1998, Berlin 2000, S. 246–272.
19 Vgl. dazu Bleiber: Literatur zur Revolution 1848, S.214ff.; auch Günther Heydemann: Die deutsche Revolution von 1848 als Forschungsgegenstand der Geschichtswissenschaft in SBZ und DDR, in: Geschichtswissenschaft in der DDR, Bd. 2, Berlin 1990, S. 491 ff.
20 Vgl. Karl Obermann: Einheit und Freiheit. Die deutsche Geschichte von 1815 bis 1849 in zeitgeschichtlichen Dokumenten dargestellt, Berlin 1950; Ders.: Die deutschen Arbeiter in der ersten bürgerlichen Revolution, Berlin 1950; 2. verbesserte und erweiterte Auflage Berlin 1953; Zur Biografie Obermanns und zu seinem historiografischen Werk vgl. Mario Kessler: Exilerfahrung in Wissenschaft und Politik. Remigrierte Historiker der frühen DDR, Köln, Weimar, Wien 2001, S. 197–221.
21 Hans Radandt: Arbeiterbewegungen und Gewerkschaften in der Revolution von 1848/49, in: Elisabeth Todt/Hans Radandt: Zur Frühgeschichte der deutschen Gewerkschaftsbewegung 1800–1849, Berlin 1950.
22 Gerhard Schilfert: Sieg und Niederlage des demokratischen Wahlrechts in der deutschen Revolution 1848/49, Berlin 1952.
23 Hans Heinrich Leopoldi: Schwerin im Jahre 1848, Schwerin 1948; Adolf Schmiedecke: Die 48er-Revolution im Lande Sachsen-Anhalt, Halle 1948; Ders.: Die Revolution 1848 in Zeitz, Halle 1948.

zumeist auch veröffentlichten Graduierungsarbeiten hervorgingen. Dabei erschienen Vormärz und Revolution zumeist als eine Einheit, wurde besonderes Augenmerk auf das Wirken von Marx und Engels gelegt und spielte das biografische Genre eine auffällig große Rolle.[24] Besonderes Interesse galt den Bestrebungen und Bewegungen der Landarbeiter wie der Bauern auf dem Lande, auch hier mit durchweg regionalen Schwerpunkten im ostelbischen Preußen wie in Sachsen.[25] Zugleich wurde auch in wichtigen Städten und Ländern dem Gesamtphänomen der Revolution nachgegangen.[26] Eine Gesamtdarstellung von hohem Neuwert legte Rolf Weber mit seiner 1968 verteidigten und 1970 erschienenen Habilitationsschrift über die Revolution in Sachsen, ihre Entwicklung und ihre Triebkräfte vor.[27] Durch die gleichzeitige Analyse von demokratischer und Arbeiterbewegung und ihrer Wechselbeziehungen im Revolutionsjahr in einer ganzen Region trug diese Arbeit paradigmatischen Charakter. Ein zumeist wenig beachtetes Kolloquium anlässlich des 120. Jahrestages der 48er-Revolution im Dezember 1968 vermittelte, zusammen mit den Ergebnissen der Forschungen Rolf Webers, die auf dieser Veranstaltung nicht zum Vortrag kamen, einen

---

24 Vgl. Herwig Förder: Marx und Engels am Vorabend der Revolution. Die Ausarbeitung der politischen Richtlinien für die deutschen Kommunisten (1846–1848), Berlin 1960; Waltraud Seidel-Höppner: Wilhelm Weitling – der erste deutsche Theoretiker und Agitator des Kommunismus, Berlin 1961; Helmut Bock: Ludwig Borne. Vom Gettojuden zum Nationalschriftsteller, Berlin 1962; Werner Kowalski: Vorgeschichte und Entstehung des Bundes der Gerechten, Berlin 1962; Gerhard Becker: Karl Marx und Friedrich Engels in Köln 1848–1849. Zur Geschichte des Kölner Arbeitervereins, Berlin 1963; Walter Schmidt: Wilhelm Wolff. Sein Weg zum Kommunisten 1809–1846, Berlin 1963; Helmut Bleiber: Zwischen Reform und Revolution. Lage und Kämpfe der schlesischen Bauern und Landarbeiter im Vormärz 1840–1847, Berlin 1966; Dietrich Schmidt: Der Kampf der „Neuen Rheinischen Zeitung" für die Schaffung einer selbständigen Organisation der deutschen Arbeiterklasse (Frühjahr 1849), in: ZfG, 1, 1953, H. 2, S. 198 ff.; Willi Nitschke: Der Kampf der „Neuen Rheinischen Zeitung" für die nationale Befreiung des Volkes in der Revolutionsperiode 1848/49 (Unter besonderer Berücksichtigung der polnischen, ungarischen und tschechischen Befreiungsbewegungen), Phil. Diss. Leipzig 1955; Karl Bittel: Der Kommunistenprozeß zu Köln 1852 im Spiegel der zeitgenössischen Presse, Berlin 1955; Rudolf Herrnstadt: Die erste Verschwörung gegen das internationale Proletariat, Berlin 1958.
25 Hans Hübner: Die Bewegung der ostelbischen Landarbeiter in der Revolution von 1848/49, Phil. Diss. Halle 1959; Ders. und Heinz Kathe (Hrsg.): Lage und Kampf der Landarbeiter im ostelbischen Preußen (Vom Anfang des 19. Jahrhunderts bis zur Novemberrevolution 1918/19). Quellen, Bd. 1 und 2, Berlin 1977; Karl-Heinz Mahlert: Die soziale und politische Lage der mecklenburgischen Landarbeiter nach Aufhebung der Leibeigenschaft und ihr Kampf in der Revolution von 1848–1849, Phil.Diss. Potsdam 1961; Helmut Bleiber: Bauern und Landarbeiter in der bürgerlich-demokratischen Revolution von 1848/49 in Deutschland, in: ZfG, 17, 1969, H. 3, S. 289 ff.; Roland Zeise: Die antifeudalen Bewegungen der Volksmassen auf dem Lande in der Revolution von 1848/49 in Sachsen, Phil. Diss. Potsdam 1966; Ders., Zur antifeudalen Bewegung der sächsischen Landbevölkerung in der Revolution von Herbst 1848 bis zum Vorabend des Dresdner Maiaufstands, in: Jahrbuch für Regionalgeschichte, Bd. 4, 1972; Roland Stahr, Die revolutionäre Bewegung der Volksmassen auf dem Lande im März und November 1848 im Süden und Südwesten der preußischen Provinz Sachsen, Diss. A Leuna-Merseburg 1975; Erhard Hartstock, Zur Bauernbewegung im sorbischen Gebiet der sächsischen Oberlausitz 1848–1859, in: Letopis, Reihe B., Nr. 12, 1965, S.117–143; Ders., Die sorbische nationale Bewegung in der sächsischen Oberlausitz 1830–1848/49, Bautzen 1977; Erhard Hartstock/Peter Kunze: Die bürgerlich-demokratische Revolution von 1848/49 in der Lausitz. Eine Quellenauswahl, Bautzen 1977; Andreas Neumerkel, Der antifeudale Kampf der ländlichen Volksmassen im Großherzogtum Sachsen-Weimar-Eisenach während der bürgerlich-demokratischen Revolution von 1848/49, Diss. A Rostock 1988.
26 Vgl. M. Rank: Die Revolution von 1848–1849 im Vogtland, Plauen 1956; Karl-Heinz Loui: Stralsund im Revolutionsjahr 1848, Schwerin 1958; Erich Neuß: Zur Geschichte der demokratischen Linken in der revolutionären Bewegung des Jahres 1848 in Halle, in: Die Volksmassen – Gestalter der Geschichte. Festgabe für Leo Stern zum 60. Geburtstag, Berlin 1962; Volker Klemm: Frankfurt/Oder im Revolutionsjahr 1848, Phil. Diss. Berlin 1960; Herbert Peters: Erfurt im Jahre 1848, Phil. Diss. Berlin 1966; H. Godehardt: Das Eichsfeld während der bürgerlich-demokratischen Revolution 1848/49 in Deutschland, Eichsfelder Heimathefte, Sonderheft 1968; Harald Müller: Potsdam in der Revolution von 1848/49, in: Zur Geschichte der Stadt Potsdam 1789–1871, Potsdam 1968; U. Böttcher: Die bürgerlich-demokratische Revolution 1848–1849 in Weimar, Weimar 1970; H. Kaps: Ereignisse 1848 in Frankenhausen und Wiehe, in: Historische Beiträhe zur Kyffhauserlandschaft, Bad Frankenhausen 1973, S. 39 ff.; Hans-Joachim Guhlmann: Eisenberg in den Revolutionsjahren 1848/49 (Beiträge zur Geschichte der örtlichen Arbeiterbewegung), Eisenberg 1979.
27 Rolf Weber: Die Revolution in Sachsen 1848/49. Entwicklung und Analyse der Triebkräfte, Berlin 1970.

aufschlussreichen Einblick in Forschungsstand und Forschungsprobleme am Ende der 1960er-Jahre.[28]

Zugleich wurde in den fünfziger und sechziger Jahren energisch an Gesamtdarstellungen gearbeitet, in die neue Forschungsergebnisse teilweise schon eingingen. 1961 erschien erstmals wieder eine marxistische Gesamtdarstellung der 48er-Revolution aus der Feder von Karl Obermann im Rahmen des Lehrbuchs der deutschen Geschichte,[29] das den revolutionären Massenaktionen und der Arbeiterbewegung breiten Raum widmete, die parlamentarischen Aktivitäten indes nicht vernachlässigte. 1966 folgte im ersten Band der Geschichte der deutschen Arbeiterbewegung eine erste zusammenfassende Abhandlung der Arbeiteremanzipationsbestrebungen und -bewegungen während der Revolution.[30] Die aufwendigen, seit 1962 laufenden Arbeiten an diesem Großunternehmen hielten nicht nur Einzelforschungen auf, sondern stimulierten durchaus die Forschung (vor allem zur Geschichte der Arbeiterbewegung) und bewirkten durch neue Fragestellungen auch Innovationen.

Mit den 1970er-Jahren beginnt in mehrerer Beziehung eine neue Etappe in der 1848er-Revolutionsgeschichtsschreibung wie in der Revolutionsgedenkkultur. Dabei spielte der 125. Jahrestag der Revolution im Jahre 1973 eine nicht unwesentliche Rolle. Verständlicherweise waren die historisch-politischen Erinnerungsaktivitäten nicht annähernd so groß und breit wie zur Jahrhundertfeier von 1948. Im Zentrum der Feierlichkeiten stand wie zuvor der 18. März als die zentrale revolutionäre Volksaktion. Ihm galt die offizielle Gedenkveranstaltung ebenso wie die staatsoffizielle Kranzniederlegung auf dem Friedhof der Märzgefallenen,[31] den der Magistrat von Ostberlin bereits 1957 hatte neu gestalten lassen.[32] Wie bisher wurde die Verbindung von Revolution und Erscheinen des Kommunistischen Manifests eng verknüpft und damit 1848 als Beginn der modernen Arbeiterbewegung herausgestellt. Zeitungsbeiträge liefen zumeist in die gleiche Richtung, würdigten jedoch mit durchaus kritischem Akzent zugleich die 1848er-Parlamente, namentlich die Frankfurter Nationalversammlung. Die Geschichtsforschung wartete jetzt immerhin mit einer wissenschaftlich populären „Illustrierten Geschichte der deutschen Revolution von 1848/49" auf, in der der damalige Forschungsstand seinen Niederschlag fand.[33]

In den letzten beiden Jahrzehnten der DDR-Historiographie zeitigte der schon von Anbeginn offenbare politisch determinierte Erbschaftsstreit der beiden deutschen Staaten um 1848 – so die durchaus treffende Formulierung von Günter Wollstein[34] –

---

28 Vgl. Waltraud Brade: Kolloquium über den historischen Standort und den Charakter der Revolution von 1848/49; Vorträge von Helmut Bleiber, Manfred Kliem, Walter Schmidt, in: ZfG, 17, 1969, H. 3, S. 342 ff.
29 Karl Obermann: Deutschland von 1815–1849 (Von der Gründung des deutschen Bundes bis zur bürgerlich-demokratischen Revolution), Berlin 1961.
30 Vgl. Geschichte der deutschen Arbeiterbewegung, Bd. 1, Berlin 1966, S. 85–167.
31 Vgl. Neues Deutschland, 19.3.1973.
32 Vgl. Abraham: Der Friedrichshain, S. 1; Czihak: Ausgestaltung des Friedhofs der Märzgefallenen, S. 560.
33 Vgl. Illustrierte Geschichte der deutschen Revolution von 1848/49, Berlin 1973.
34 Günter Wollstein: 1848 – Streit ums Erbe, in: Neue Politische Literatur, 20. Jg., 1975, H. 4, S. 491 ff.

besonders produktive Wirkungen für die Revolutionsforschung und die deutsche Erinnerungskultur. Wie Heinemanns Aufforderung zur Aufnahme revolutionär-demokratischer Elemente ins Traditionsverständnis der Bundesrepublik aus dem Jahre 1969, aber auch die Entdeckung der „Revolution der Straße" durch die bundesdeutsche Forschung wohl ohne den Druck der DDR-Traditionspflege nicht vollends zu verstehen sind, so war die Ausdehnung der DDR-Erbesicht auf die ganze 1848er Demokratie und vor allem auf den Liberalismus sowie die einsetzende Wertschätzung das Nationalparlaments fraglos auch eine Reaktion auf westdeutsche differenzierende Schwerpunktsetzungen. Man regte sich gegenseitig an und provozierte neue Fragestellungen. Von beiden Seiten wurden Beiträge zu einem tieferen Verständnis der Revolution geliefert. Dieter Langewiesche schrieb 1983 mit Blick auf die Forschungen in beiden deutschen Staaten: „Das heutige Revolutionsbild ist nicht politisch neutral, aber es bietet viele Facetten, die zum Teil sich ergänzen, zum Teil aber auch miteinander konkurrieren. Diese Vielfalt an Informationsangeboten mag Leser, die nach bündigen Urteilen suchen, verwirren; sie enthält aber auch die Chance, ein Revolutionsbild entstehen zu lassen, das sich eindeutig politischen Vereinnahmungen widersetzt."[35]

Gewiss blieb die Arbeiterbewegung nach wie vor im Zentrum von Forschung und Erinnerungskultur. Ein aus einem Erinnerungskolloquium von 1973 hervorgegangener Sammelband war der Einheit von Revolution und Kommunistischem Manifest gewidmet,[36] behandelte relativ breit die 1848er Traditionspflege und wandte sich zugleich aber auch breiter angelegten Themen wie der Nationalversammlung, dem Metternichbild und den Wirkungen der Revolution auf die Bourgeoisie in den Nachmärzjahrzehnten zu. Besondere Verdienste erwarb sich die DDR-Forschung ohne Frage bei der Erschließung des Erbes von Marx und Engels wie der kommunistischen Vorhut, namentlich ihrer Rolle in der Revolution, wozu die seit Mitte der fünfziger Jahre erscheinende Marx-Engels-Werkausgabe und die in den siebziger Jahren beginnende Marx-Engels-Gesamtausgabe (MEGA)[37] sowie eine recht intensive „Neue Rheinische Zeitungs"-Forschung[38] ebenso beitrugen wie die Dokumentation zur Geschichte des Bundes der Kommunisten.[39] Doch wurde seit den sechziger Jahren die frühe, enge Marx-Fixierung durch eine gleichzeitige, in den siebziger Jahren verstärkte Hinwendung zu den elementaren Arbeiterbewegungen in der Revolution überwunden. Vor- und nichtmarxistische Strömungen des Vormärz wie in den Revolutionen, insonderheit die Arbeiterverbrüderung, erhielten jetzt eine zunehmend größere Aufmerksamkeit. Zu nennen ist da vor allem die verdienstvolle Dokumentation über

---

35 Dieter Langewiesche: Einleitung. Das Revolutionsbild im politischen Wandel, in: Ders. (Hrsg.), Die deutsche Revolution von 1848/49, Darmstadt 1983, S. 11.
36 Vgl. 125 Jahre Kommunistisches Manifest und bürgerlich-demokratische Revolution 1848/49, Berlin 1975.
37 Vgl. Walter Schmidt: Bedingungen und Resultate der Geschichtsforschung vor und nach 1989. Das Beispiel 1848/49, S. 39–41 mit Literaturangaben.
38 Vgl. Walter Schmidt: Forschungen zur Revolution von 1848/49 in der DDR, S. 25–28.
39 Vgl. Herwig Förder/Martin Hundt/Jefim Kandel/Sofia Lewiowa (Red.): Der Bund der Kommunisten. Dokumente und Materialien, Bd. 1–3, Berlin 1970, 1982, 1984.

die Allgemeine Deutsche Arbeiterverbrüderung und die Herausgabe von deren Zeitung „Die Verbrüderung".[40] Einseitigkeiten in der Sicht auf die Arbeiterbewegung in der Revolution wurden zunehmend ausgeschaltet, während ein selbständiger Forschungszweig „Arbeitergeschichte, zur Struktur der Arbeiter und ihren Mentalitäten" nur in den Anfängen blieb.

Zugleich aber traten jetzt Tendenzen deutlich hervor, die verengte, einseitige Sicht auf die Arbeiterbewegung aufzusprengen und den anderen Klassen und Schichten im Revolutionsgeschehen größere Aufmerksamkeit zu schenken.[41] Schon in den sechziger Jahren war in der Bewertung der kleinbürgerlichen Demokratie ein Paradigmenwechsel eingeleitet worden. Die bürgerlichen Demokraten wurden nicht mehr – wie zunächst – als hemmendes Element bei der Emanzipation der Arbeiterbewegung, sondern als wesentliche revolutionäre Kraft der bürgerlichen Umwälzung betrachtet. Diese Aufwertung schlug sich in zahlreichen Forschungsarbeiten über demokratische Bewegungen und Aktivitäten in verschiedenen Regionen und einzelnen Großstädten, in Darstellungen zur Bauernbewegung und deren Organisation in Schlesien, dem schlesischen Rustikalverein, über die Demokratie im Berliner und im Frankfurter Revolutionsparlament, darunter der ersten Geschichte der äußersten linken Fraktion Donnersberg in Frankfurt bis hin zu einer Gesamtgeschichte der deutschen Demokratie seit 1789 nieder.[42] Nicht zuletzt offenbarte sich die neue Sicht auf die allgemeine Demokratie auf dem Felde einer recht produktiven 1848er Biografik, die sowohl in den beiden biografischen Sammelbänden „Männer der Revolution von 1848" als auch in Einzelbiografien über Robert Blum und Johann Jacoby sichtbare Gestalt annahm.[43] Das Revolutionsbild gewann so eine beachtliche Breite und Differenzierung, was sich bis in die Geschichtslehrbücher der Schulen auszuwirken begann.

In den siebziger und achtziger Jahren geriet schließlich auch und besonders das Großbürgertum und der achtundvierziger Liberalismus und somit auch die Frankfurter Nationalversammlung und die preußische Verfassungsgebende Versammlung stärker ins Visier der Forschung. In dem Maße, wie erkannt wurde, dass mehrere unterschiedlich konsequente Möglichkeiten der Durchsetzung bürgerlicher Gesellschaftsverhältnisse existierten, erfolgte eine schrittweise Abkehr von der These, dass die Bourgeoisie die Revolution verraten habe, und setzte eine Würdigung ihrer Be-

---

40 Vgl. Die Allgemeine Deutsche Arbeiterverbrüderung 1848–1850. Dokumente des Zentralkomitees für die deutschen Arbeiter in Leipzig, bearb. und eingel. von Horst Schlechte, Weimar 1979; Die Verbrüderung. Correspondenzblatt aller deutscher Arbeiter, hg. vom Centralkomité für die deutschen Arbeiter 1848–1850; Reprint Zentralantiquariat der DDR, Leipzig 1973; dazu: Rolf Weber: „Die Verbrüderung" – ihre Rolle in der elementaren Arbeiterbewegung, in: Evolution und Revolution in der Weltgeschichte. Ernst Engelberg zum 65. Geburtstag, Bd. 2, Berlin 1976, S. 435–456.
41 Vgl. zur Literatur Walter Schmidt: Forschungen zur Revolution von 1848/49 in der DDR, S. 36–43.
42 Manfred Bogisch/Dieter Fricke (Leiter), Werner Fritsch/Siegfried Schmidt/Herbert Schwab/Gustav Seeber/Rolf Weber/Manfred Weißbecker: Deutsche Demokraten. Die nichtproletarischen Kräfte in der deutschen Geschichte 1830 bis 1945, Berlin 1981; Dieter Fricke u. a. (Hrsg.): Sturm läutet das Gewissen. Nichtproletarische Demokraten auf der Seite des Fortschritts, Berlin 1980.
43 Vgl. Siegfried Schmidt: Robert Blum. Vom Leipziger Liberalen zum Märtyrer der deutschen Demokratie, Weimar 1971; Peter Schuppan: Johann Jacoby und seine politische Wirksamkeit innerhalb der bürgerlich-demokratischen Bewegung des Vormärz (1830–1846), Phil. Diss. Berlin 1963; Ders.: Johann Jacoby, in: Männer der Revolution von 1848, Berlin 1970, S. 239–275; Rolf Weber: Das Unglück der Könige ... Johann Jacoby 1805–1877. Eine Biographie, Berlin 1987.

mühungen zur Beseitigung der Feudalverhältnisse und zur Errichtung einer konstitutionell-monarchischen Herrschaftsform ein, in der das Bürgertum Macht ausübte oder daran beteiligt war. Zentren der Forschung auf diesem Felde waren in Berlin Karl Obermann und das Akademie-Zentralinstitut für Geschichte sowie die Jenaer Forschungsgemeinschaft „bürgerliche Parteien", in der Siegfried Schmidt das 19. Jahrhundert verantwortete. Die differenzierende Bewertung der liberalen Politik in der Revolution fand Ausdruck in Studien zu liberalen Vereinsbewegungen, zum Wirken von Liberalen in Kommunalparlamenten, vor allem aber in Darstellungen der Politik der Gagern-Liberalen im Frankfurter Nationalparlament und der preußischen Liberalen in der Berliner Vereinbarerversammlung, was schließlich einmündete in eine Geschichte der Paulskirche als „Parlament in der Revolution".[44]

Auch war Ende der sechziger Jahre in Graduierungsarbeiten, Handbuch-Beiträgen und Biografien den konservativen, konterrevolutionären Kräften Aufmerksamkeit zugewandt worden, die in den achtziger Jahren zur Bismarck-Biografie aus der Feder von Ernst Engelberg und Studien zur Politik der Regierung Schwarzenberg hinführte.[45] Einen besonderen Platz eroberte sich in diesen beiden letzten Jahrzehnten der DDR-Historiografie das biografische Genre.[46] Einen Aufschwung nahmen seit dem Ende der sechziger Jahre Forschungen und Diskussionen zur vergleichenden Revolutionsgeschichte, die von der Leipziger Forschungsgruppe unter Walter Markov und Manfred Kossok initiiert und vorangebracht wurde.[47] Dadurch erfolgte eine differenziertere Einordnung der deutschen Revolution in die internationalen Revolutionsprozesse und Revolutionszyklen und wurden neue Einsichten über den deutschen Revolutionstyp von 1848 und seine Wirkungen auf den Prozess der bürgerlichen Umwälzung gewonnen.

Die letzten beiden Jahrzehnte waren auch davon geprägt, analog den Tendenzen in der scientific community, sich von der bisherigen vordergründigen Niederlage-Fixiertheit in der Bewertung der Revolution zu lösen und stärker als zuvor die positiv-progressiven mittelfristigen und Fernwirkungen auch einer gescheiterten Revolution zur Geltung zu bringen. In die achtziger Jahre fällt das Erscheinen einer „zweiten Generation" von Gesamtdarstellungen zur Revolution 1848/49, in die die neuen Forschungsergebnisse dieser Zeit Eingang fanden. Zu nennen sind neben der 3. überarbeiteten und ergänzten Auflage der „Illustrierten Geschichte der deutschen Revolution 1848"

---

44 Vgl. Gunther Hildebrandt: Politik und Taktik der Gagern-Liberalen in der Frankfurter Nationalversammlung 1848/49, Berlin 1989; Ders.: Die Paulskirche. Parlament in der Revolution 1848/49, Berlin 1986; Jürgen Hofmann: Das Ministerium Camphausen-Hansemann. Zur Politik der preußischen Bourgeoisie in der Revolution 1848/49, Berlin 1981; Ausführliche Literatur bei Walter Schmidt: Forschungen zur Revolution von 1848/49 in der DDR, S. 75–77.

45 Vgl. Konrad Canis: Der preußische Militarismus in der Revolution von 1848. Phil. Diss. Rostock 1965; Ders.: Leopold von Gerlach, in: Männer der Revolution von 1848, Bd. 1, S. 463–480; Ders.: Joseph Maria von Radowitz, in: Ebenda, Bd. 2, Berlin 1987, S. 449–486; Manfred Kliem: Genesis und Führungskräfte der feudal-militaristischen Konterrevolution 1848 in Preußen, Phil. Diss. Berlin 1966; Ernst Engelberg: Bismarck. Urpreuße und Reichsgründer, Berlin 1985; Gunther Hildebrandt: Österreich 1849. Studien zur Politik der Regierung Schwarzenberg (= Studien zur Geschichte, Bd. 16), Berlin 1990.

46 Siehe v. a.: Männer der Revolution von 1848, Bd. 1, Berlin 1970; Bd. 2, Berlin 1987.

47 Vgl. dazu die rund 10 Bände Studien zur Revolutionsgeschichte, hg. von Manfred Kossok, Berlin 1969–1990: Zur Genesis dieser Forschungsrichtung siehe Walter Markov: Wie viele Leben lebt der Mensch. Eine Autobiographie aus dem Nachlaß, Leipzig 2009, S. 370 ff.

von 1988, die ein ganz neues Kapitel über Kultur und Alltag in der Revolution enthielt und in gewisser Weise die am Ende der DDR erreichte Sicht auf 1848 offenbart, die Revolutionskapitel des Bandes 4 der Deutschen Geschichte von 1789 bis 1871 von 1984 wie der Deutschen Geschichte in 10 Kapiteln von 1988 sowie Manfred Kossoks „Revolutionen der Neuzeit 1500–1917" von 1989.[48]

Schließlich verdient Erwähnung, dass 1986 beim Akademie-Institut für Geschichte eine Autorengruppe von Achtundvierziger-Spezialisten gebildet wurde, die ihre Arbeiten an einer auf drei Bände konzipierten Geschichte der deutschen Revolution von 1848/49 aufnahm und bis 1990 neben einen Gesamtkonzept auch bereits erste Kapitel-Ausarbeitungen vorgelegt und diskutiert hatte.[49] Das Werk sollte zum 150. Jahrestag 1998 erscheinen. Die Abwicklung der DDR-Geschichtswissenschaft in den beginnenden 1990er-Jahren brachte zwar den Abbruch dieses Unternehmens. Nicht jedoch bedeutete dies das Ende der Forschungen jener Historiker, die in der DDR sich der Erschließung der Geschichte dieser deutschen Revolution gewidmet hatten. Sie haben, wie sich für redliche und von ihrer Arbeit besessene Wissenschaftler wohl gehört, auf den alten Feldern unter neuen schwierigeren Bedingungen, vom öffentlichen Wissenschaftsbetrieb ausgeschlossen, als Vorruheständler und spätere Rentner weiter gearbeitet und ihre Ergebnisse in den Bestand der deutschen Geschichtswissenschaft eingebracht.[50] Ein 1992 gebildeter kleiner Arbeitskreis „Vormärz- und 1848er-Revolutionsforschung", der sich der Leibniz-Sozietät der Wissenschaften zu Berlin anschloss, bemühte sich, die Forschungen auf diesen Feldern fortzusetzen; er legte neben einem Studienband zur Revolution zum Jubiläumsjahr 1898 mehrere andere Publikationen zum Thema vor und konzentrierte sich schließlich ganz auf das biografische Genre. Autoren aus der untergegangenen DDR und aus den so genannten alten Bundesländern legten inzwischen drei Bände über „Männer und Frauen der Revolution von 1848/49" mit rund 60 Lebensporträts von Achtundvierzigerinnen und Achtundvierzigern vor.[51] Einige Mitglieder des Arbeitskreises engagierten sich seit 1990 in der bereits im Januar 1979 auf Initiative von Volker Schröder in Westberlin gegründeten „Aktion 18. März", die sich dafür einsetzt, den 18. März zu einem deutschen Gedenktag zu erheben, und die seit 1990 die alte Tradition der Arbeiterbewegung wiederbelebte, an jedem 18. März auf dem Friedhof der Märzgefallenen offizielle Veranstaltungen durchzuführen.[52]

---

48 Deutsche Geschichte in zwölf Bänden, Bd. 4: Die bürgerliche Umwälzung von 1789 bis 1871, Berlin 1984; Joachim Herrmann (Hrsg.): Deutsche Geschichte in 10 Kapiteln, Berlin 1988; Manfred Kossok (Hrsg.): Revolutionen der Neuzeit 1500–1917, Berlin 1982; Ders.: In Tyrannos. Revolutionen der Weltgeschichte von den Hussiten bis zur Pariser Kommune, Leipzig 1989.
49 Protokolle im Privatarchiv von Walter Schmidt.
50 Vgl. Walter Schmidt: Bedingungen und Resultate der Geschichtsforschung vor und nach 1989, S. 31–51.
51 Akteure eines Umbruchs. Männer und Frauen der Revolution von 1848/49, Berlin 2003; Bd. 2, Berlin 2007; Bd. 3, Berlin 2010; Die Revolution 1848/49 als Gegenstand der historischen Biographik. Kolloquium anlässlich des 160. Jahrestags der Revolution von 1848/49 (= Pankower Vorträge, Heft 122 und 123), Berlin 2008.
52 Zu Geschichte und Aktivitäten der „Aktion 18. März" siehe Christoph Hamann: Demokratische Aktion und revolutionärer Geist. Erinnern an 1848 – 30 Jahre „Aktion 18. März", in: Jahrbuch für Forschungen zur Geschichte der Arbeiterbewegung, 8. Jg., 2009/II, S. 87–108.

Große Aufmerksamkeit wurde den Aktionen der Historiale e.V. geschenkt. Der Geschichtsverein stellte anlässlich des 160. Jahrestages der Märzrevolution von 1848 Szenen der Revolution nach. Hier die Aufbahrung der Särge auf dem Gendarmenmarkt. Die Szene erinnert an das bekannte Gemälde Adolph von Menzels.

Geschichte live
Die Historiale macht Geschichte lebendig

Wieland Giebel

Am 27. Oktober 1806 besetzte Napoleon Berlin. Genau zweihundert Jahre später, im Jahre 2006, passierte das Gleiche noch einmal. Dieser zweite Einmarsch geschah unter der Führung des Vereins Historiale, der damit ein vergessenes geschichtliches Ereignis wieder ins öffentliche Bewusstsein hob – mit durchschlagendem Erfolg. Bei Napoleons zweitem Durchzug durch das Brandenburger Tor waren ursprünglich 600 Zuschauer erwartet worden – es kamen 30.000. Am Abend berichteten die Nachrichtensendungen im Fernsehen. Wo zuvor nur die Berliner Tageszeitung „Der Tagesspiegel" einen Artikel zum Thema vorbereitet hatte, waren jetzt die Presse und die Sender voll mit Bildern dieses Ereignisses. Selbst der US-amerikanische Sender abc berichtete. Ohne den Darsteller Marc Schneider Colonial Williamsburg , der aus Virginia kam, und die zweihundert Geschichtsdarstellerinnen und -darsteller aus ganz Europa wäre eine Aktion dieser Größenordnung nie möglich gewesen.

Geschichte für Freizeit-Historiker

Geschichtsdarstellerinnen und -darsteller sind in Gruppen oder Vereinen organisiert. Diese historischen Laien finden über das gemeinsame Interesse an Waffen, Uniformen oder an einer bestimmten historischen Zeit zusammen, oft auch über Freunde und Bekannte. In Insider-Kreisen nennt man sie „Re-enactors" und ihr Hobby „Re-enactment". Der deutsche Begriff „Geschichtsdarsteller" dagegen erklärt sich fast von selbst. Menschen, die sich für eine Sache so sehr begeistern, werden schnell zu Experten. Sie sind international organisiert, verbringen einen großen Teil ihrer Freizeit in Biwaks in ganz Europa und gern auch darüber hinaus.

Fernsehtaugliche Inszenierungen ausdenken

2008 jährte sich die Märzrevolution von 1848 zum 160sten Male. Im Jahr zuvor war für die Historiale das historische Thema „Preußische Reformen" gewählt worden. Und sie setzte ihr Re-enactment mit dem im Vergleich weniger aufwändig gestalteten Format einer historischen Talkshow in Szene. Das Gedenkjahr der Märzrevolution sollte jedoch wieder im größeren Stil inszeniert werden. Von Anbeginn an stand die Prämisse, fernsehtaugliche Bilder zu bieten. Die Wahl fiel auf den Kampf um die Königsbarrikade am Alexanderplatz in der Nacht vom 18. auf den 19. März 1848 sowie die Aufbahrung der Märzgefallenen auf dem Gendarmenmarkt in Berlin-Mitte wenige Tage später. Technische und organisatorische Probleme galt es für dieses Vorhaben zu bewältigen. Dies betraf den Nachbau der historischen Barrikade am Alexanderplatz wie auch die Beschaffung von 186 Särgen. Das Team der Historiale unter der Leitung von Enno Lenze, einem 25-jährigen Jurastudenten, stellte sich diesen Herausforderungen gut und gerne.

Den Historiale-Auftakt gaben jedoch zunächst Alexander Schröder und seine junge Schauspieltruppe mit einem exklusiven Theaterstück über das wankelmütige Verhalten von Friedrich Wilhelm IV. Bei Eiseskälte schraubten dann die jungen Mitarbeiter die Barrikaden, die sie zuvor eigens entworfen und gebaut hatten, auf dem Alexanderplatz in Berlin-Mitte zusammen, bevor das lokale Fernsehen kam und live übertrug. Am Ostersonnabend schüttete es wie aus Eimern. In drei LKW wurden in aller Herrgottsfrühe 200 Särge von einem Sponsor, der Sargfabrik Lignotec, abgeholt. Aufgebaut wurden aber nur rund 50, da sich geborgte Särge nicht versichern lassen. Historisch gekleidete Mitarbeiterinnen und Mitarbeiter legten gelbe Gerbera auf die in schwarzes Tuch gehüllten Särge. Die Namen der am 18./19.März 1848 Gefallenen wurden verlesen und es gab eine kurze Ansprache. Mit den eindrucksvollen Bildern dieser Re-Inszenierung sollte verdeutlicht werden, dass unsere heutige Demokratie blutig erkämpft wurde. Wieder berichteten die drei Berliner Tageszeitungen von allen Aktionen in Wort und Bild. Im rbb-Inforadio begleitete die Geschichtssendung von Harald Asel die Geschehnisse wie in den Jahren zuvor.

Historisches Interview mit dem König

Im gleichen Jahr 2008, am letzten Wochenende im August, fand im Nikolaiviertel erneut der Historiale-Markt statt. Diesmal widmete er sich der friederizianischen Zeit. Wieder wurde eine neue Darstellungsform eingeführt, das historische Interview mit nur einer einzigen Persönlichkeit. Friedrich der Große sollte auf der Bühne zu einzelnen Themenblöcken jeweils zwanzig Minuten lang befragt werden. Da jedoch das Volk gemäß dem ausdrücklichen Willen seiner Majestät auch Fragen stellen durfte, dauerten die einzelnen Themenblöcke sogar bis zu vierzig Minuten. Aufmerksam lauschten die Zuschauer, jedes Mal stellten sie Fragen – zum Verhältnis zu seinem Vater, wie er es mit Frauen halte und was ihn an Voltaire nervte. Dieses plötzlich aufkeimende große Interesse hatte sicherlich auch damit zu tun, dass auch für diese Rolle ein Profi engagiert worden war: Dr. Olaf Kappelt hatte schon mehrere Bücher über Friedrich II. geschrieben und macht in seinem Kostüm Führungen auf der Flaniermeile Unter den Linden. Auch in diesem Jahr konnte ein Besucherrekord verzeichnet werden: Insgesamt kamen 70.000 Menschen ins Nikolaiviertel und zu den vorbereitenden Veranstaltungen.

Ohne Sponsoren geht es nicht

Wie das alles finanziert wird? Durch extreme Ausbeutung preiswerter Arbeitskraft der Mitarbeitenden der Historiale, durch die ehrenamtliche Arbeit der „Schauspielerinnen" und „Schauspieler", die eine minimale Aufwandsentschädigung erhalten, durch überwältigenden Einsatz vieler junger, geschichtsinteressierter Menschen sowie durch zwei Großsponsoren, die Buchhandlung „Berlin Story" und die Wohnungsbaugesellschaft Mitte: Deren beider Interesse bei der Historiale liegt nicht darin, Gewinn zu erwirtschaften, denn es gibt keinen, sondern darin, schöne Veranstaltungen zu organisieren bzw. zu präsentieren.

Es entsteht ein neuer Markt

Bei all dem Engagement ist noch kein Ende in Sicht. Immer mehr Menschen, wie zum Beispiel die Gewerbetreibenden des Nikolaiviertels, werden aktiv, wollen mitmachen, haben gute Ideen und große Lust. Das Potenzial ist riesig, vor allem, wenn man bedenkt, was mit bescheidenen Mitteln bereits in die Wege geleitet werden konnte. Verschiedene Formen waren ausprobiert worden und deutlich wurde, wie groß das Interesse an lebendiger Geschichtsaufarbeitung ist, die wiederum nur mithilfe entsprechender Darstellerinnen und Darsteller zu erreichen ist. Diese, die vielen Betreiber von Ständen auf dem Historiale-Markt, die Produzentinnen und Produzenten historischer Filme und Bücher, die Lehrkräfte des Unterrichtsfaches Geschichte, Professorinnen und Professoren, Fachleute aus dem Museum, dem Archiv, aus den Bereichen Eventmarketing sowie der Stadtentwicklung bedienen einen Markt, der bisher als solcher noch nicht erschlossen wurde.

Kontaktadressen: www.Historiale.de; www.BerlinStory.de

Reden zur Märzrevolution

Gemeinsames Singen auf dem Friedhof der Märzgefallenen, angeleitet von der Musiklehrerin Bettina Kurella (im Vordergrund) an der Kurt-Tucholsky-Oberschule. Die Texte der Lieder sind immer auf der Rückseite der jährlich erscheinenden Märzzeitung abgedruckt.

An revolutionäre Traditionen anknüpfen

Helios Mendiburu

Ich möchte zunächst alle ganz herzlich begrüßen, die sich heute hier versammelt haben, um sich mit uns gemeinsam an die Ereignisse des 18. März 1848 zu erinnern und der Menschen zu gedenken, die für Freiheit und Demokratie bereit waren, ihr Leben zu opfern. Die Möglichkeit, dass sich Bürgerinnen und Bürger mit einer politischen Motivation zum Jahrestag der Märzrevolution hier zusammenfinden können, war nach 1848 nicht immer selbstverständlich. Der Besuch des Friedhofs zum Jahrestag der Revolution wurde – besonders in den direkten Folgejahren – zum Teil polizeilich verboten, der Friedhof selbst gesperrt. Die Besucherinnen und Besucher wurden kontrolliert und im Jahre 1908, zum 60. Gedenktag, wurden sogar die Gedenkschleifen der mitgebrachten Kränze zensiert.
Der „Friedhof der Märzgefallenen" hat sich im Laufe der Jahre zu einem Ort des Widerstandes und zu einem Ort der Reflexion über die jeweils aktuelle gesellschaftliche Situation entwickelt

Die Revolution von 1848 war nicht siegreich, und doch hat sie die Berliner und die deutsche Welt verändert. Viel ist in den letzten Wochen und Monaten über das Vermächtnis und die langfristigen Errungenschaften der Märzrevolution gesprochen und geschrieben worden. Ich möchte mich deshalb heute auf einen Aspekt beschränken, der mir ganz wesentlich erscheint: Die Revolutionärinnen und Revolutionäre vor 150 Jahren hatten eine Vision, sie glaubten an die Demokratie als Friedensmacht für ganz Europa. Ich glaube, dass dieser Punkt gut geeignet ist, zur heutigen gesellschaftlichen Situation überzuleiten. Der Unmut über die politische und gesellschaftliche Situation wurde 1848 von den Menschen aus allen Schichten der Bevölkerung deutlich an die Adresse der Herrschenden artikuliert und auf die Straße getragen.

Wie ist die Situation heute? Unmut gibt es genug. Auch unsere Gesellschaft befindet sich in einer Umbruchsituation, und zwar von einer Industriegesellschaft hin zu einer Dienstleistungs- und Kommunikationsgesellschaft. Das Aufkommen der Industrialisierung hatte damals eine Verelendung der Menschen zur Folge, der Abschied von der Industriegesellschaft verursacht nun ebenfalls Elend durch horrende Arbeitslosenzahlen. Das soziale Gefüge ist auch heute wieder deutlich aus dem Gleichgewicht geraten – die Schere zwischen denjenigen, die von dieser Entwicklung profitieren und dem Heer von zur Zeit 4,8 Millionen Arbeitslosen wird immer größer. Heute ist in weiten Teilen – auch der direkt betroffenen Bevölkerung – eine große Apathie zu beobachten. Es findet kaum ein deutliches Formulieren und Durchsetzen von Forderungen statt, es gibt kaum direkte Appelle an die Mächtigen.

Uns allen bekannte Schlagworte in diesem Zusammenhang sind „Politikmüdigkeit" und „Politikverdrossenheit". Stattdessen kommt es leider immer häufiger zu einem dumpfen Aufbegehren gegen vermeintliche Verursacher. Gerade wir als Politikerinnen und Politiker müssen uns also fragen, was wir verändern müssen, damit die Bürgerinnen und Bürger sich aktiv in politische und gesellschaftliche Prozesse einmischen, statt auf vermeintlich Schuldige einzuprügeln. Warum entwickelt sich keine revolutionäre Stimmung bei 4,8 Millionen Arbeitslosen und angesichts einer steigenden Zahl von Reichen, die Millionen besitzen?

Die Politik muß sich darüber im Klaren sein, dass Zukunftsentwürfe nur wirksam werden, wenn Millionen selbstbewusster Bürgerinnen und Bürger ihre Hoffnungen darin wiedererkennen. Nur dann kann sich Politik aus dem Vollzug von Sachzwängen befreien, nur dann kann sie bewegen, was bewegt werden muss, und lebenswichtige Reformen durchsetzen.

Viele Bürgerinnen und Bürger setzen gerade in Zeiten von Umbrüchen Hoffnungen und Erwartungen in die Politik. Sie machen aber auch die Erfahrung, dass bei wachsendem Problemdruck die Regelungsfähigkeit der Politik schwindet. Immer mehr Menschen mißtrauen der Kompetenz der Politikerinnen und Politiker, und gesamtgesellschaftliches Engagement des Einzelnen weicht immer mehr einem Rückzug ins Private. Das Verhältnis von Staat, Markt und Bürgergesellschaft muß in unserer Gesellschaft neu durchdacht werden. Wir müssen mit den Bürgerinnen und Bürgern über einen neuen gesellschaftlichen Konsens in einen engen Dialog treten. Denn wir brauchen einen neuen Konsens in einer Gesellschaft,
- der die Erwerbsarbeit zunehmend ausgeht,
- in deren Zukunft soziale Anerkennung nicht mehr allein von Erwerbsarbeit abhängen darf,
- deren soziale Sicherungssysteme nicht mehr allein durch Erwerbsarbeit finanziert werden können,
- die lebenslanges Lernen als Notwendigkeit, nicht als Luxus verstehen muss.

Dieser Konsens kann aber nur erreicht werden, wenn die Politik glaubhaft vermittelt, dass sie diese Ziele wirklich verfolgt und nicht nur im Wahlkampf propagiert, um recht viele Stimmen zu erhalten, und sich dann aus der Verantwortung herauswindet. Lassen Sie uns alle an revolutionäre Traditionen anknüpfen und dazu beitragen, dass unsere Demokratie sich zum Wohle der Menschen entwickelt. Wir dürfen das Feld nicht den rechten und linken Extremisten überlassen, dazu hat die Demokratie in Deutschland zu viele Opfer gekostet.

Rede auf dem Friedhof der Märzgefallenen in Berlin-Friedrichshain am 18. März 1998.
Zitiert nach: Gedenkworte für die Märzgefallenen 1848 und 1998 in: Berlinische Monatsschrift 7. Jg. (1998), Heft 6 (Juni), S. 93–109; siehe auch:
http://www.luise-berlin.de/bms/berlinische_monatsschrift_publikationen_stadtgeschichte.html

1998 jährte sich die Märzrevolution von 1848 zum einhundertfünfzigsten Mal. Die „Aktion 18. März" organisierte einen Gedenkzug von Tiergarten, In den Zelten, über Mitte, Gendarmenmarkt, nach Friedrichshain zum Friedhof der Märzgefallenen. Im Vordergrund Alice Ströver. Sie ist der parlamentarische Arm der „Aktion 18. März" und brachte den interfraktionellen Antrag im Abgeordnetenhaus von Berlin für den nationalen Gedenktag 18. März auf den Weg. Links neben Alice Ströver der damalige Bezirksbürgermeister und jetziges MdEP Joachim Zeller, rechts neben ihr der Stadtrat a. D. Horst Porath.

Einigkeit und Recht und Freiheit

Herwig Haase

150 Jahre nach dem historischen 18. März 1848 erinnern wir heute gemeinsam an jene mutigen Frauen und Männer, die den Ruf nach Einheit und Freiheit mit ihrem Leben bezahlt haben. Wir gedenken des Tages, an dem Berlin eines der Zentren der deutschen und europäischen Revolution war: Von Paris bis Budapest, von Berlin bis Wien war der revolutionäre Funke übergesprungen. Viele schauten auf Berlin: mit Hoffnung, Mut und Zuversicht. Auch heute schaut Europa auf Berlin, auf die Entwicklung der inneren Einheit in unserer Bürgerschaft.

Damals wurde – nicht nur in den Tagen des März – der Ruf nach Rede-, Presse- und Versammlungsfreiheit, der Ruf nach einer Verfassung, nach einer Volksvertretung auch in Preußens Hauptstadt laut. Die leidenschaftlichen Diskussionen um politische und soziale Reformen einten zum erstenmal ganz unterschiedliche Schichten der Stadt. Insofern war dieses Ereignis nicht nur eine Bürgerbewegung, sondern ein Aufstand des ganzen Volkes. Als es galt, diese Forderungen der Bevölkerung gegenüber dem König zu vertreten, war nur die Stadtverordnetenversammlung dazu bereit. Es waren Mitglieder der Stadtverordnetenversammlung, die in das königliche Schloss aufbrachen, um dem Monarchen die Forderungen zu überbringen. Die Magistratsmitglieder schlossen sich erst später der Abordnung an. Die Stadtverordnetenversammlung nahm so zum richtigen Zeitpunkt die richtige Position ein: Sie sprach im Namen von selbstbewussten Bürgerinnen und Bürgern, im Namen von Menschen, die sich nicht länger bevormunden lassen wollten. Sie sprach für all diejenigen Menschen, die die Menschen- und Bürgerrechte, wie sie die Französische Revolution am 26. August 1789 verkündet hatte, auch in Preußen verwirklicht sehen wollten.

Meine Damen und Herren, für uns verbindet sich mit dem Jahrestag des 18. März 1848 heute die Frage, an welche Traditionen wir anknüpfen wollen. Wir wissen alle: Gerade der Gedenktag des 18. März 1848 zeigt beispielhaft auf, wie verschieden in Ansatz und Wertung historische Ereignisse von unterschiedlichen Gesellschaften – im Kaiserreich, in der Weimarer Republik und bis in die heutige Zeit – wahrgenommen werden.

In unserer Stadt hat die Erinnerung an die Märzgefallenen eine unterschiedliche, auch durch die Teilung geprägte Geschichte. Der Friedhof der Märzgefallenen, auf dem wir uns heute eingefunden haben, um gemeinsam der Opfer der Revolution von 1848 zu gedenken, ist der Ort, an dem sich die gegenläufigen Erinnerungstraditionen fast mit Händen greifen lassen. Heute, 1998, Jahre nach dem glücklichen Fall der

Mauer, ist es an der Zeit, diese nebeneinander existierenden Traditionslinien wieder zu einer einzigen, starken Linie zu vereinen: einer Tradition des Gedenkens an jene, die eben nicht nur in Berlin, in Preußen für Einheit und Freiheit kämpften und starben, sondern ebenso und gleichzeitig in ganz Europa für ihre bürgerlichen und sozialen Rechte eintraten.

Und so können wir heute, anlässlich der 150. Wiederkehr jener denkwürdigen Tage, meines Erachtens mit Stolz auf die im März 1848 Gefallenen schauen und sagen, dass wir die Verbindungslinie von damals zum Europa von morgen weiterziehen werden. Mit dem Gedenken an jene mutigen Menschen von 1848 können wir dazu beitragen, dass es auch zukünftig mutige Menschen geben wird, die sich für Freiheit und Demokratie einsetzen. Dafür braucht Berlin selbstbewusste Bürgerinnen und Bürger, die bereit sind, sich in der Gemeinschaft und für die Bürgerschaft einzusetzen.

Otto Suhr, Stadtverordnetenvorsteher von 1946 bis 1951, anschließend Präsident des Abgeordnetenhauses, später Regierender Bürgermeister von Berlin, bezeichnete den 18. März 1848 als „Geburtstag des demokratischen Parlamentarismus, der mit der Paulskirche, der Preußischen Nationalversammlung und auch den Tagungen der Berliner Stadtverordnetenversammlung und – im Zusammenhang damit – mit der Bildung der Parteien seinen Anfang in Deutschland genommen hat".

Meine Damen und Herren, Otto Suhr hat zu Recht auf die Linie hingewiesen, die – trotz der Rückschläge und grausamsten Fehlentwicklungen der Geschichte im 19. und 20. Jahrhundert – von der Märzrevolution von 1848 zu dem freiheitlichen und demokratischen Staat führt, in dem wir heute leben. Das ist eine Tradition, an die wir mit dem Gedenktag des 18. März anknüpfen. Die Ideale, für die die Menschen damals, 1848, und vor wenigen Jahren, 1989, auf die Straße gingen, sind gleich geblieben. Sie sind auch heute unabdingbare Grundlage unseres Zusammenlebens. In diesem zukunftsorientierten Sinn erinnern wir uns heute an den 18. März 1848 als eines großen Tages deutscher Geschichte. Mit Dankbarkeit und Hochachtung gedenken wir deshalb jener, die damals Wegbereiterinnen und Wegbereiter waren für Einigkeit und Recht und Freiheit: „Danach lasst uns alle streben, brüderlich, mit Herz und Hand."

Rede auf dem Friedhof der Märzgefallenen in Berlin-Friedrichshain am 18. März 1998.
Zitiert nach: Gedenkworte für die Märzgefallenen 1848 und 1998 in: Berlinische Monatsschrift 7. Jg. (1998), Heft 6 (Juni), S. 93–109; siehe auch:
http://www.luise-berlin.de/bms/berlinische_monatsschrift_publikationen_stadtgeschichte.html

Nicht alle Märzgefallenen sind auf dem Friedhof in Friedrichshain begraben. Alexander Goldschmidt aus Potsdam und Simon Barthold aus Schiefelbein wurden auf dem jüdischen Friedhof Schönhauser Allee beigesetzt. Ein Gedenkstein ehrt die beiden Märzkämpfer. Am Vormittag des 18. März 1998 fand an den Gräbern eine Feierstunde statt, in der der inzwischen verstorbene Oberkantor Estrongo Nachama sang.

Jüdische Freiheitskämpfer

Andreas Nachama

An diesem Ort hielt vor genau 150 Jahren der Rabbiner der Jüdischen Gemeinde, Michael Sachs, eine Rede für die jüdischen Märzgefallenen, von der ein zeitgenössischer Journalist schrieb, dass sie „mit mächtigen Flammenzügen in die Herzen schnitt". Bis heute genießt Rabbiner Sachs hohes Ansehen in der Jüdischen Gemeinde. Er war derjenige, der im 19. Jahrhundert die gesamte jüdische Liturgie ins Deutsche übersetzt hatte. Bis zum heutigen Tag ist es Tradition in unserer liberalen Synagoge in der Pestalozzistraße, dass die Jungen und Mädchen zu ihrer Bar oder Bat Mizwa ein Gebetbuch von Rabbiner Sachs geschenkt bekommen.

Sachs war einer der ganz großen Verfechter der politischen Emanzipation der Juden in Preußen, auch ihn hatte die Revolution von 1848 mitgerissen. Erstmals in der Geschichte kämpften jüdische Bürgerinnen und Bürger Berlins Seite an Seite mit nichtjüdischen Berlinerinnen und Berlinern für demokratische Grundrechte und eine Verfassung. Diese Grundrechte sind Bestandteil der Verfassung der ersten Republik, der sogenannten Weimarer Republik, geworden und auch noch heute Bestandteil unseres Grundgesetzes.

Nicht wenige der jüdischen Freiheitskämpferinnen und -kämpfer ließen in den Barrikadenkämpfen ihr Leben. Mindestens 16 von ihnen sind hier bestattet, weitere, die nach den Kämpfen im Krankenhaus ihren Verletzungen erlagen, wurden auf dem Jüdischen Friedhof in der Schönhauser Allee begraben.

Es war von großer Bedeutung, dass damals sowohl ein protestantischer und ein katholischer Geistlicher als auch ein jüdischer Rabbiner gleichberechtigt vor den Särgen die Trauerreden hielten. Es ist mir ein Anliegen, heute den Anfang der Rede von Rabbiner Sachs zu zitieren, der in fast allen Büchern zur Geschichte des deutschen Judentums steht: „Im Namen jenes uralten Bekenntnisses, das als lebendiger Zeuge der Weltgeschichte und Weltgeschicke seit Jahrtausenden dasteht, im Namen jener alten Gotteslehre, die der Menschheit ihren Gott gebracht, die sie gelehrt, in den Stürmen und Wogen der Ereignisse die leitende und waltende ewige Vorsehung zu schauen, die sie angeleitet, das Wehen des Gottesodems in dem Leben der Völker zu erkennen, die durch den begeisterten Mund ihrer Herolde, die Propheten, für Wahrheit und Recht das Wort genommen, im Namen jenes alten, ewigen Bundes, der den Gedanken der Brüderlichkeit, liebender Teilnahme des Menschen am Menschen in ihrem Kreise zuerst begründet und gepflanzt, nehme auch ich aus tiefbewegter Brust, aus ergriffener voller Seele das Wort in diesem erhabenen weihevollen Momente." Mit patriotischem Pathos sagte Rabbiner Sachs, dass die Juden nun „deutsch" denken und fühlen müssten, dass sie einem allen gemeinsamen, deutschen „Vaterland" verpflichtet seien. Die Barrikadenkämpferinnen und -kämpfer seien für die „Macht einer Idee" gestorben, die alle Dämme und Scheidewände niedergerissen habe, „welche sonst den Menschen von sich selbst, den Menschen vom Menschen scheiden". Er sprach von der „hohen Selbstverleugnung der für die Freiheit Verbluteten" und von der „Allmacht Gottes, die in kurzen Minuten ganze Völker neu geboren habe".

Mit der Berliner Märzrevolution schien die Emanzipation, die Gleichberechtigung der Juden endgültig vollzogen zu sein. Ein damaliger Barrikadenkämpfer stellte fest: „Von Jud oder Christ ist gottlob nicht mehr die Rede." Ein anderer schrieb, der 18. März sei ein „Freudentag für die Israeliten" gewesen – „ein Tag von Befreiung der Unterdrückten".

Der Anteil von Berliner Juden an den Barrikadenkämpfen und ihre Identifikation mit der revolutionären Bewegung war überdurchschnittlich stark. Johann Jacoby, der Abgeordneter der Preußischen Nationalversammlung wurde, schrieb: „Je schwerer gerade mich die Ketten drücken, desto inniger muss ich die Freiheit für alle wünschen." Doch viele der Repräsentanten der demokratischen Bewegung gingen nach dem Scheitern der Revolution in die Emigration – unter ihnen Heinrich Heine und Karl Marx, um nur die bekanntesten zu nennen.

Heute, im 53. Jahr nach der Befreiung vom Hitlerfaschismus und im Wissen um sechs Millionen ermordeter Juden in Europa – allein 55 000 ermordeter Berliner Juden – ‚erscheint die einstige Begeisterung fast unverständlich. Unverständlich ist aber auch, dass es, wie Ihnen vielleicht aufgefallen ist, bis heute in ganz Berlin kein Denkmal der Märzrevolution gibt. Wir befinden uns im Jahr, in dem voraussichtlich die Entscheidung zum Holocaust-Mahnmal fallen wird. Täglich lesen wir in der Presse neue Stellungnahmen dazu. Ich denke, dass es dieser Republik gut täte, ebenso wie sie der Menschen, die in deutschem Namen ermordet worden sind, gedenken soll, ein Denkmal zu schaffen, das diesen ersten, wenn auch gescheiterten Aufbruch würdigt, der zu Grundrechten und Demokratie führte.

Lassen Sie mich zum Abschluss das „Gebet für das Wohl des Vaterlandes", das Juden an jedem Schabbat lesen, zitieren – in der Übersetzung – in der Deutung – von Rabbiner Michael Sachs: „Der allmächtige Gott, der Abraham, Isaak und Jacob gesegnet hat, verleihe seinen Segen allen, die heute hier erschienen sind, um sein göttlich Wort zu vernehmen. Er segne unsere Gemeinde, ihre Häupter, Führer und Lehrer; er segne unsere Jugend, er segne Israel an allen seinen Wohnstätten. Er verleihe seinen Segen unserem Vaterlande, dass Eintracht und Friede seine Bürger einige, Licht und Wissenschaft seine Bewohner erleuchte, Tugend und Gotteserkenntnis die innere Lebenskraft im Volke sei."

Rede auf dem Friedhof der Märzgefallenen in Berlin-Friedrichshain am 18. März 1998; vorgetragen von Hermann Simon. Zitiert nach: Gedenkworte für die Märzgefallenen 1848 und 1998 in: Berlinische Monatsschrift 7. Jg. (1998), Heft 6 (Juni), S. 93–109; siehe auch:
http://www.luise-berlin.de/bms/berlinische_monatsschrift_publikationen_stadtgeschichte.html

Am 22. März 1848 wurden auf dem Friedhof der Märzgefallenen 183 Männer, 5 Frauen und 2 Kinder beigesetzt. Auf der Trauerfeier sprachen an den Gräbern ein protestantischer und ein katholischer Geistlicher und ein Rabbiner. Heute erinnern eiserne Grabkreuze und Gedenksteine an die Toten.

Ökumenisches Gebet zum Gedenken an die Märzgefallenen von 1848

Lothar Wittkopf und Otto Riedel

Der Psalmist betet im 23. Psalm:
Der Herr ist mein Hirte,
nichts wird mir fehlen ...
Muss ich auch wandern in finsterer Schlucht,
ich fürchte kein Unheil;
denn du bist bei mir,
dein Stock und dein Stab geben mir Zuversicht.

Wenn Menschen zu den Gräbern Gefallener gehen, um sich an deren Schicksal, Leiden und Sterben zu erinnern, so zeigt dies, dass das Gedenken auch für die Gegenwart bedeutsam ist. Etwa 10.000 Menschen wollten am 18. März 1848 bei einer Kundgebung und durch eine Proklamation ihrer Sehnsucht nach mehr Freiheit, Gleichberechtigung und nach Einheit der deutschen Volksgemeinschaft zum Ausdruck bringen. Als vor dem Berliner Schloss Schüsse fielen und Barrikadenkämpfe das Vorrücken des Militärs nicht aufhalten konnten, fielen an einem Tag – in 14 Stunden – mehr als 200 Menschen aller Schichten.

Nachdenkliches hat sich dann ereignet: Die Särge der Namenlosen, die damals im Namen von Demokratie und Gerechtigkeit, Freiheit und Einheit starben, wurden vor dem Deutschen Dom auf dem Gendarmenmarkt aufgestellt, und es wurde ein Totengedenken von einem evangelischen und einem katholischen Geistlichen sowie von einem Rabbiner gehalten. Der Kaplan von St. Hedwig sprach vor 150 Jahren folgende Worte:

„Trauer, dass so viele Opfer dasselbe Grab umfassen muss, Freude, dass es ein einziges Grab ist, das alle Opfer einschließt. Wird dieses eine Grab das Zeichen der Vereinigung für alle; wird diese Einheit aus diesem einen Grabe heraus gepredigt werden für immer an unser gesamtes liebes deutsches Vaterland; ist dieses eine Grab der Durchgang zur Auferstehung für uns alle; dann seid gegrüßt, die ihr hier als Leichen um mich stehet."

Wer hätte gedacht, dass 100 Jahre danach beim Gedenken der Märzgefallenen in unserer Stadt am 18. März 1948 der Anfang einer erneuten Teilung sich andeutete. Darum ist der heutige Gedenkzug in dem einen Berlin auch ein dankbares Erinnern, das ein Bittgebet einschließen soll.

Fürbitten und Segen
Gnädiger Gott, du kennst die Sehnsucht der Menschen, du nimmst dich der Toten an, stiftest Frieden und Versöhnung, höre auf unser Bitten:

- Erbarme dich der Verstorbenen, die durch Krieg und Terror, Katastrophen und Unglücksfälle, Verblendung und Leichtsinn aus dem Leben gerissen wurden.
- Gib den Verantwortlichen in Staat und Gesellschaft Einsicht und Mut, das zu tun, was der Gerechtigkeit, der Einheit und dem Frieden dient.
- Lass die Leidenden, die Vergessenen und die Arbeitslosen in unserer Stadt Menschen finden, die Verständnis für sie haben und ihnen beistehen.
- Führe Gewalttäter, Unbelehrbare und Verzweifelte auf den Weg der Besonnenheit und lass sie erkennen, was ihrem Leben und dem Leben der anderen dient.
- Bestärke alle, die sich für das Wohl des Einzelnen und der Gesellschaft einsetzen, und lass sie Nachahmer finden.

Beim Gedenken an die Märzgefallenen sollen die Bitten nicht vergessen sein, die Jesus Christus im Gebet des „Vater unser" uns anvertraut hat:
Vater unser im Himmel,
geheiligt werde dein Name.
Dein Reich komme.
Dein Wille geschehe, wie im Himmel so auf Erden.
Unser tägliches Brot gib uns heute.
Und vergib uns unsere Schuld,
wie auch wir vergeben unsern Schuldigern.
Und führe uns nicht in Versuchung,
sondern erlöse uns von dem Bösen.
Denn dein ist das Reich und die Kraft und die Herrlichkeit in Ewigkeit. Amen.

Segen
Der Segen des allmächtigen und barmherzigen Gottes,
des Vaters, des Sohnes und des Heiligen Geistes,
komme herab auf alle Verstorbenen und alle Lebenden. Amen.

Ökumenisches Gebet zum Gedenken an die Märzgefallenen von 1848 auf dem Friedhof der Märzgefallenen in Berlin-Friedrichshain am 18. März 1998.
Zitiert nach: Gedenkworte für die Märzgefallenen 1848 und 1998 in: Berlinische Monatsschrift 7. Jg. (1998), Heft 6 (Juni), S. 93–109; siehe auch:
http://www.luise-berlin.de/bms/berlinische_Monatsschrift_Publikationen_stadtgeschichte.html

Grußwort der Schirmherren

Die Diskussion über den "18. März als Nationalfeiertag in beiden deutschen Staaten" beweist - so kontrovers sie sich auch darstellt, - daß unser Nachdenken nicht abwegig war. Die verbindende Kraft der gemeinsamen Geschichte der beiden deutschen Staaten ist nicht wegzudiskutieren. Durch einen Feiertag zum Ausdruck zu bringen, daß die Menschen in den beiden deutschen Nachkriegsstaaten - jeweils eingebunden in gegensätzliche Bündnissysteme - sich nicht zu feindlichen Brüdern bestimmen lassen wollen, erscheint vernünftig, weil ja die unterschiedliche Struktur der beiden deutschen Staaten nicht geleugnet wird.

Im Februar 1979

Ohne die Schirmherrschaft des ehemaligen Regierenden Bürgermeisters von Berlin (West), Heinrich Albertz, und der Schriftstellerin Ingeborg Drewitz wäre der Vorschlag für den gesamtdeutschen Feiertag 18. März kaum beachtet worden. Und: Sowohl Heinrich Albertz als auch Ingeborg Drewitz waren als Menschen bekannt, die von der DDR-Propaganda nicht in die „revanchistisch-reaktionäre" Ecke gestellt werden konnten. Ingeborg Drewitz versuchte vergeblich, Schriftsteller aus der DDR für den blockübergreifenden Nationalfeiertag zu gewinnen. Das Grußwort wurde in der Märzzeitung 1979 veröffentlicht.

Trotz alledem!

Volker Schröder

Ferdinand Freiligrath sagte in seinem Gedicht „Trotz alledem" in der Fassung von 1848: „Es kommt dazu, trotz alledem, dass rings der Mensch die Bruderhand dem Menschen reicht", deshalb möchte ich Sie nicht ansprechen mit „Sehr verehrte Damen und Herren", sondern sagen: „Liebe Schwestern und Brüder!"

Als wir 1978 mit der „Aktion 18. März" an die Öffentlichkeit traten, mit dem Vorschlag, einen gemeinsamen Feiertag in beiden deutschen Staaten zu begehen, da wurden wir belächelt und verlacht, und man hat den Kopf geschüttelt. In der „Zeit" schrieb aber ein Journalist: „Verachtet mir die Dichter und die Träumer nicht!" – Und ich bin ein wenig stolz, wenn ich sehe, wie viele hier jetzt sind und mit uns gemeinsam den 18. März feiern.

Leider ist der 18. März ja nicht Nationalfeiertag in dem vereinten Deutschland geworden. Aber jetzt, zum 150. Jahrestag, bot sich die Möglichkeit für uns, noch einmal ein Zeichen zu setzen. Wir haben versucht, an dem bekanntesten Bauwerk Deutschlands, am Brandenburger Tor, einen Platznamen zu etablieren, der für Freiheit und Gleichheit, für Völkerfreundschaft steht.

Ich möchte an dieser Stelle ganz herzlich dem Bezirksverordneten aus Mitte, Volker Hobrack, danken. Er hat, über alle Parteigrenzen hinweg, die Fraktionsvorsitzenden für einen gemeinsamen Antrag gewonnen, und von CDU bis PDS ist ohne Gegenstimmen im Bezirk Mitte beschlossen worden, dass der Platz vor dem Brandenburger Tor umbenannt werden soll in „Platz des 18. März 1848". Es wurde vorhin gesagt, dass nicht nur ein Denkmal für die ermordeten Juden erbaut werden sollte, sondern – das hat mich sehr gefreut, dass die Jüdische Gemeinde dies sagt, es muß auch ein Denkmal für die Märzgefallenen geschaffen werden. Ich glaube, der Platz vor dem Brandenburger Tor als Platz des 18. März 1848 wäre das schönste Denkmal für die Märzgefallenen.

Nun wird ja durch Wünschen nichts bewegt, es müssen politische Beschlüsse herbei. Unser Dank geht an die drei Bezirksbürgermeister: Tiergarten, Jörn Jensen; Mitte, Joachim Zeller, und Friedrichshain, Helios Mendiburu, die unseren Vorschlag unterstützt haben. Aber in dieser Situation, wo auch der Ministerpräsident von Baden-Württemberg (CDU), Teufel, fünf Millionen Mark für die Märzrevolution, für die Erinnerung an die Badische Revolution zur Verfügung stellt, hat der Senat nichts Besseres zu tun, als dem Bezirk das Verfahren zu entziehen. Und dass – da spreche ich Sie jetzt an, Herr Haase, es tut mir leid, Sie sind der Präsident des Abgeordnetenhauses – auch das Abgeordnetenhaus nicht diesen Platz vor dem Brandenburger Tor als „Platz des 18. März 1848" sanktioniert hat, ist traurig. – Ich möchte dazu nur sagen: Noch sind nicht alle Märzen vorbei! Und in einer revolutionären Aktion haben ja heute die Bürgermeister Jensen und Zeller einen „Platz des 18. März1848" geschaffen. Ich hoffe, dass diese symbolische Umbenennung erhalten bleibt.

Das Motto unserer Aktion, das auch auf allen Gedenktafeln steht – und hier noch mal einen Dank an Manfred Butzmann, der diese Gedenktafeln gestaltet hat, und an Volker Hobrack von der Gedenktafelkommission –, und zwar einheitlich in der Kopfzeile: „Für demokratische Tradition und revolutionären Geist." – Mich hat immer sehr bewegt, was Karl Marx einmal gesagt hat: „Unter Revolution verstehe ich die Bewegung aller Herzen und die Erhebung aller Hände im Namen der Ehre des Menschen."

Für mich ist diese Gesellschaft, wie sie heute existiert, nicht der Weisheit letzter Schluss. Und ich denke, wir sollen nicht selbstgefällig sagen: „Wir haben alles erreicht, wofür die Märzgefallenen ihr Leben gelassen haben", sondern ihr Kampf soll uns Ansporn sein, um nach neuen Wegen zu suchen. Tucholsky sagte einmal, nach der „braunen Pest" und nach der „roten Pest", da wird es erst richtig schlimm, da geht der Kampf eines Jeden gegen Jeden los.

Und ich fürchte, wir sind in einer solchen Phase. Wenn ich mir die Gesellschaft anschaue: die Aktien steigen und gleichzeitig die Zahl der Arbeitslosen. Irgend etwas stimmt hier nicht. Und ich denke, der revolutionäre Geist ist zu gebrauchen, um nach neuen Lösungen und nach neuen Wegen zu suchen.

Wir als „Aktion 18. März" haben die Kinderhymne von Bertolt Brecht als Markenzeichen gewählt. Viele erinnern sich vielleicht noch an den verhüllten Reichstag, und einige haben gesehen, dass dieses Lied dort an eine Giebelwand geschrieben war. Damit wollten wir auch ein Zeichen setzen für ein anderes Deutschland.

Und ich möchte schließen mit der ersten Strophe der Kinderhymne:

> „Anmut sparet nicht noch Mühe,
> Leidenschaft nicht noch Verstand,
> dass ein gutes Deutschland blühe
> wie ein andres gutes Land."

Rede auf dem Friedhof der Märzgefallenen in Berlin-Friedrichshain am 18. März 1998.
Zitiert nach: Gedenkworte für die Märzgefallenen 1848 und 1998 in: Berlinische Monatsschrift 7. Jg. (1998), Heft 6 (Juni), S. 93–109; siehe auch:
http://www.luise-berlin.de/bms/berlinische_monatsschrift_publikationen_stadtgeschichte.html

Wolf Bayer, Rolf Blaga und Britta Sutorius sorgten bis Ende der neunziger Jahre für die Anleitung des gemeinsamen Singens. Von links nach rechts: Volker Schröder, Rolf Blaga, Britta Sutorius und Wolf Bayer.

Eure Freiheit ist unsere Freiheit

Anna Furmanczuk

„Wasza wolność jest naszą wolność, a nasza wolność jest waszą." – „Eure Freiheit ist unsere Freiheit und unsere Freiheit ist die Eure." Diese Worte des polnischen Revolutionärs Ludwik Mieroslawski, ausgerufen am 20. März 1848 in Berlin, formulieren symbolisch die gemeinsamen Ziele, das gemeinsame Handeln, die gemeinsamen politischen Ideale deutscher und polnischer Aufständischer. Momente solcher gemeinsamen Begeisterung zeichneten nicht unbedingt die Geschichte der beiden Nationen aus. Aber besonders im März 1848 erkannten deutsche und polnische Revolutionäre, dass ihr Kampf für Freiheit, Gerechtigkeit und einen demokratischen Nationalstaat Seite an Seite geführt, gegen denselben Feind gerichtet und nur gemeinsam gewonnen werden kann.

In dieser Zeit litten sehr viele Menschen unter den für sie unerträglichen politischen, wirtschaftlichen und sozialen Zuständen. In ganz Europa stellten unzufriedene Bürgerinnen und Bürger Forderungen: nach Veränderungen der machtpolitischen Strukturen, nach Freiheit, nach Bürgerrechten, nach Verbesserung der Lebensbedingungen. Die Deutschen strebten darüber hinaus die Vereinigung ihres in Kleinstaaterei zerfallenen Landes zu einem einheitlichen Nationalstaat an. Die Unterdrückung durch die Fürsten sollte beendet und eine Verfassung ausgearbeitet werden. Die Polen wollten sich vor allem von der unrechtmäßigen Fremdherrschaft der Teilungsmächte befreien; denn über 50 Jahre musste das polnische Volk die Aufteilung seines Landes unter Russland, Österreich und Preußen ertragen. Also kämpften die Polen für die Freiheit und die Wiederherstellung des eigenen Staates.

Heute erscheinen uns solche Ziele nicht nur gerechtfertigt, sondern vielmehr gelten diese geforderten Rechte als selbstverständlich. Vor 150 Jahren jedoch mussten sie unter Einsatz von Leib und Leben, Hab und Gut schwer ertrotzt werden. Obwohl die Märzrevolution damals letztendlich scheiterte, denke ich, dass sie zweifellos ein wichtiger Schritt auf dem Wege zur Freiheit, die wir heute genießen dürfen, gewesen ist.

„Eure Freiheit ist unsere Freiheit (...)" – „Wasza wolność jest naszą wolność (...)" Ludwik Mieroslawski sprach diese Worte, kurz nachdem er aus dem Gefängnis, in dem er eigentlich lebenslang schmachten sollte, durch die Bürgerinnen und Bürger Berlins befreit worden war. Dieser berühmte polnische Freiheitskämpfer musste eine Strafe verbüßen, weil er es zwei Jahre zuvor gewagt hatte, von der preußischen Obrigkeit die Unabhängigkeit seines Landes zu fordern. Ich bewundere den Mut solcher Revolutionäre, wie ihn Ludwik Mieroslawski und auch die Berliner Aufständischen bewiesen haben, die ungeachtet persönlicher Unannehmlichkeiten entschlossen für ihre Ideale einstanden. Wie Steine räumten sie die nationalen Vorurteile aus dem Weg und reichten sich über die Grenzen hinweg die Hände. Ich finde es sehr wichtig, dass wir alle die Erinnerung an die Geschehnisse des März 1848 wach halten, der Märzgefallenen gedenken und uns vielleicht inspirieren lassen, über unsere Ideale nachzudenken.

„Wolność", „Freiheit" – was können wir heute darunter verstehen? Natürlich freie Entfaltung der Persönlichkeit, Rede-, Presse- und Versammlungsfreiheit, die demokratischen Grundrechte also! Ich verstehe darunter auch die Möglichkeit, unkonventionelle Entscheidungen treffen zu dürfen, ganz persönliche Lebensentwürfe zu verwirklichen. Diese Ideen berührten die Herzen politisch Engagierter ebenso nach 1848, wie in der wechselvollen Geschichte unserer beiden Völker. Sicherlich kennt jeder die berühmte polnische Solidarność und weiß genau, dass sich diese Bewegung gegen das kommunistische Regime auflehnte und damit zum Vorreiter der Demokratisierung des Ostblocks wurde, wovon nicht zuletzt auch der Osten Deutschlands profitierte.

Ist damit der Traum Mieroslawskis in Erfüllung gegangen? Jetzt im 21. Jahrhundert haben sich die diplomatischen Beziehungen der beiden Länder, Polen und Deutschland, überaus freundlich entwickelt. Meiner Meinung nach ist ein gemeinsames Handeln in politischen, wirtschaftlichen und kulturellen Bereichen einfach nicht mehr wegzudenken. Und was im Großen zu finden ist, ist auch bei uns im Kleinen zu sehen. Das Berliner Erich-Fried-Gymnasium arbeitet mit der Polnischen Botschaftsschule zusammen und, was noch viel wichtiger ist, was ich als polnische Schülerin aus eigenen Erfahrungen bestätigen kann: ausländische Schülerinnen und Schüler können sich am Erich-Fried-Gymnasium wie zu Hause fühlen. Aber es bleibt immer noch sehr viel Spielraum für eine kreativere Gestaltung des Schulklimas, denn neben dem Lernen müssen wir vor allem gegenseitige Akzeptanz und Toleranz ständig neu leben.

Trotz allem sollten wir besonders auch an solchen Tagen wie heute bedenken, dass unser sorgloses Leben in demokratischen Verhältnissen, wovon die Revolutionäre des 19. Jahrhundert träumen konnten, keine Selbstverständlichkeit ist. Trotz allem können Gefahren, Rückschläge und Konflikte auftreten, die es gilt, rechtzeitig zu erkennen, damit wir unsere Demokratie mit Leben erfüllen und Deutsche und Polen ihre Zukunft gemeinsam gestalten. Zum Beispiel stelle ich mir vor, dass mehr Mittel zur Verfügung gestellt werden für die deutsch-polnischen Jugendaustauschprogramme, dass für uns alle die Bildungschancen deutlich verbessert werden, dass die politisch Verantwortlichen ihre Aufmerksamkeit mehr auf die Jugend richten.

„Wasza wolność jest naszà wolność, a naszà wolność jest waszà."

Rede auf dem Friedhof der Märzgefallenen in Berlin-Friedrichshain am 18. März 2002.

Am 18. März 2002 am Pult: der Schriftsteller György Dalos aus Ungarn. Links im Bild der damalige Berliner Bausenator Peter Strieder (SPD), daneben mit Hut, Volker Beck (MdB; Bündnis 90/Die Grünen).

Europäischer Völkerfrühling

András Masát

Sehr geehrter Herr Jensen, sehr geehrte Damen und Herren, es ist für mich, als Vertreter der Ungarischen Republik, Freude und Ehre zugleich, mit Ihnen der Helden zu gedenken, die in jenen Märztagen vor 158 Jahren hier in Berlin gekämpft haben. Gekämpft für etwas, was auch heute ureigenste bürgerliche Tugend ist: Freiheit, Freiheit des Geistes, Freiheit der Nation und Freiheit des Einzelnen.

In dem als Völkerfrühling genannten bürgerlichen Erwachen, welches 1848 im Januar in Palermo begann und über Neapel bis Paris eine europäische Welle schlug, sprang der revolutionäre Funke nach Wien am 13. März und dann am 15. März nach Budapest, das damals noch Pestbuda hieß. Am 18. März kam es zu blutigen Barrikadenkämpfen in Mailand und Berlin. Hier forderte die Märzrevolution etwa 240 Tote und 1.000 Verletzte unter der Zivilbevölkerung. Drei Tage später, am 21. März ritt König Friedrich Wilhelm IV. mit den schwarzrotgoldenen Farben der Revolution durch die Stadt.

Eine europäische Bewegung begann, deren Geist und Wirkung im 20. Jahrhundert nur mit den Ereignissen, mit der Kettenreaktion verglichen werden kann, die zum Mauerfall führten. Die Opfer aus dem Jahre 1848 und die Todesopfer aus der Zeit, als hier in Berlin noch die Mauer stand, dienen heute als historisches Erbe für uns Nachfahren – ein europäisches Memento für gemeinsame Ideen und Vorstellungen, über Zusammenhalt und gleiche Gesinnung.

Welch große Wellen der ungarische Freiheitskrieg schlug, davon zeugen unter anderem nicht nur die deutschsprachigen Flugblätter der Wiener und Pester Zeit- und Kampfgenossen, die zum Eintritt in die deutsche Legion für Ungarns Freiheit und Recht aufrufen: Vor kurzem fand ich eine Namensliste der am 12. November 1848 aus Sachsen angekommenen Freischärler, 51 an der Zahl, darunter Berufe vom Schneidergesellen bis zum Ziegelbrenner und Buchbinder. Das stellt mehr als alles andere die Zeit der europäischen Solidarität unter Beweis.

Die ungarische Revolution währte wohl am längsten, unser Freiheitskrieg dauerte bis Oktober 1849. Erst als der österreichische Monarch den russischen Zar um militärische Intervention bat, konnte diese ausländische Übermacht mit ihren Kosaken die bis dahin siegreiche Honved-Armee in die Knie zwingen.

Dennoch: Die Ideen des Freiheitskampfes wurden nicht zerschlagen. Die Monate der siegreichen Revolution und des Freiheitskrieges und deren grundlegende Reformen boten die geistige, moralische und politische Basis für die spätere Unabhängigkeit des Landes, für ein europäisches Bewusstsein in unserer nationalen Identität; die damals geforderten 12 Punkte für grundlegende Veränderungen waren zur Zeit der Wende, also 140 Jahre später, immer noch gültig.

Es ist jetzt zwar kalt, aber der Frühling kommt bestimmt. So war es auch immer in der Geschichte und der 18. März hatte irgendwie eine Zauberwirkung: Am 18. März 1793 wurde die kurzlebige Mainzer Republik ausgerufen.

Am 18. März 1848 kämpften die Berliner auf den Barrikaden von Berlin. 100 Jahre später sollte – zumindest im Westen des Landes – dauerhaft Recht und Freiheit einziehen. Und am 18. März 1990 konnten auch die Deutschen in der DDR erstmals ein freies Parlament wählen. Bei uns ist der 15. März Nationalfeiertag: möge bald der 18. März in der Bundesrepublik auch ein Nationalfeiertag werden! Der Monat März birgt also viele revolutionäre Energien in sich.

Wir alle brauchen diese Märzfreiheit, in allen Ländern auf unserem Planeten, und solange sie nicht dauerhaft und überall zur Wirklichkeit wird, bleibt der Gedanke kämpferischer Zündstoff. Was mit dem Blut der Gefallenen erkämpft wurde, hat bis in unsere Gegenwart Gültigkeit, wird genutzt, wird gelebt.

Für uns hier, in der Mitte von Europa, sind diese Energien dafür da, dass wir der ruhmreichen Märztage gedenkend versuchen, unserem Alltag etwas Besonderes abzugewinnen, etwas, das über unsere individuellen und egoistischen Ziele hinaus einer größeren Gemeinschaft zugute kommen kann, etwas, womit wir zu einer stillen Revolution des Alltags beitragen können.

Mit diesen Gedanken wünsche ich Ihnen und uns allen einen schönen Frühling und fröhliche Besinnung auf unsere gemeinsamen Werte.

Rede auf dem „Platz des 18. März" in Berlin am 18. März 2006.

Die „Aktion 18. März" legt großen Wert auf Überparteilichkeit. Zur Gedenkstunde am 18. März 2005 kamen (von links nach rechts) **Petra Pau**, Die Linke, **Claudia Hämmerling** und **Wolfgang Wieland**, Bündnis 90/Die Grünen und **Rudolf Köberle**, CDU (im hellen Kurzmantel), und am Pult **Hermann Otto Solms**, FDP.

Robert Blum – sein Wirken und Nachwirken

Hinrich Enderlein

Wenn ich über das Wirken und Nachwirken von Robert Blum spreche, gebe ich gern zu, dass ich mich zunächst schwer getan habe, den Zugang zu finden, der einerseits dem festlichen Anlass angemessen ist, andererseits aber vermeidet, alles das zu wiederholen, was – wenn auch neu geschüttelt oder gerührt – andere bereits aus allen erdenklichen Blickwinkeln beleuchtet und dargestellt haben. Insbesondere der Historiker, der ich bin, befürchtete, eine gewisse Oberflächlichkeit, wenn er nach dem bekannten Rednermotto verfährt: Es ist zwar schon alles irgendwo gesagt oder geschrieben, aber noch nicht von mir.

Das gilt im Jahr 2007, dem zweihundersten Geburtsjahr von Robert Blum, vor allem angesichts der im vergangenen Jahr von der Rastatter Erinnerungsstätte für die Freiheitsbewegungen in der deutschen Geschichte besorgten – insgesamt gelungenen – Ausstellung und des vorzüglichen Begleitbuches dazu, die Robert Blum aus der Gefahr des Vergessenwerdens geholt haben. Denn so wie im 19. Jahrhundert „Erschossen wie Robert Blum" zum geflügelten Wort geworden war, konnte für das 20. Jahrhundert die Aussage gelten „Vergessen wie Robert Blum". Schön wäre es, wenn die Ausstellung nach Rastatt, Magdeburg, Ludwigsburg, Koblenz, Köln und Leipzig auch in Berlin gezeigt werden könnte – einer immerhin einjährigen und für sein weiteres Wirken nicht unbedeutenden Station seines zu kurzen Lebens.

Das Vergessen gilt übrigens eher für die Öffentlichkeit als für die Wissenschaft. Zwar ist seit Jahrzehnten eine neue Biografie überfällig, die neuere Forschungsergebnisse aufarbeitet und manche recht einseitigen Bewertungen zurechtrückt und ergänzt, die in der bisher einzigen umfassenden und von den Fakten her zuverlässigen Blum-Biografie von Siegfried Schmidt aus dem Jahre 1971 enthalten sind. Aber Leben und Wirken von Robert Blum scheinen doch bis auf einzelne Nischen ausreichend erforscht und dokumentiert, so dass grundlegend Neues kaum mehr zu erwarten ist. Allerdings gibt es einen ganz wichtigen Bereich, der das Spannungsfeld zwischen Politik und Religion betrifft, der doch noch weitgehend ausgespart erscheint oder marginalisiert wird – wohl weil die Fakten lange Zeit falsch interpretiert wurden. Er wird sich wie ein roter Faden durch meine Ausführungen ziehen.

Nicht so gut wie bei den Fakten sieht es freilich beim Bewerten, Einordnen und Erinnern aus, also bei dem, was Gegenwart und Zukunft über diesen Vorkämpfer der Freiheit und Rechtsstaatlichkeit bewahren sollten. Da tue ich mich mit einigem, was heutigen Politikern aber auch manchen Wissenschaftlern locker über die Lippen geht, doch sehr schwer. Besonders störe ich mich an der Bezeichnung „Visionär", die im übrigen auch die Unterzeile der Ausstellung enthält. Dahinter steht wohl die vielleicht löbliche und gewollte Absicht, ihn über den damaligen Zeitgeist zu erhöhen, ihm – wie manche es auch tun – „prophetische" Fähigkeiten zuzuschreiben und ihn damit in eine gewissermaßen höhere Sphäre zu entrücken, um ihn entsprechend würdiger feiern zu können.

Nein, Robert Blum war kein „Visionär"! Und man muss ihn vor diesem Versuch in Schutz nehmen, ihm als Politiker, der er war, „ex post" Eigenschaften zuzuschreiben, die ihn schon fast in die Nähe des „Fantasten" rücken, als der er von einigen Zeitgenossen bezeichnet wurde, und die seine tatsächliche Leistung, seine Person und seinen Charakter eher vernebeln. Es ist wohl der heutige Zeitgeist, der fast schon reflexartig zu Begriffen greift, die überhöhen und verklären, um damit das Außergewöhnliche, das Spektakuläre zu unterstreichen. Schon Goethe lässt den Faust diese offensichtlich nicht erst heutige Unart in dem bekannten Ausspruch ironisieren:

> Mein Freund, die Zeiten der Vergangenheit
> Sind uns ein Buch mit sieben Siegeln.
> Was ihr den Geist der Zeiten heißt,
> das ist im Grund der Herren eigner Geist,
> in dem die Zeiten sich bespiegeln.

Nun hat die Forschung im Falle Robert Blums – wie ich bereits ausgeführt habe – bereits fast alle Siegel entfernt und sein Leben und Wirken liegt weitgehend offen vor uns. Um so weniger besteht die Notwendigkeit, es zu mystifizieren. Davon zeugen auch die vielen zutreffenden Begriffe, mit denen seine Tätigkeit, sein Denken, Reden und Handeln charakterisiert werden: Demokrat, Revolutionär, links- oder radikal-liberaler Politiker, Parlamentarier, brillanter Redner, Autodidakt, Theatermensch, Organisator. Wenn der Begriff nicht teils sehr negativ besetzt wäre, würde ich ihn auch als „Macher" bezeichnen, denn er war ein Mann der Tat. Er war auf der einen Seite Überzeugungstäter und Idealist, auf der anderen Seite aber auch der parlamentarische Pragmatiker, der in einer Minderheitenposition Kompromisse schließen musste, um wenigstens Teile des angestrebten Ziels zu erreichen, und sich dabei regelrecht aufrieb.

In die Visionärsecke möchte ich freilich diejenigen stellen, die versuchen, direkte Linien von Robert Blum zu unserem Grundgesetz und zu unserer heutigen Politik – insbesondere der Außenpolitik – zu ziehen. Wenn er in der Paulskirche "die Verbrüderung des freigewordenen oder freiwerdenden Westens" anmahnte, dann ist das ein Topos, der vor allem auf die in Verfassungsfragen viel progressiver agierenden Franzosen Bezug nimmt, um mit ihnen den Schulterschluss zu suchen, und ihn nicht zum Vordenker einer modernen Außen- oder Europapolitik macht.

Denn während er im Hinblick auf Polen nachdrücklich das Nationalstaatsprinzip vertrat, lesen wir zu dem auch von ihm als schmachvoll empfundenen Frieden von Malmö zwischen Preußen und Dänemark in einer seiner Reden, dass er eher die

Vernichtung der deutschen Nation ertragen möchte, „als mit Schmach und durch schmachvolle Nachgiebigkeit fortzuleben." Es gab zwar auch noch andere Gründe für sein Votum. Aber dass er hier vielleicht – salopp ausgedrückt – auf dem falschen Bein Hurra geschrien hat, wird auch dadurch bestätigt, dass dies eine der wenigen Abstimmungen in der Nationalversammlung war, bei der er auf der Mehrheitsseite abstimmte, ja vielleicht durch seine Rede diese Mehrheit erst herbeigeführt hat. Und ausgerechnet dieses Abstimmungsergebnis wurde übrigens wenig später bei einer erneuten Abstimmung korrigiert.

Richtig ist, dass viele seiner zentralen Politikvorstellungen heute Grundlagen unseres Verfassungsverständnisses und unserer Politik geworden sind. Ihn in der heutigen Zeit deswegen gleich als bedeutenden Vordenker der Moderne zu feiern, ist für mich der falsche Ansatz. Da war er Teil der demokratisch-republikanischen Bewegung seiner Zeit, Teil der Nationalversammlung, Teil seiner liberalen, insbesondere linksliberalen Gesinnungsgenossen. Aber er war viel mehr Vorkämpfer als Vordenker, ohne grundlegend neue oder originäre Ideen oder Beiträge zur Verfassungsdiskussion beizusteuern. Jedoch war das auch gar nicht nötig, denn die Zeit des Vormärz und der Paulskirche hatte kein Theoriedefizit. Vordenker gab es genügend, freilich oft wenig prinzipientreue. Alle denkbaren Varianten von Demokratie und Rechtsstaat waren auf dem Tisch. Sie mussten formuliert, mehrheitsfähig gemacht, umgesetzt und durchgesetzt werden.

Das war das Feld von Robert Blum. Er war ein begnadeter Redner bis hin zum Demagogen. Er war ein überaus geschickter und prinzipienfester Verhandler in und außerhalb des Parlaments, wie er 1845 in Leipzig gezeigt hatte und wodurch er auch einen Teil seines Rufes und seines Ruhmes begründet hatte. Und er grenzte sich sehr deutlich von denjenigen ab, die schon frühzeitig auf eine revolutionäre gewaltsame Entwicklung und Entscheidung setzten. Er vertrat zwar das Recht zum gewaltsamen Widerstand gegen eine ungerechte Herrschaft, war aber grundsätzlich Anhänger des gewaltlosen Weges. Der Widerstand in Wien war für ihn ein Akt der Notwehr gegen die despotische Macht. Die Legitimität dieses Vorgehens stellte er in die Tradition von Freiheitskämpfern wie Wilhelm Tell, George Washington und Tadeusz Kosciuszko. Der gedankliche Bruch mit seinem bisherigen Handeln bestand wohl darin, dass er im Gegensatz zu seinen bisherigen Prinzipien den Weg der Legalität zu Gunsten einer gewaltsamen Aktion verließ und trotzdem auf die inzwischen gesetzlich garantierte Rückversicherung der Parlamentsimmunität vertraute. Es ist seine persönliche Tragik, dass er die erstmalige Abkehr von seinen Legalitätsprinzipien mit dem Tod bezahlte.

Ein Thema, das bei der Rezeption von Robert Blum viel zu kursorisch und eher der Vollständigkeit wegen behandelt wird, ist die deutschkatholische Bewegung, sein Anteil daran und die Bedeutung einer zivilen bürgerlichen Religionskultur für ihn. Ich neige dazu, es in seinem Weltbild für sehr viel konstitutiver und unverzichtbarer zu halten, als manche heute durchgesetzten und akzeptierten Teile unseres demokratischen Verfassungskanons. Und es ist ein originärer Denkansatz, den Robert Blum maßgeblich und eigenständig entwickelt und mitformuliert hat. Deshalb ist es für mich auch unverständlich, wenn unter der Rubrik „Robert Blum lebt" die Themen Demokratie, Freiheitsrechte, Rechtsstaat, Sozialstaat, Bildung und Außenpolitik abgehandelt werden, sich aber nicht der geringste Hinweis auf eins der spannendsten Themen der Zeit von Robert Blum – und ich möchte ergänzen: auch unserer Zeit – findet, den Zusammenhang von Politik und Religion, die Religiosität oder – um mit Robert Blum zu sprechen – die Zivilreligion.

Es zeugt aus meiner Sicht von einer falschen Bewertung der Intentionen von Robert Blum im Hinblick auf die Deutschkatholiken von der Gründung einer neuen Kirche gesprochen wird, auch wenn der Begriff anfangs viel verwendet wird. Blum kritisiert in dem von ihm selbst verfassten Eintrag „Deutschkatholiken" in seinem Staatslexikon für das Volk, „dass man erstrebte, eine Kirche zu gründen, während das wahrhaft freisinnige Streben auf Aufhebung jeder Kirche und Ersatz durch freie menschliche Vereinigung gerichtet sein muss". Schließlich bleibt auch die heutige Feststellung, dass Robert Blum ein Christ gewesen sei, ohne einen Hinweis auf sein ziviles Religionsverständnis ein Allgemeinplatz. Und als bloß dogmatisch verortet ist die Feststellung seines DDR-Biografen Siegfried Schmidt einzustufen, er habe die „konsequente Einheit von revolutionärem Demokratismus und Atheismus, wie sie Karl Marx' frühe Entwicklung kennzeichnet,... nicht zu verwirklichen" vermocht. Er hat es nie gewollt und diese Frage hat sich ihm auch nie gestellt.

Aber bleiben wir bei Robert Blum und seiner Zeit, in der diese Gretchenfrage („Wie hast Du's mit der Religion?") die Gemüter wirklich bewegte, und für manche die Motivation für oppositionelles und revolutionäres Denken und Handeln bildete. Letztlich waren es verschiedene, sehr unterschiedliche Elemente und Strömungen, die den Boden bereitet haben für eine in der Bürgerschaft verwurzelte neue Religiosität, die Zivilreligion. Robert Blum war – um mit heutigen Worten zu sprechen – ein extrem vernetzter Mensch und er war sehr reisefreudig. Wir können also davon ausgehen, dass er ungewöhnlich gut informiert war, was im Übrigen auch seine Tätigkeit als Publizist und Verleger mit sich brachte. Als Autodidakt enorm bildungsbeflissen, nahm er alle geistigen und gesellschaftlichen Tendenzen und Strömungen in sich auf und reagierte in seinen Reden und Schriften darauf.

Eine solche Strömung war das aufkommende Vereinswesen. Denen, die sich über das deutsche Vereinswesen in seiner heutigen Ausprägung mokieren, ist meist nicht bewusst, dass es sich dabei um eine Errungenschaft der sich formierenden Bürgergesellschaft der nach-napoleonischen Zeit handelt. Einerseits ging es um die Distanzierung von den elitären Vereinsprinzipien des 18. Jahrhunderts. Andererseits wollte die Bürgerschaft ihre eigenen Interessen frei und öffentlich organisieren und entfalten. Viele uns heute geläufige Vereinsnamen, die wir gar nicht mehr mit einem Verein assoziieren, haben in der damaligen Zeit ihren Ursprung. Das gilt für Industrievereine ebenso wie für Ärzte und Naturforscher, für den „Deutschen Zollverein" ebenso wie für den „Börsenverein des deutschen Buchhandels".

Ganz wichtig, auch unter politischen Aspekten, waren natürlich die Turnvereine, Friedrich Ludwig Jahn (Turnvater Jahn) lässt grüßen, dann die Burschenschaften und – passend zur Hinwendung der Bürger zur Kultur – die Männergesangs- und Musikvereine. Für Robert Blum hatte der Schiller-Verein eine besondere Bedeutung. Denn er führte unterschiedliche Stände, Schichten, Konfessionen und Regionen zusammen. Sie alle versammelten sich in der Übereinstimmung bestimmter sozialer und politischer Grundvorstellungen. Als schließlich in den vierziger Jahren die Regierungen des Deutschen Bundes die Vereinigungsfreiheit zuließen, gab es kein Halten mehr. Der preußische König selbst gab dem Zentral-Dombauverein in Köln seinen Segen, als dessen Repräsentant Robert Blum 1848 von eben diesem König empfangen wurde, und der König initiierte selbst den Verein zum Wohle der arbeitenden Klasse. Zentralvereine waren ein beliebtes Modell, um zu einer Vereinsbildung über den Einzelstaat hinaus auf nationaler Ebene zu kommen.

Robert Blum war selbst – wie wir heute sagen würden – ein Vereinshansel, allerdings im positiven Sinn. Er hatte die Bedeutung des Vereins als Instrument bürgerschaftlicher Organisation und oft auch politischer Willensbildung voll erkannt und nutzte sie für seine politischen Zwecke und Überzeugungen. Hier kam ihm auch zu Gute, dass er ein begnadeter Redner war, für die Betätigung in Vereinen ein unschätzbarer Vorteil.

Die politische Heimat von Robert Blum war der Liberalismus, eine der damals weit verbreiteten progressiven politischen Strömungen. Seit Anfang der vierziger Jahre war er in das liberale Netzwerk integriert, das unter dem Namen Hallgartenkreis bekannt war. Zunächst waren dort alle liberalen Schattierungen vereint. Aber schon bald erwies sich die Spannbreite als zu groß. Gagern, Bassermann und Welcker auf der einen Seite – von Blum später als Stillstands- und Rückschrittsmenschen bezeichnet – und auf der anderen Seite Hecker und Struve, die er als „Viehkerls" titulierte, weil sie durch ihre unbesonnenen gewalttätigen Aktionen das große gemeinsame Ziel der Verfassung in Gefahr brachten. Es ist erstaunlich, wie die kleine Gruppe der standhaften und prinzipientreuen Linksliberalen in der Nationalversammlung unter seiner Führung auch als Minderheit Einfluss und Ansehen hatte, die sich freilich zunehmend abnutzten, je weniger die radikalliberalen Ansätze Chancen hatten durchgesetzt zu werden.

Auch die religiösen Bewegungen und Gemeinden lagen voll im Trend und profitierten von der Vereinseuphorie. Neben den Deutschkatholiken gab es kirchentreue Pius-Vereine. Und auf der protestantischen Seite wurde der Gustav-Adolf-Verein gegründet. Noch in meinem eigenen Konfirmationsunterricht in einer evangelischen Gemeinde in der Diaspora war die Beantwortung der Frage ganz wichtig: Was ist der Gustav-Adolf-Verein? Die Antwort ist mir nach fünfzig Jahren noch immer präsent: Der Gustav-Adolf-Verein unterstützt die evangelischen Gemeinden in der Diaspora. Damals lief übrigens in Köln unter dem Kardinal Frings eine Kampagne gegen Mischehen. Auch dieses Thema hatte sich aus dem Vormärz über mehr als hundert Jahre bis in die fünfziger Jahre des 20. Jahrhunderts hinübergerettet.

Ein ganz entscheidender, aber auch entschiedener Mitstreiter für die Sache der Deutschkatholiken war Johannes Ronge. Ronge war der Autor des offenen Sendschreibens und Protestbriefs an Bischof Arnoldi gegen die Ausstellung des heiligen Rocks in Trier am 1. Oktober 1844, das auch in Blums „Sächsischen Vaterlandsblättern" am 16. Oktober veröffentlicht wurde – ein öffentliches Fanal. Hatte sich Robert Blum bis zu dieser Zeit kaum für kirchen- und religionspolitische Themen interessiert, so änderte sich das schnell. Bereits im Frühjahr 1845 wurde unter seiner tätigen Mithilfe in Leipzig die deutschkatholische Gemeinde gegründet, die seitdem seine religiöse Heimat war und wo er oft als Prediger auftrat. Ronge, der seit dem Protestbrief in ganz Deutschland Kult war, blieb ihm in dieser Zeit ein interessierter Briefpartner und später als Mitglied im Frankfurter Vorparlament auch ein wichtiger Gesprächspartner.

Vielleicht ist es an dieser Stelle noch einmal notwendig, darauf hinzuweisen, dass es sich bei den Deutschkatholiken nicht um eine Kirchengründung handelte, auch wenn in einem Bericht von Robert Blum über das Leipziger Konzil von 1845 der Begriff „deutschkatholische Kirche" noch Verwendung findet. In dem von ihm selbst verfassten Beitrag für sein Staatslexikon geht Blum darauf ein und macht unmissverständlich klar: „Die Deutschkatholiken traten schnell in Leipzig zu einem Concil zusammen, um sich über ihre gemeinschaftlichen Bedürfnisse zu einigen, sie gaben dem allgemeinen Streben nach kirchlicher Freiheit Ausdruck und Form, legten die sogenannte Kirchengewalt in die Hände der Gemeinde zurück, denen sie allein gehört, und setzten das Menschliche: die Bethätigung der christlichen Liebe (welche eine vollständige Umgestaltung der Gesellschaft in sich schließt) über die Lehre". Eine weitreichende und wahrhaft programmatische Aussage, die keinen Zweifel an dem Charakter der deutschkatholischen Gemeinde aufkommen lässt.

Und er geht in seiner Kritik an der traditionellen Verfasstheit der Kirche und ihren Symbolen und Inhalten noch weiter. Er kritisiert seine deutschkatholischen Gesinnungsgenossen dahingehend, „dass auch sie ein Bekenntniß aufstellten, zwar ein sehr weites und bequemes Bekenntniß, welches nicht leicht einem Gewissen Zwang antun wird, aber doch ein Bekenntniß, welches für den, der es nicht mag, zwingend werden kann, wie ein Machtspruch des Papstes oder wie der starre papierne Papst: die Symbole der protestantischen Kirche, um deretwillen man nicht protestantisch geworden war". Das Glaubensbekenntnis als „papierner protestantischer Papst" – eine pointierte Formulierung. Damit ist wohl für jedermann klar, und zwar in Robert Blums eigenen Worten, welchen Charakter die deutschkatholischen Gemeinden hatten und haben sollten.

Mit diesen Aussagen sind bereits auch wesentliche Teile des Prinzips der Zivilreligion oder Bürgerreligion auf den Punkt gebracht, die für Robert Blum – aber das versteht sich fast von selbst – nur bei einer Trennung von Staat und Kirche realisierbar waren. Es ist eine unbestreitbare Tatsache, dass die geschilderten Zeitumstände in vielfältiger Hinsicht die Bildung freireligiöser Gemeinden und insgesamt einer neuen Religiosität außerhalb der Autorität der Kirchen begünstigten.

Es bleibt die Frage, warum diese für Robert Blum so essentielle Thematik bei der Betrachtung seiner Person, seines Wirkens, seiner Rezeption und seiner Aktualität bis auf den heutigen Tag weitgehend ausgeblendet wird. Zuletzt hat vor allem die Düsseldorfer Neuhistorikerin, Irmtraud Götz von Olenhusen, in ihrem Beitrag für das eingangs zitierte Begleitbuch zur Blum-Ausstellung darauf hingewiesen, dass die deutsche Geschichtsschreibung – darunter so prominente Vertreter wie Ulrich Wehler – noch in jüngster Zeit die deutschkatholischen und freireligiösen Gemeinden der vierziger Jahre als verkappte liberal-demokratische Vereine marginalisiert hat. Ihr Aufsatz hat trotz des etwas reißerischen Untertitels „Robert Blum und die deutschkatholische Bewegung: Vom römisch-katholischen Messdiener zum Propheten einer demokratischen Zivilreligion" hoffentlich dazu beigetragen, dieses Thema stärker ins Bewusstsein zumindest der Historikerinnen und Historiker zu rücken.

Die Bedeutung des Themas in den verschiedensten Varianten – meist nicht ganz zutreffend unter der verfassungsrechtlichen Problematik der Trennung von Kirche und Staat diskutiert – ist seit der ersten Hälfte des 19. Jahrhunderts reich belegt. Immerhin gab es in den vierziger Jahren etwa 300 deutschkatholische Gemeinden mit über 100.000 Mitgliedern. In ihnen vermischten sich religiöse Opposition und politischer Protest. Von Olenhusen unterstreicht deren Bedeutung mit folgender Feststellung. Ich zitiere: „Nicht zuletzt wegen der Marginalisierung ziviler Religion im öffentlichen Raum und wegen der autoritäre und obrigkeitsstaatliche Mentalitäten außerordentlich begünstigenden Prozesse der Rekonfessionalisierung vor allem seit Ende des Jahres 1848, messe ich dem Scheitern der deutschen Revolution von 1848/49 eine wesentlich größere Bedeutung bei, als es in der deutschen Historiographie üblich ist."

Sie rückt damit die Zivilreligion und ihre Interpretation als historisches Faktum in ein völlig neues Licht. Und damit wird auch die Bedeutung von Robert Blum in einem für ihn zentralen Punkt neu gesehen werden müssen. Ich füge hinzu, dass die Bedeutung von Personen und Ideen in ihrer Zeit und für die Nachwelt bis in die Aktualität hinein eben nicht nur an Erfolgen und Verwirklichungen ihrer Ideen und ihres Handelns beurteilt werden kann und sollte. Zuweilen kann ein Scheitern die Geschichte und ihren Gang viel nachhaltiger beeinflussen und gestalten.

Bekannt als weitere Epoche der Auseinandersetzung zwischen Staat und Kirche in Deutschland ist der Bismarcksche Kulturkampf. Auch hier sind die Liberalen die üblichen Verdächtigen, wie Wilhelm Busch in der Frommen Helene treffend zuspitzt:

> Schweigen will ich von Lokalen,
> wo der Böse nächtlich praßt,
> wo im Kreis der Liberalen
> man den Heil'gen Vater haßt.

An dieser Stelle kann ich mit einer weiteren Lernfrucht aus meinem Konfirmationsunterricht aufwarten, die für noch wichtiger erachtet wurde als die Frage nach dem Gustav-Adolf-Verein. Auf die Frage: Was macht der Evangelische Bund, musste die prompte Antwort lauten: Er bekämpft den politischen Katholizismus. Der Evangelische Bund war 1886 als regelrechter Kampfbund gegründet worden, als sich am Ende des Kulturkampfes eine deutliche Stärkung und Politisierung des Katholizismus abzeichnete. Letztlich hat der Kulturkampf aber nur eine mäßige Trennung von Staat und Kirche bewirkt, weil vieles wieder zurückgenommen wurde. Die christliche Identität blieb in Deutschland stark autoritär geprägt.

Weimar brachte zwar das Ende der Staatskirche, aber keine wirkliche Trennung der beiden Institutionen. Die Diskussion verlagerte sich auf die Forderung nach Pluralität und Gleichbehandlung der Nichtchristen. Zunehmende Säkularisierungsprozesse und die Entfremdung der Menschen von den Kirchen führten im Nationalsozialismus zu Elementen politischer Religion, zunächst einer Sakralisierung der Nation und dann einer totalitären Ideologie, die zu kollektivem Mord und Totschlag führten. In der DDR hatten Fragestellungen in diesem Kontext keinen Platz, weil sie mit dem staatlich verordneten Atheismus ein ganz anderes Modell verfolgte, das allenfalls einen christlichen Widerstand bewirkte. Und in der Bundesrepublik wurden die letzten Zuckungen einer Trennung von Staat und Kirche bei den Liberalen in den siebziger Jahren beobachtet. Seitdem dümpelt das Thema ohne große öffentliche Resonanz so vor sich hin.

Die Frage, die ich abschließend und auf dem Hintergrund der Ausführungen über Robert Blum und seine Zeit erörtern möchte, befasst sich mit einem Befund unserer heutigen Gesellschaft. Wir leben in vergleichsweise ruhigen Zeiten. Es gibt weder krisenhafte Erscheinungen noch Aufbruchstimmungen, geschweige denn ein revolutionäres Potential. Trotzdem – und das mag insoweit erstaunen – gibt es eine Hinwendung zur Religiosität in einer Vielzahl von Erscheinungsformen und zwar weltweit. Und diese Religiosität oder Religionssuche ist keineswegs deckungsgleich mit den großen Kirchen oder Religionen. Manches geschieht in ihrer Mitte unter deutlicher Strapazierung einer innerkirchlichen Toleranz, manches vagabundiert an ihren inzwischen stark ausgefransten Rändern, und manches hat mit Kirche im herkömmlichen Verständnis auch nicht mehr das geringste zu tun.

Nur am Rande soll darauf hingewiesen werden, dass ein zum Teil sehr hoher Prozentsatz der deutschen Bürgerinnen und Bürger keiner Kirche angehört. In Brandenburg sind es rund drei Viertel der Bevölkerung. Andere Zahlen, vor allem aus Ost- und Norddeutschland, mögen das in der Tendenz bestätigen. Und das hat nicht nur mit DDR-Vergangenheit oder Flucht vor der Kirchensteuer zu tun. Und es wäre sicher falsch zu unterstellen, dass diese Menschen alle ohne jegliche religiöse Bindung etwa im Sinne einer zivilen Religion leben oder leben wollen. Eher im Gegenteil.

Besonders auffällige Phänomene sind dabei weltweit einmal der hohe Anteil Jugendlicher, die auf der Suche nach einer neuen undogmatischen Religiosität sind. Bei fast allen Altersgruppen stellen wir eine verstärkte Wert- und Sinnsuche fest, wobei die Antworten deutlich über die Angebote der Kirchen hinausgehen. Diese antworten ihrerseits häufig auf Fragen, die gar nicht mehr gestellt werden. Und schließlich gibt es den eifernden Versuch, ethische Positionen und Werte über die Politik zu dogmatisieren. Dabei wären zwar Staat und Kirche als Institutionen nicht unmittelbar tangiert, aber die Wirkung wäre annähernd die eines staatlich verordneten Glaubensbekenntnisses, das – wir erinnern uns – von Robert Blum sogar für die Ebene der Gemeinde strikt abgelehnt wird, „der starre papierne Papst ... der protestantischen Kirche", wie er es nennt.

War die Trennung von Staat und Kirche aus der Perspektive von Robert Blum noch eine notwendige Bedingung für die Zivilreligion, also für einen überkonfessionellen „zivilen Glauben", so spielt dies heute hier bei uns angesichts der geschilderten Entwicklungen nur noch eine eher untergeordnete Rolle, wenngleich die nicht vollständig vollzogene Trennung ein Ärgernis bleibt. Weltweit gibt es freilich ganz unterschiedliche Entwicklungen und Bewegungen. Was dagegen dauerhaft auf der Tagesordnung steht, ist die Zivilreligion, die für viele der zu beobachtenden Tendenzen eine ernsthafte Alternative darstellen könnte. Sie erkennt die Autonomie des Individuums an, appelliert an die Zustimmung für ethische Grundsätze und kann in Gemeinschaft mit traditionellen Religionen, verschiedenen religiösen Praktiken und Kulten und sogar politischen Ideologien im Sinne des Pluralismus koexistieren.

Ich schließe mit einer Definition der Zivilreligion des Potsdamer Politologen Heinz Kleger, die Robert Blums Verständnis voll erfasst, aber auch für die heutige Zeit Gültigkeit haben mag: „Zivilreligion als Bürgerreligion ist eine Religionspragmatik, und der Mensch, für den sie Bedeutung hat, ist ein Pragmatiker und im besten Fall ein aufgeklärter Eklektiker, was auf dasselbe hinausläuft. Bei allem Realitätssinn sorgt der religiöse Hintergrund, sorgen mithin tiefere Überzeugungsschichten, die in anderen Überzeugungen enthalten sind oder sie stützen, dafür, dass dieser Pragmatismus sich nicht enthemmt ... Es gibt starke Gründe, von Religion zu reden, da es immer eine Beziehung zur dominanten Hintergrundreligion gibt, sei dies der Katholizismus, das Judentum, der Protestantismus oder der Islam."

Festvortrag von Hinrich Enderlein am 23. September 2007 gehalten auf der Robert-Blum-Gedenk-Veranstaltung der Freireligiösen Gemeinde Berlin in der Theaterkapelle Boxhagener Straße in Berlin-Friedrichshain.

Neben dem gemeinsamen Singen gehören auch Darbietungen der Chöre zum Programm der Feierstunden auf dem Platz des 18. März und auf dem Friedhof der Märzgefallenen. Hier singt der Chor des inzwischen abgewickelten Erich-Fried-Gymnasiums unter Anleitung von Andreas Bunckenburg.

Erfolgreiche liberale Staatsgründung – gescheitertes Gedenken

Béatrice Ziegler

Mit Freude überbringe ich Ihnen ein Grußwort aus der Schweiz. Ich bin mir der Ehre der Einladung bewusst und ich halte es für bedeutsam, dass sich Ihre „Aktion 18. März" entschieden hat, jemanden aus der Schweiz zu dieser Feier einzuladen. Ich darf doppelte – historische wie politische – Verbundenheit von Bürgerinnen und Bürgern der Schweiz repräsentieren:

Freiheit – Gleichheit – Brüderlichkeit – die Verbundenheit in den Idealen, die sich in der Formel der französischen Revolution manifestiert haben und die 1848 weitergetragen worden sind, hat hohe aktuelle Bedeutung. Die daraus abgeleitete Überzeugung, dass ein demokratisches Staatswesen nur lebt, wenn seine Bürgerinnen und Bürger sich als solche auch begreifen und als solche handeln, hat Bevölkerungen stets über nationale Grenzen hinweg verbunden. Der Einsatz für die Gleichheit der Menschen vor dem Gesetz bildet eine demokratische Tradition, deren Wirkungsmacht das Denken in weltgesellschaftlicher Dimension letztlich voraussetzt. Die Brüderlichkeit verpflichtet nicht nur zur Solidarität, sie ist vielmehr das Resultat der Einsicht, dass wir in der Entwürdigung und Verfolgung Einzelner selbst bedroht sind. Die Bezeugung, dass Ideale, also Freiheit, Gleichheit, Brüderlichkeit, weltweit und untrennbar gültig sind, ist nicht allein ein Akt der Solidarität, sondern insbesondere unverzichtbare Voraussetzung für ihre Realisierung.

Die so ausgedrückte politische Verbundenheit wird begleitet von einer historischen Verbundenheit: Verfolgte und ihrer bürgerlichen Existenz beraubte Achtundvierziger aus deutschen Staaten, wie sie dann genannt wurden, kamen auf ihrer Flucht vor den Repressionen der Fürsten in die Schweiz, damals eine Insel demokratisch-republikanischer Freiheit. So wurde eine Asylgewährungstradition begründet, derer sich die Schweiz hinfort rühmen sollte. Dass sie sich später, in entscheidender Zeit, darin nur ungenügend vom Gedanken brüderlicher Solidarität gegen Entwürdigung und Verfolgung leiten ließ, gehört zu diesem Gedenken und zu dieser Verbundenheit auch.

Die Kantone des freiheitlichen Bundesstaates, die die Achtundvierziger aufnahmen, sahen in diesem Asyl eine Notwendigkeit: Damit demonstrierte diese Schweiz ihren Anspruch auf die nationale Souveränität eines Staates, der die Freiheitsrechte der Bürger und erst viel später der Bürgerinnen zum Prinzip gemacht hatte. Benjamin Constants Diktum, dass die Eigenliebe das zentrale Motiv des menschlichen Handelns sei, ist eine in der Schweiz weit akzeptierte Sichtweise. Seine Forderung, dass auf dieser Grundlage die Erziehung den menschlichen Egoismus so zu lenken habe, dass er mit den Forderungen der Gesellschaft zusammenfalle, hat – so scheint mir – in der Schweiz ihre Umsetzung erfahren. In diesem Sinn kann die Aufnahme der Achtundvierziger durch den jungen Staat begriffen werden als Umsetzung von Constants Idee: Die Präsenz der revolutionären liberalen Kräfte aus den deutschen Staaten, Professoren, Schriftsteller, Politiker stärkte, trotz der Probleme, die man sich damit einhandelte, die liberale Bewegung in der Schweiz gegen außen und gegen die inneren Gegner des freiheitlichen und einheitlichen Staates.

Eine Grußbotschaft aus dem Lande der 1848 geglückten liberalen Revolution an die damals unvollendet gebliebenen ist der Zweck meines Kommens. Kein Zweifel: Aus der Perspektive der Ereignisse in den deutschen und anderen Staaten im Revolutionsjahr von 1848 erscheint ein Land, das seine „Nationswerdung" mit der Verabschiedung der schweizerischen Bundesverfassung der Situation von 1848 verdankt, als ein Land mit geglückter liberaler Revolution. Wurde dort doch ein nationaler Verfassungsstaat eingerichtet, der die Grundlagen der Volksherrschaft, der parlamentarischen Demokratie, der Rechtsstaatlichkeit und der Gleichheit der Bürger vor dem Gesetz festlegte. Mit dem militärischen Sieg über den so genannten Sonderbund von 1847, also dem Zusammenschluss der katholisch-konservativen Kantone, hatte der Weg für den Bundesstaat offengestanden. Die Verabschiedung der Verfassung von 1848 dann war – im Kontrast zu den Geschehnissen ringsum – eine friedliche Angelegenheit. Aber den Gedanken der Freiheit, der Gleichheit und der Brüderlichkeit sollten harte Zeiten bevorstehen: In ihrer Substanz von konservativen Kräften und den umliegenden Fürstenstaaten bestritten, galten sie auch von Anfang an nicht für alle. Der Ausschluss der Frauen, dann auch der Juden unter anderen hierarchisierte die Gesellschaft neu. Ich bin nicht hier, um Ihnen die Geschichte des schweizerischen Staates und der schweizerischen liberalen Bewegung nahezubringen. Der Umgang mit dieser Geschichte in der Erinnerung und die Bedeutung, die diese Erinnerung hat, steht hier im Zentrum. Dass die Erinnerung an 1848 in der Schweiz eine völlig andere ist als die hier, in Deutschland, gepflegte, steht zu erwarten. Interessant ist aber, dass in der Schweiz des 20. und 21. Jahrhunderts 1848 kein Datum war und ist, dem öffentliche Erinnerung gilt. Schulbücher pflegten die mittelalterliche mythische Gründungszeit: Die sogenannte Willensnation basierte sich nicht auf einer liberal-revolutionären Bundesstaatsgründung, sondern auf den Schillerschen Worten in „Wilhelm Tell", die die Einheit, die genossenschaftliche Tradition der Freiheit und die Schirmherrschaft Gottes beschworen:

„Wir wollen sein ein einzig Volk von Brüdern,
In keiner Not uns trennen und Gefahr...
Wir wollen frei sein, wie die Väter waren,
Eher Tod, als in der Knechtschaft leben...
Wir wollen trauen auf den höchsten Gott
Und uns nicht fürchten vor der Macht der Menschen."

Schulkinder wie Erwachsene waren sich moderner revolutionärer Ursprünge ihrer Nation nicht bewusst! – Erst 1998 meldete sich die Historikerschaft in der Öffentlichkeit nachdrücklich zu Wort und stellte das Jahr in einen Jubiläumskontext von 1798 und 1848. Die Historikerinnen und Historiker verlangten damit im Jubiläumsjahr die öffentliche Auseinandersetzung mit dem traditionellen Geschichtsbild.

Dieses hatte das Jahr 1798 als den Zusammenbruch der alten Ordnung und den Beginn der Fremdherrschaft durch Napoleon interpretiert und nahm bis dann nicht zur Kenntnis, dass mit der, der alten Eidgenossenschaft 1798 aufoktroyierten, Helvetik die liberalen Konzepte, Freiheitsgedanken und Vorstellungen von Gleichheit zwischen Aristokraten in den Städten und Beherrschten in der Landschaft Schub bekamen.

Es gelang aber 1998 trotz allem nicht, die Debatten um die Verbindungslinien zwischen freiheitlicher Helvetik und Bundesstaatsgründung, die in der dazwischen liegenden Mediation den Kampf um die neue Ordnung in die Kantone verlagert hatten, in eine breite Öffentlichkeit eindringen zu lassen. Die Erinnerung an moderne revolutionäre Wurzeln wird in der Schweiz nicht hochgehalten, auch wenn der Freiheitsgedanke sich in der Figur des Wilhelm Tell verkörpert hat.

Warum? Nach den ersten Jahrzehnten des Bundesstaates begann die Vorherrschaft des Freisinns, der etablierten liberalen Bewegung, gegen Ende des 19. Jahrhunderts zu wanken, und sie machte deshalb den Herrschaftspakt mit ihrem konservativen Gegner. Da war es schwierig, 1848 zu feiern, ein Datum, das ohne die vorherige Niederlage des konservativen Sonderbunds im Bürgerkrieg von 1847 nicht denkbar gewesen wäre. Der Verzicht auf den revolutionären, freiheitlichen Impetus wog schwer zu einem Zeitpunkt, als es in der international verschärften Lage der konkurrierenden Nationalstaaten und später in der Bedrohung durch den Faschismus und Nationalsozialismus galt, emotionales Bekenntnis zur Nation zu wecken, fehlen der Schweiz doch die meisten der ethnonationalen Versatzstücke, die Leidenschaft erzeugen können. Weder gibt es eine mehrheitsfähige Sprache, noch eine einigende Konfession, ganz im Gegenteil. Aber es gab, und dies schien die Lösung, eine Geschichtsinterpretation, die sich statt auf die revolutionäre Entstehung auf die Freiheit der Urschweiz und den Rückzug hinter die Grenzen als geschichtserprobte Rezepte bezog und die nun ausbaufähig war. Neben dem Rütlischwur und „Wilhelm Tell" war es Niklaus von Flüe, der innerschweizerische Eremit, von dem kolportiert ist, er habe zur internationalen Enthaltsamkeit geraten: „Machet den Zun nit zu wiit!" – „Steckt den Zaun nicht zu weit!" soll er geraten und damit die schweizerische bewaffnete Neutralität eingeläutet haben, die die Alte Eidgenossenschaft seit der Niederlage in Marignano 1515 praktiziert habe. Diese Geschichten waren wirkungsmächtig; Teile der politischen Landschaft beziehen sich noch heute darauf, um zu begründen, weshalb ein internationales Engagement unschweizerisch sei.

Es ist demnach nicht von der Hand zu weisen, dass sich die moderne Schweiz zwar der revolutionären, freiheitlichen, teilweise egalitären und brüderlichen Bewegtheit der vormärzlichen politischen Landschaft verdankt. Sie hat aber einen guten Teil des damit heute begründbaren politischen Engagements zugunsten einer brüderlichen und schwesterlichen Öffnung, eines Gleichheit reklamierenden Positionsbezugs und zugunsten eines Einstehens für die Freiheit aller und für die demokratischen Strukturen der Gesellschaften damit verschenkt, dass sie die Erinnerung an ihre revolutionären Wurzeln verschüttet hat.

Offensichtlich bin ich mit dieser Auffassung nicht allein: Die Stadt Aarau, in der ich arbeite, war vor mehr als zweihundert Jahren ein bedeutsamer Ort für die liberale Bewegung. In ihr haben die Liberalen Zschokke und Sauerländer, der eine Politiker und Volkserzieher, der andere Verleger all der aufklärerischen Schriften von Zschokke und anderen, den Sieg der Liberalen vorzubereiten geholfen. Diese Stadt hat nun ein Zentrum eingerichtet, ein Zentrum für Demokratie, in der Überzeugung, es müsse für die Demokratie in der Schweiz grundlegende wissenschaftlich basierte Aufklärungsarbeit geleistet werden. An diesem Zentrum ist unsere Abteilung für Politische Bildung und Geschichtsdidaktik angesiedelt und wir hoffen, einen Beitrag für die verstärkte Thematisierung der Politischen Bildung für demokratische Gesellschaften auch in der Lehrer- und Lehrerinnenausbildung leisten zu können.

Wenn ich heute an Sie eine Grußbotschaft richten darf, dann im Sinne eines Dankes für Aktionen wie die der „Aktion 18. März". Indem sie die Erinnerung an das Blutbad in Berlin wach hält, hält sie die demokratische Tradition und den revolutionären Geist hoch. Dass ich mir wünsche, dass diese Erinnerung der Stärkung der Gedanken von Freiheit und Gleichheit in gegenwärtiger Gesellschaft dient, also auf die Gegenwart und die Zukunft gerichtet sein soll, erlaube ich mir hier zu betonen. Erinnerungsmomente und Erinnerungsorte helfen, gegenwärtig bedeutsame, einer zukunftszugewandten Aktivität unverzichtbare Aspekte kollektiver Identität hervorzuheben oder kollektive Identitäten auf ihrer Grundlage zu schaffen. Wir alle bedürfen der Stärkung unseres Einstehens für die Würde der Menschen gegenüber Macht und Herrschaft.

Grußbotschaft aus der Schweiz auf dem „Platz des 18. März" in Berlin am 18. März 2008.

Wie in jedem Jahr seit 1998 fand auch am 18. März 2000 um 15 Uhr eine Gedenkstunde auf dem Platz des 18. März vor dem Brandenburger Tor statt. Auch dieses Foto dokumentiert die Überparteilichkeit der „Aktion 18. März": Wolfgang Wieland (Bündnis 90 /Die Grünen), Petra Pau (Die Linke), Wolfgang Thierse (SPD) und Hanna-Renate Laurien (CDU).

Ein Nationaler Gedenktag am 18. März

Michael Cramer

Sehr geehrte Damen und Herren, liebe Freunde, alle reden von 68. Aber heute, am 18. März, sollte sich das vereinigte und demokratische Deutschland an ein anderes Datum erinnern. Die deutsche Märzrevolution von 1848 feiert ihren 160. Jahrestag. Die als „Völkerfrühling" bekannte Märzrevolution war ein Erfolg von Menschen aller Klassen gegen die Feudalmächte. Sie forderten demokratische Rechte und vor allem Rede- und Versammlungsfreiheit. Nicht nur in Deutschland gab es Aufstände gegen Fürstenwillkür und Absolutismus. Es war eine europaweite Bewegung. Am 18. März 1848 besiegten in Berlin die Arbeiter und Bürger im Straßen- und Barrikadenkampf die Truppen des preußischen Königs. Als sich die Demonstranten auch durch den Einsatz von Waffengewalt nicht einschüchtern ließen, hatten die Soldaten begonnen, die Befehle zu verweigern, und verbrüderten sich mit dem Volk. Die Truppen kapitulierten und der König wurde gezwungen, vor den „Märzgefallenen" sein Haupt zu entblößen und sich zu verneigen. Wir wissen, dass der Aufbruch zu Demokratie, Freiheit und Einheit in Deutschland nach nur wenigen Monaten kläglich scheiterte.

Denn es gibt geschichtliche Situationen – so der Historiker Heinrich August Winkler –, die tragisch sind: „Situationen, in denen das, was dem rückblickenden Betrachter vernünftig erscheint, nicht Wirklichkeit werden konnte, weil die Verhältnisse mächtiger waren als die Vernunft." Schaut man auf die Märzrevolution, können wir „rückblickenden Betrachter" diesen Satz unterstreichen. Sie war ein wichtiger Etappensieg im Kampf um Demokratie in Deutschland und der Versuch, aus dem Flickenteppich der Fürstentümer einen modernen Nationalstaat zu formen. Die 48er-Revolution vermittelte vor 160 Jahren für kurze Zeit das Gefühl von Freiheit und Einheit. Doch die mächtige Realität sorgte schnell dafür, dass dieser kurze Traum platzen sollte. Kleinstaaterei und Feudalismus blieben länger als bei den europäischen Nachbarn das Merkmal der politischen Struktur in Deutschland. Die Einheit war geboten, wie die Freiheit notwendig war. Die Kleinstaaterei widersprach nicht nur den wachsenden Notwendigkeiten einer sich industrialisierenden Gesellschaft.

Es ging auch – und aus dem Blickwinkel eines aufgeklärten Bürgertums in erster Linie – um die nationale Idee, die damals eine fortschrittliche Idee der Befreiung vom Mief der Aristokratie, eine Abkehr von den beharrenden Kräften der Fürstenhäuser war. Dem politischen Liberalismus hatten die europäischen Nachbarn durch die revolutionären Ereignisse unter anderem in Frankreich Rückenwind verliehen. Belgien gab Europa seit 1830 ein Beispiel für konstitutionell verankerte Freiheitsrechte. In den Deutschlanden hingegen hatte sich nach dem Wiener Kongress 1815 die Restauration breitgemacht und die Verhältnisse feudalistisch eingefroren. Die Einheit kam erst 1871 durch Bismarck – und somit von oben. Die 1848er wollten beides – Einheit und Freiheit. Und sie hatten damit eine sehr viel schwierigere Aufgabe zu lösen als die europäischen Nachbarn. Wo der Nationalstaat schon durchgesetzt war, konnten sich die Bürgerinnen und Bürger auf die Freiheitsrechte konzentrieren. Die deutsche Revolution war durch ihr Doppelziel überfordert. Darin lag der Kern ihres Scheiterns. Die Niederlage von 1848 hat der deutschen Entwicklung eine schwere Hypothek hinterlassen: die Ungleichzeitigkeit von Einheit und Freiheit und den Mangel an bürgerschaftlicher, freiheitlicher Tradition im Deutschland des 19. und 20. Jahrhunderts. Die bürgerliche Rechte hat nicht nur in der Kaiserzeit den Mangel an Freiheit und Mitbestimmung akzeptiert und geduldet. Auch die Weimarer Republik litt darunter, dass die liberalen und konservativen Parteien mehr Angst hatten vor dem „kommunistischen Gespenst" als vor einem Verlust von Freiheit und Demokratie.

Vom Gedanken der Einheit verabschiedeten sich nach den Erfahrungen mit dem Nationalsozialismus in zunehmendem Maße große Teile der deutschen Linken. Einen Aspekt vernachlässigten sie dabei sträflich: Für die Deutschen in der DDR ging die Teilung einher mit politischer Unfreiheit. Die Zementierung der Teilung war auch die Zementierung der fehlenden Freiheit. Mit der friedlichen Revolution in der DDR wurde die Ungleichzeitigkeit von Freiheit und Einheit endgültig überwunden. Dass die einzigen freien Wahlen in der DDR im Jahre 1990 an einem sonntäglichen 18. März stattfinden konnten, war ein Geschenk des Kalenders – ein schönes Geschenk. Heute ist Deutschland vereint – nicht gegen den Willen seiner Nachbarn, sondern in enger Kooperation. Über viele Um- und Irrwege wurde der Traum der deutschen 1848er endlich wahr. Der 18. März 1848 ist ein wichtiger Tag der deutschen Geschichte, auf den sich alle demokratisch gesinnten Menschen berufen können. Er war der Höhepunkt des Kampfes für ein freies parlamentarisches Leben und ist Symbol für Freiheit, Gleichheit und Brüderlichkeit. Die überparteiliche Bürgerinitiative „Aktion 18. März", die von allen fünf Fraktionen im Abgeordnetenhaus von Berlin unterstützt wird, fordert anlässlich des 160. Jahrestages, diesen Tag zum nationalen Gedenktag zu erklären. Dem sollte sich auch der Deutsche Bundestag anschließen.

Rede auf dem Friedhof der Märzgefallenen in Berlin am 18. März 2008.

Gedenkstein auf dem Friedhof der Märzgefallenen am 18. März 2006 mit Kränzen. Im Vordergrund der Kranz des ehemaligen Ministerpräsidenten von Baden-Württemberg, Günther Oettinger.
Der Gedenkstein trägt die Aufschrift:

„Den Toten 1848/1918
Das Denkmal habt ihr selber euch errichtet.
Nur erste Mahnung spricht aus diesem Stein,
dass unser Volk niemals darauf verzichtet
wofür ihr starbt – einig und frei zu sein."

1848 und der deutsche Südwesten

Günther Oettinger

Herzliche Grüße aus dem deutschen Südwesten an die Freunde der Revolution von 1848. Unser Land ist stolz auf die freiheitlichen und demokratischen Traditionen, die in den Jahren 1847 bis 1849 einen frühen Höhepunkt erreichten. Sie fielen im deutschen Südwesten auf fruchtbaren Boden: Bereits die Verfassungen des Großherzogtums Baden von 1818 und des Königreichs Württemberg von 1819 galten als die fortschrittlichsten ihrer Zeit.

Das Land Baden-Württemberg baut auf diesem Erbe auf. Wir würdigen das Vermächtnis der „Pioniere der Freiheit" und erinnern immer wieder an die Revolution der deutschen Demokraten. Wir haben allen Grund, auch heute wieder zurückzublicken und innezuhalten. Wir haben allen Grund, dieses großartige Kapitel deutscher Demokratiegeschichte aufzuschlagen und das 160-jährige Jubiläum der Revolution als „Fest der Demokratie" zu feiern wegen der

– Bedeutung dieser Revolution für unsere Geschichte, unsere politische Kultur und unser Demokratieverständnis,
– Bindekraft, die auch für das wiedervereinigte Deutschland von den gemeinsamen freiheitlichen Traditionen ausgeht,
– ungebrochenen Aktualität der von der Revolution verbreiteten Ideen.

Der „Platz des 18. März", auf dem wir uns heute versammelt haben, ist dafür ein Symbol. Am 18. März gedenken wir dieser großen Tradition für das ganze, das vereinte Deutschland.

Ideen, die für uns heute und auch in Zukunft eine Gültigkeit beanspruchen können, das sind die Ideen der Aufklärung und die Ziele der Französischen Revolution wie der amerikanischen Unabhängigkeitsbewegung aus dem 18. Jahrhundert. Diskutiert wurden sie schon früh in den deutschen Landen, eine politische Wirksamkeit entfalteten sie vor allem in der Revolution von 1848/49.

In Baden wurde die Revolution der deutschen Demokraten vorgedacht. Im Gasthaus „Salmen" wurde dort am 12. September 1847 Geschichte geschrieben. Auf einer Volksversammlung wurde ein Katalog aufgestellt, der die Grundlage der späteren März-Forderungen des Jahres 1848 bildete. Als da sind
– Menschenrechte
– Gewissensfreiheit

- Pressefreiheit
- Lehrfreiheit
- Versammlungsfreiheit
- Vereinsfreiheit
- Religionsfreiheit
- Wehrpflichtarmee und Vereidigung des Militärs auf die Verfassung
- gerechte Besteuerung
- Recht auf Schulbildung
- Geschworenengerichte
- bürgernahe Verwaltung
- Abschaffung aller Vorrechte

Eine breite Resonanz fanden diese Forderungen am 27. Februar 1848 in Mannheim. An diesem Tage trafen sich etwa 2.500 Personen (mehr als ein Zehntel der Mannheimer Bevölkerung!) bei einer stürmischen Volksversammlung. Sie forderten unter anderem Pressefreiheit, Volksbewaffnung, eine Volksvertretung und Schwurgerichte.

Schon zuvor war Mannheim fast ein Jahrzehnt lang Hochburg der Opposition gegen das Vormärz-System in Deutschland. Eine ganze Reihe bürgerlich-liberaler und radikal demokratischer Vordenker war hier und im deutschen Südwesten beheimatet – von Karl Mathy, Friedrich Daniel Bassermann, Friedrich Hecker bis zu Amalie und Gustav Struve.

Gustav Struve war auch eine der Leitfiguren, als nach der Durchsetzung der Republik in Frankreich am 13. Februar 1848 der revolutionäre Funke nach Deutschland übersprang - in Mannheim, das zur Heimstatt der Freiheit wurde.

Die Revolution begann nicht mit Barrikadenkämpfen und Schlachtenlärm, sondern mit Adressen und Petitionen - mit diesen Märzforderungen, die zumindest vorläufig liberale und radikale Kräfte zu einen vermochten. Sie wurden in Mannheim formuliert und am 1. März 1848 in Karlsruhe der Zweiten Kammer des Badischen Landtags übergeben.

In Mannheim also begann für Deutschland die Fackel der Freiheit zu leuchten. An die Stelle der Adressen und Petitionen trat am 18. März in Berlin der Barrkadenkampf. Paris, Mannheim, Karlsruhe, dann Stuttgart, München, Heidelberg und Wien, dann das ungarische Pest und Mailand – das waren die weiteren Stationen einer Bewegung, die sich schnell in fast alle Städte und Dörfer ausbreitete.

Es war noch keine europäische, aber eine europaweite Bewegung. Es war eine Bewegung, die das Fundament der Gemeinsamkeiten schuf, die heute das ideelle Gerüst der Europäischen Union bilden: Demokratie, Menschenrechte, Rechtsstaatlichkeit. Die Revolution endete mit der Kapitulation der in der Bundesfestung Rastatt eingeschlossenen Revolutionäre am 23. Juli 1849 vor den preußischen Truppen.

Die Anstöße der Demokratiebewegung aus dem deutschen Südwesten, aus Preußen und anderen deutschen Ländern waren zwar zunächst ohne sichtbaren Erfolg. Aber:

Sie behielten die Leuchtkraft eines Ideals auch in langen Jahren der Unterdrückung. Die Revolution scheiterte nur militärisch – auf Dauer jedoch weder geistig und politisch. Denn die Demokratie in Deutschland sieht sich auch als Verwirklichung der Revolution von 1848/49. Die Wurzeln unseres heutigen Staatswesens liegen in dieser Zeit. Nach der Katastrophe des Nationalsozialismus wurde ausgehend von den Ländern ein demokratischer und freiheitlicher Rechtsstaat aufgebaut, dessen tragende Pfeiler und dessen föderative Ordnung sich über Jahrzehnte als stabil erwiesen. Schließlich ist es uns Deutschen 1990 gelungen, Einheit in Freiheit zu gewinnen und Demokratie und Nation zu versöhnen.

Gestatten Sie mir als Baden-Württemberger folgende Worte: 160 Jahre nach der Badischen Revolution haben wir auch in Europa die großartige Chance, deren Ideale dauerhaft zu verwirklichen. Wir werden diese Chance nutzen. Das Vermächtnis der Revolution der deutschen Demokraten ist uns dabei eine gemeinsame Verpflichtung. Der ehemalige Bundespräsident Theodor Heuss, ein gebürtiger Württemberger, drückte dies so aus: „Der Wille zur demokratischen Selbstgestaltung der Nation ist das Kernstück des Auftrags, der nun zu den Enkeln und Enkelsöhnen gewandert ist."

Grußwort vom Ministerpräsident des Landes Baden-Württemberg, Günther Oettinger, auf dem „Platz des 18. März" am 18. März 2008 in Berlin; vorgetragen von Claus-Peter Clostermeyer.

Fünf Frauen wurden am 22. März 1848 auf dem Friedhof der Märzgefallenen beigesetzt. Heute erinnern zwei Grabplatten an die Freiheitskämpferinnen. Das Grab der Frauenrechtlerin Agnes Wabnitz, die sich 1894 auf dem Friedhof der Märzgefallenen das Leben nahm, befindet sich auf dem Friedhof der Freireligiösen Gemeinde in Prenzlauer Berg.

Frauen des März 1848

Gabriele Hiller

Liebe Berlinerinnen und Berliner, liebe Freundinnen und Freunde der Revolution von 1848/49, gestatten Sie mir, dass ich den Organisatorinnen und Organisatoren dieser Veranstaltungen hier auf dem Friedhof der Märzgefallenen und auf dem Platz des 18. März, Herrn Volker Schröder, Frau Bettina Kurella und allen Freundinnen und Freunden der „Aktion 18. März" sehr herzlich danke für ihr Engagement, ihre Kraft und Ausdauer, alljährlich diesen Tag der Erinnerung an die Geschehnisse von 1848 zu gestalten und mit Leben zu erfüllen.

Ich möchte meinen kleinen Beitrag dazu nutzen, um an die Frauen des 48er-März zu erinnern, jenen Teil der Berliner, die sich nicht politisch organisieren konnten, die in Erinnerungen meist ausgeblendet werden und auch hier auf dem Friedhof nur in geringer Zahl vertreten sind. Und doch ging die Revolution ursprünglich von Frauen aus – die Missernte von 1846 führte zu Versorgungsengpässen, so dass es auf dem Belle-Alliance-Platz im Frühjahr 1847 zu Zuspitzungen kam, die letztlich in Tumulte und schließlich die „Kartoffelrevolution" mündeten. Die Frauen schlitzten Kartoffelsäcke auf, nahmen sich, was sie konnten, und zogen zum Schloss, wo sie Scheiben einschlugen. „Wir jehen nach der Revolution", dieser Ruf zog sich bis zu den Kämpfen in den Berliner Straßen des März 48 hin.

Elf Frauen waren unter den 184 Menschen, die am 18. März getötet wurden: Zwei Arbeiterinnen, zwei Dienstmägde, eine Handarbeiterin, eine Schneiderin, die Ehefrauen eines Korbmachers, eines Seidenwirkers und eines Webermeisters, die Witwe eines Tischlergesellen und die Tochter eines Obersteuerinspektors.

Zu den wenigen erhaltenen Gräbern hier auf dem Friedhof der Märzgefallenen gehört das Kreuz von Frau Henriette Fuchs. Sich namentlich zur Revolution zu bekennen, dazu gehörte unter diesen Bedingungen Mut. Und so ist auch der Aufruf in verschiedenen Berliner Zeitungen denn ein besonderes Zeugnis jener Zeit: „Franziska Matthias, Nanny Asche, Parrey, Minna Michelet, Mathilde Wilm, Susanne Rotenwald sind zur Entgegennahme jeder Art weiblicher Handarbeit und sonstiger Liebesspenden bereit, deren Verkauf zum Besten der Witwen und Waisen unserer gefallenen Brüder und zur Unterstützung verwundeter Mitkämpfer geschieht." Die Revolution scheiterte, wie wir wissen. Und mit ihr blieben Forderungen der Frauen nach Mitbestimmung und Teilhabe am politischen Leben, nach Gleichberechtigung unerfüllt. Und schlimmer noch – das Scheitern der Revolution traf Frauen am härtesten. Fast 60 Jahre wurde ihnen überall in Deutschland organisiertes politisches Leben untersagt. Frauen erhielten in Deutschland ein „Politikverbot", das erst 1908 aufgehoben wurde.

Und Bezug nehmend auf den Ort, an dem wir uns befinden, will ich noch auf eine Frau aufmerksam machen, die damit eng verbunden ist. Agnes Wabnitz war 1894 wegen „Beleidigung von Gott und Kaiser" zu einem halben Jahr Haft verurteilt worden. Weil sie damit rechnen musste, ins Irrenhaus eingewiesen zu werden, beging sie am 28. August 1894 mitten unter den Opfern der ersten deutschen Revolution, deren Scheitern zur politischen Entmündigung der Frauen geführt hatte, Selbstmord.

Da sie wie viele der Frauen der Revolution der freireligiösen Gemeinde angehörte, wurde sie auf deren Friedhof in der Pappelallee beigesetzt, zu ihrer Beerdigung kamen mehr als 60.000 Menschen und auf ihrem Grab wurden mehr Kränze niedergelegt als bei Kaiser Wilhelm I. 1888. In den Erinnerungen einer der Teilnehmerinnen war es die „imposanteste Frauendemonstration, die man bis dahin gesehen hatte."

60.000 Demonstrantinnen für Arbeit, Gerechtigkeit und politische Mitbestimmung, das wäre eine Zahl, die auch heute imponieren und die Stärke und Solidarität dokumentieren würde. Denn obwohl viele der Forderungen von 1848 heute erfüllt sind, heißt das noch lange nicht, dass alle Menschen ihre Rechte auf politische Partizipation selbstverständlich auch wahrnehmen. Daran zu erinnern, dass mündige Bürgerinnen und Bürger immer wieder neu um ihre Rechte kämpfen müssen, immer wieder auch dazu ermutigt und motiviert werden müssen, dazu dienen Veranstaltungen wie diese hier, die Erinnerung an den März 1848 und seine Akteurinnen und Akteure. Ich danke Ihnen für Ihre Aufmerksamkeit.

Rede auf dem Friedhof der Märzgefallenen in Berlin-Friedrichshain am 18. März 2009.

Am 18. März 2009 sprachen vor dem Brandenburger Tor auf dem Platz des 18. März: Der Bezirksbürgermeister von Berlin-Mitte, Dr. Christian Hanke, die Bundestagsabgeordnete Renate Künast, der Historiker Dr. Jan Randák von der Karlsuniversität Prag und der Direktor des Freiheitsmuseum Rastatt, Dr. Henning Pahl. Das Foto zeigt Dr. Randák (Zweiter von rechts) und Dr. Pahl (rechts) im Gespräch mit dem ehemaligen Bezirksbürgermeister von Berlin-Tiergarten, Jörn Jensen.

Die Revolution und ihr Erbe

Jan Randák

Meine Damen und Herren, liebe Freunde, die Bilder von den Ereignissen in den Jahren 1848/49 formen eine verständliche und klare Geschichte mit einem hoffnungsvollen Anfang und einem bitteren Ende, zumindest aus Sicht damaliger, aber auch heutiger Anhängerinnen und Anhänger von Demokratie und liberaler Freiheit. Das politische Geschehen stellt sich in bekannter und klarer Kontur dieser Zeit dar. Dessen ungeachtet vergessen wir nicht, dass die historischen Ereignisse ihre konkrete Form erst im Nachhinein erhalten. Erst für uns ist die Geschichte lehrbuchhaft übersichtlich und klar strukturiert. Und dies gilt auch für die hektischen Monate in den Jahren 1848/49. Es liegt an uns, was wir jeweils akzentuieren werden oder besser – wollen.

Im Verlauf der zwölf Monate von März 1848 bis März 1849 erkennen wir mindestens in der tschechischen Gesellschaft unterschiedliche Reaktionen auf die aktuellen Geschehnisse und deren Bewertung. Auf einer Seite stand die anfängliche Euphorie, die permanente Begeisterung für Veränderungen und Erwartungen. Viele glaubten damals, dass eine glückliche Zukunft folgen werde. Laut einem der damaligen tschechischen Flugblätter stand hinter all den anfänglichen gesellschaftlich-politischen Veränderungen Gott selbst.

Nicht alle jedoch blickten auf die damaligen Ereignisse mit Zuversicht. Für nicht wenige Zeitgenossen bedeutete das vorrevolutionäre Leben Sicherheit. Die bis dahin geltenden Werte und Verhaltensnormen waren akzeptiert, viele Menschen fanden sich plötzlich verunsichert wieder. Nüchterne und ängstliche Zeitgenossen sahen in den Neuerungen das Negative ähnlich einer Naturkatastrophe, die den bewährten und eingespielten Alltag unterbricht. In den Augen dieser Menschen bildeten schließlich die bewaffneten Auseinandersetzungen in Prag im Juni 1848 eine Bestätigung ihrer Befürchtungen – für die tschechische Gesellschaft stellte das damals vergossene Blut die erste Auseinandersetzung mit Toten in den eigenen Reihen dar.

Eigentlich begegnete die tschechische Gesellschaft dem Tod bereits in den ersten Wochen der umwälzenden Ereignisse im März 1848, also bevor die ersten Juni-Schüsse in den Prager Straßen fielen. Es war jedoch eine indirekte Begegnung, denn die tschechische Gesellschaft konnte nur auf die Toten außerhalb des eigenen nationalen und geografischen Umfeldes blicken – zunächst in Wien, jedoch gelangte auch ein Echo der in Berlin Gefallenen nach Böhmen.

In den Vorstellungen der Zivilgesellschaft – egal ob in Berlin oder Wien oder zum Schluss in Prag – setzten die Revolutionäre ihr Leben nicht aus eigennützigen

Gründen aufs Spiel. Im Gegenteil, sie gaben ihr Leben für die Heimat und deren glücklichere Zukunft. Mit ihrem Tod halfen sie, selbstlose Ziele zu erkämpfen – eine ersehnte bessere, gerechtere Zeit und Gesellschaftsordnung. In den damaligen Vorstellungen hinterließen die ersten Gefallenen ein verantwortungsvolles Erbe für das weitere Schicksal der politischen Veränderungen, für die sie sich aufgeopfert hatten. Aus dem Vermächtnis ihres Todes sollte die Gesellschaft Entschlossenheit für weitere Phasen der Verteidigung der gewonnenen Freiheiten schöpfen.

In der Freudenstimmung der Märztage nahm der Umgang mit den Toten in der tschechischen Gesellschaft eine optimistische, ja sogar euphorische Gestalt an. Dies wurde nicht nur in der Vielzahl der Lieder und Gedichte evident, die zu ihren Ehren komponiert und verbreitet wurden. Sie wurde auch in der Atmosphäre der Trauerfeiern offensichtlich. Für die tschechische Gesellschaft war vornehmlich die Totenmesse für die gefallenen Wiener Studenten wichtig, die in Prag symbolisch am ersten Frühlingstag des Jahres 1848, also am 21. März, stattfand.

Die Prager Totenmesse stellte für die damalige Gesellschaft ein großes Ereignis dar, auf ihre Teilnehmerinnen und Teilnehmer wirkte sie auch dank ihrer großangelegten, bis dahin unbekannten Aufmachung beeindruckend. Eine zeitgenössische Betrachtung sagte es damals klar: „Es war eine schöne, erbauliche Feier in der Teinkirche, bei der der Rektor der Universität und Abt des Klosters Strahov selbst den Trauergottesdienst für unsere gefallenen Brüder in Wien verlas, deren Namen den prachtvoll geschmückten Katafalk zierten, der mit verschiedenen Waffen und Reisig geschmückt war und auf dessen Stufen Palmzweige gelegt wurden." Auch der junge tschechische revolutionäre Heißsporn Josef Václav Frič vermerkte: „Jedem Teilnehmer muss es jedoch für das ganze Leben in lebendigster Erinnerung haften bleiben. Denn es kommt uns vor, wie wenn wir alle dankbar und fromm das Vermächtnis der ersten Opfer für die gerade gewonnene Freiheit feiernd, erwachen würden, durch ein Wunder verjüngt und durch den Geist der neuen Zeit ausgezeichnet für ein Leben, das ungeahnt ernst und gleichzeitig freudvoll ist. Wir als Jugend, die bis zu diesem Moment über das Schicksal der Heimat traurig gewesen war, fühlten uns auf einmal, wie wenn von uns der Alptraum der dunklen Zeiten, ja der verzweifelten, abgefallen wäre – wie wenn wir durch ein Wunder die Schwelle ins Paradies überschritten hätten."

Die tschechische, aber eigentlich auch die europäische Gesellschaft hat allerdings damals nicht die Schwelle ins Paradies überschritten. Die Märztage haben uns jedoch ihre Sendung hinterlassen – die internationale Zusammenarbeit und Solidarität, die Idee der Menschen- und Bürgerrechte. Alle diese Komponenten könnten auch heute als ihr Erbe betrachtet werden, falls wir die Bedeutung der Märztage des Jahres 1848 im kollektiven Gedächtnis mindestens festhalten. Die Aufgabe ist auch den heutigen Historikerinnen und Historikern gestellt, egal ob in Prag oder in Berlin, unser historisches Gedächtnis zu kultivieren und für unsere Tage das Fortschrittliche und Förderungswerte zu aktualisieren. Dazu gehört auch die Erinnerung an die europäischen Ideale der Revolution 1848 und ihr Vermächtnis. Wie der britische

Historiker Eric Hobbsbawm in seiner Autobiographie geschrieben hat: „Doch wir wollen nicht die Hände in den Schoß legen, auch nicht in unbefriedigenden Zeiten. Von selbst wird die Welt nicht besser."

Mit seinen Worten möchte ich mich bei Ihnen, meine Damen und Herren, liebe Freunde, für die Einladung zu dieser Gedenkfeierlichkeit und auch in diesem Moment für Ihre Aufmerksamkeit herzlich bedanken.

Rede auf dem „Platz des 18. März" in Berlin am 18. März 2009.

Mit diesem Flugblatt wurde 1992 für die Gedenkstunde auf dem Friedhof der Märzgefallenen mobilisiert. Ab 1998 gab es dann auf Initiative des Pankower Grafikers Manfred Butzmann die jährlich erscheinende Märzzeitung „Aufruf".

Schlusswort

Volker Schröder

Zum Tag der deutschen Einheit, am 3. Oktober 2009, gab die „Aktion 18. März" eine Presseerklärung heraus. Überschrift: „Am 3. Oktober an den 18. März denken! Der 18. März muss nationaler Gedenktag werden!"
  Die Erklärung wurde als Flugblatt auf dem Einheitsfest in Berlin verteilt. Das Fest war von einer Eventagentur mit eigener Security organisiert worden. Deren Sicherheitspersonal packte im wahrsten Sinne des Wortes eine Flugblattverteilerin und führte sie zur Feststellung der Personalien ab. Es sei verboten, auf der Festmeile Flugblätter zu verteilen, sagte man ihr, und sie erhielt Platzverbot.
  Anderen Flugblattverteilern passierte nichts, im Gegenteil: selbst Sicherheitsleute nahmen das Flugblatt. Viele Menschen äußerten sich positiv zu unserem Vorschlag: „Ja, das wäre schön, wenn in Deutschland ein Gedenktag käme, der für demokratische Tradition und revolutionären Geist steht." Die Tageszeitung „Neues Deutschland" schrieb bezüglich der Hartnäckigkeit, mit der die „Aktion 18. März" seit über 30 Jahren agiert, zu dem wiederholten Propagieren des Gedenktag-Vorschlags: „Deutschland wird sich dem eines Tages beugen müssen". Das hört sich zunächst einmal gut an. Die „Aktion 18. März" wird Erfolg haben. Aber „sich beugen müssen"? Das ist ja wie kapitulieren, in die Knie gehen. – Nein, Deutschland soll mit Freude dem Vorschlag zustimmen, einen Gedenktag zu etablieren, der für den Völkerfrühling steht, für das Motto „Es kommt dazu trotz alledem, dass rings der Mensch die Bruderhand dem Menschen reicht". Mit der Kraft aus 1848 gegen die Politikverdrossenheit und die Miesepetrigkeit der Gegenwart!
  Ein Gedenktag verändert gewiss nicht die Welt, aber er trägt zur Bildung des Geschichtsbewusstseins in einer Nation bei. Der Geist von 1848 ist im Kern nicht nationalborniert. Im Gegenteil: Wegen der europäischen Dimension ist engstirniger Nationalismus ausgeschlossen. Allerdings darf der Nationalismus nicht durch Eurozentrismus ersetzt werden. Wie heißt es so schön bei Freiligrath? „Wir sind das Volk, die Menschheit wir!" Und in Schillers Hymne an die Freude: „Alle Menschen werden Brüder!"

Wir sind stolz auf die breite Unterstützung, die unser Vorschlag erhalten hat: Vier Vizepräsidenten des deutschen Bundestages zählen dazu: Katrin Göring-Eckardt (Bündnis 90/Die Grünen), Petra Pau (Die Linke), Hermann Otto Solms (FDP) und Wolfgang Thierse (SPD); von der CDU sind Hanna-Renate Laurien, Bernhard Vogel und Wolfgang Börnsen zu nennen. Der 18. März ist in den Berliner Flaggenkalender aufgenommen worden und das Abgeordnetenhaus von Berlin hat einstimmig, von CDU bis Die Linke, den 18. März als nationalen Gedenktag mit dem Titel „Tag der Märzrevolution" gefordert.

Es gibt noch viel zu tun: Die Diskussion muss in alle Länderparlamente und auch in den Bundestag getragen werden, zuallererst aber in die Herzen und Köpfe der Bürgerinnen und Bürger.
Ich hoffe, dass dieses Buch einen Beitrag leistet, die Idee weiter voranzubringen. Ich bin fest davon überzeugt, dass es uns gelingen wird, dem Geist von Freiheit, Gleichheit und Brüderlichkeit zum Durchbruch zu verhelfen!

„Nur wer die Herzen bewegt, bewegt die Welt," hat Ernst Wichert formuliert.

Hinweise für das Internet:
www.maerzrevolution.de
Videos von Veranstaltungen am 18. März unter www.historiale.de

Die nebenstehende Anzeige aus der Frankfurter Rundschau vom 2. Januar 1979 ist gewissermaßen das Gründungsdokument der „Aktion 18. März". Einige der Namen finden sich in der aktuellen Liste wieder.

Aktion 18. März Nationalfeiertag in beiden deutschen Staaten

Schirmherrschaft Ingeborg Drewitz und Heinrich Albertz

Wir, die Unterzeichner dieses Aufrufes, fordern alle Bürger der Bundesrepublik Deutschland und der Deutschen Demokratischen Republik auf, den 18. März als Nationalfeiertag zu begehen. — Am 18. März 1848 besiegten in Berlin die Arbeiter und Bürger im Straßen- und Barrikadenkampf die Truppen des preußischen Königs. Die Arbeiter und Bürger hatten friedlich für demokratische Rechte demonstriert und vor allem Presse- und Versammlungsfreiheit gefordert. Die Obrigkeit versuchte, die Demonstrationen und Kundgebungen aufzulösen und eröffnete das Feuer auf die Demonstranten. Ein erbitterter und blutiger Kampf entbrannte. Mit größter Entschlossenheit trat das Volk für seine gerechte Sache ein. Soldaten begannen, die Befehle ihrer Offiziere zu verweigern, und es kam zu Verbrüderungen mit dem Volk. Am 19. März kapitulierten die Truppen des Königs offiziell, und der König selbst wurde gezwungen, sein Haupt vor den 150 Gefallenen des Volkes zu entblößen, die man in blumengeschmückten Särgen vor das Schloß getragen hatte.

Die Märzrevolution war eine Erhebung von Menschen aller Schichten für Demokratie und nationale Einheit. Sie war gegen die alten Feudalmächte gerichtet und Teil einer Bewegung, die nahezu alle europäischen Völker erfaßt hatte.

Wenn das Volk auch damals um die Früchte des Kampfes gebracht wurde, so bleibt doch die Märzrevolution als der Aufbruchsversuch unseres Volkes zu einer nationalen Demokratie im Gedächtnis. Und sicher ist der 18. März der geeignetere Tag, an die Geschichte des Kampfes für Demokratie und Einheit in Deutschland zu erinnern und anzuknüpfen als der 17. Juni, der als „Tag der deutschen Einheit" im politischen Alltag der Bundesrepublik Deutschland propagandistisch verschlissen worden ist.

Wir schlagen vor, den 17. Juni als gesetzlichen Feiertag abzuschaffen und statt dessen den 18. März zum gesetzlichen Feiertag zu erklären und schon für den kommenden 18. März hüben und drüben Veranstaltungen und Treffen zu machen, auf denen über die Bedeutung des Kampfes für Demokratie und Einheit gesprochen und das kulturelle Erbe der Märzrevolution gepflegt wird.

Ausdrücklich betonen wir die Überparteilichkeit dieser Aktion und weisen darauf hin, daß mit unserer Unterschrift kein Votum für oder gegen irgendeine politische Partei verbunden ist.

Namen der Unterstützerinnen und Unterstützer

Seit 1978 hat die „Aktion 18. März" für die unterschiedlichen Kampagnen und Initiativen weit über Tausend Unterschriften gesammelt. Im folgenden ist eine Auswahl der aktuellen Unterstützerinnen und Unterstützer abgedruckt.

Horst Ackermann • Helmut Adamaschek • Ruth Ahlert • Karl Amannsberger • Herbert Ammon • Peter Amsinck • Reinhold Andert • Heidi Antal • Claudia Appel-Bollmann • Käthe Baltruschat • Klaus Baltruschat • Eckhardt Barthel • Rainer-Christoph Bartl • Gerhard Bauer • Dr. Wolf Bayer • Eva Becker • Prof. Dr. Gerhard Becker • Karsten S. Beckmann • Akbar Behkalam • Manfred Behrens • Ulrich Behrenz • Joachim Bennewitz • Almuth Berger • Günter Berndt • Jürgen Biele • Dr. Thomas Bigalke • Hans-Joachim Billib • Sema Binia • Heidi Bischoff-Pflanz • Dr. Lothar Bisky • Arnulf Bittner • Helmut Blaseio • Christoph Blöcher • Dr. Jan Blumenstock • Prof. Dr. Hans Bohrmann • Georg Bollmann • Hanno Borchert • Günter Börger • Helma Börger • Wolfgang Börnsen • Barbara Bortfeld • Prof. Dr. Peter Brandt • Volker Brauer • Bernd Breidenbach • Angelika Brendel • Ingrid Bschor • Monika Buchbinder • Martin Buchner • Beate Buchwald • Andreas Bunckenburg • Dr. Daniel Burchardt • Alic Bürger • Reinhard Bütikofer • Dr. Andreas Butter • Manfred Butzmann • Manfred Callsen • Helmut Caspar • Marion Caspar • Antje Chemnitz • Dirk Claussen • Michael Cramer • Hartmut Danneck • Kati Debter • Jochen Denzin • Änne Detels-Elling • Otto Diederichs • Prof. Dr. Peter Diederichs • Prof. Dr. sc. Rolf Dlubek • Willi Dohemann • Wolfgang Dolgener • Gitta Dressel • Robert Dupuis • Klaus Ecker • Sabine Ecker • Jürgen Eckertz • Ursula Eckertz-Popp • Hans-Joachim Ehrig • Prof. Dietrich Eichholtz • Ginga Eichler • Dr. med. Klaus Eikemeier • Günther Elbel • Ruth Ellerbrock • Dr. h. c. Hinrich Enderlein • Peter Ensikat • Kaspar von Erffa • Sigrid Ewe • Johannes Fehse • Prof. Dr. Max-Reinhard Felde • Jutta Feldmann • Gerhard Fidorra • Dr. Benno Fischer • Prof. Dr. Gerhard Fischer • Thomas Flügge • Virginia Folger • Reinhard Frede • Freireligöse Gemeinde zu Berlin e.V. • Dr. Dr. Else Fricke • Dr. Werner Fricke • Bernd-Dieter Fridrich • Ingrid Friedrich • Regine Friedrich • Werner Friedrich • Helga Fröbel • Dr. Dorothea Führe • Jürgen Gadow • Margarete von Galen • Prof. Dr. Heinrich Gemkow • Jürgen Gerhardt • Martin Gertich • Berliner Geschichtswerkstatt e.V. • Wieland Giebel • Renate Giese • Prof. Ernst Goder • Katrin Göring-Eckardt • Dr. Ina Götz • Dr. Bernd Grabowski • Dr. Regine Grabowski • Ralph Gregorius • Jutta Gukelberger • Ingrid Günther-Wetzel • Bodo Gurschke • Sibylle Haas • Dr. phil. Michael Häberle • Gisela Haberstroh •

Prof. Dr. Rüdiger Hachtmann • Hagen Haese • Helmut Hahne • Dr. Ing. Bernd Halbach • Dr. Christoph Hamann • Dr. Christian Hanke • Claus Harder • Tobias Harjes • Benedikt Härlin • Maria Hartmann • Otto Fritz Hayner • Manfred Heckenauer • Volker Hegemann • Ralf Heinemann • Susanne Heinke • Hannelore Heinze • Eduard Hemmerling • Frank Henkel • Bardo Henning • Wolf-Rainer Hentschel • Günter Herlt • Dr. Wolfgang Heuer • Dietmar Hexel • Dr. Wolfgang Heyn • Dr. Gunther Hildebrandt • Dr. Gabriele Hiller • Klaus Hinrichsen • Rolf Hintze • Cornelia Hobrack • Volker Hobrack • Dr. Marlise Hoff • Christine Holzkamp • Jonas Horn • Dr. Barbara Hövener • Bernd Hübner • Holger Hübner • Michael Hugo • Prof. Dr. Heinz Hümmler • Ditmar Hurtzig • Wolfgang Immenhausen • Susanne Jahn-Manske • Marianne Jänicke • Prof. Dr. Martin Jänicke • Michael Janßen • Gudrun Jennerjahn • Jörn Jensen • Hans-Ulrich Jörges • Ulla Jung • Hans-Hinrich Jürjens • Ria Kaiser • Elfriede Kämpf • Uwe Kante • Rita Kantemir-Thomä • Jürgen Karwelat • Ilse Kaufmann • Justus Kaufmann • Anna Keller • Heiko Keller • Ursula Keller • Vivian Keller • Annemarie Kerschek • Dieter Kersten • Renate Kirchner • Ursula Kirschning • Dr. Susanne Kitschun • Matthias Klarebach • Dr. Ursula Kleinhenz • Sigrid Kleinschmidt • Suse Kleist • Peter Klepper • Prof. Dr. Stefan Klinski • Dr. Sibyll Klotz • Margot Knaul • Eugen Koch • Manfred Kohla • Dr. Andreas Köhler • Martin König • Thomas Kopietz-Storm • Klaus Kordon • Hans Korfmann • Heidi Kosche • Lore Krajewski • Dr. Eckbert Krappe • Joachim Kreimer-de Fries • Waltraud Kremser • Eva Kretschmann • Uwe Krieger • Prof. Dr. Udo Kristen • Dieter Krolikowski • Reni Krolikowski • Hans-Jürgen Kuhn • Christa Kühne • Dr. Ing. Arne Kühnel • Sylvia Kühnel • Renate Künast • Dr. Johann Landsberg-Becher • Hans-Jürgen Lange • Dr. Kurt Laser • Dr. Dr. h. c. Hanna-Renate Laurien • Sabine Lawen • Horst Lehmann • Enno Lenze • Klaus Chr. Linder • Dr. Beatrix Lindner • Hartmut Lindner • Dr. Martin Lindner • Ingrid Lottenburger • Gerd Lüdersdorf • Sigrid Ludwig • Michael Luhn • Reinhard Luschert • Hans Luther • Günter Lütke • Martin Lutz • Reiner Mantei • Ellen Markiewicz • Erwin Markiewicz • Fritz Marquardt • András Masát • Edwin Massalsky • Ulrich Maurer • Arno Maximini • Marita Maximini • Dr. Christian Mehlert • Dr. François Melis • Prof. Dr. Wolfgang Michalka • Dorothea Minkels • Günter Möder • Walter Momper • Dr. habil. Harald Müller • Jochem Müller • Johann Müller-Gazurek • Marc Müller-Neuhof • Stefanie Müller-Neuhof • Prof. Dr. Urs Müller-Plantenberg • Burkhard Müller-Schoenau • Eberhard Mutscheller • Daniel Nauck • Heinz Noß • Dr. Ursula Noß • Beate Nowak • Jan Martin Nürnberg • Gerald Nußmann •

Werner Orlowsky • Prof. Dr. Bernd Overwien • Dorota M. Paciarelli • Dr. Henning Pahl • Henner Papendieck • Jörg Pastuschka • Monika Pastuschka • Petra Pau • Prof. Dr. Gerhard Paul • Gunter Paul • Jürgen Persch • Ingo Peter • Carol Pittman • Ekkehard Pluns • Horst Pöhl • Reiner von Polheim • Horst Porath • Rüdiger Portius • Lorenz Postler • Cornelia Praetorius • Klaus Pritzkuleit • Konrad Prosse • Bärbel Prothmann • Monika Puginier • Dr. Susanne Quitmann • Prof. Hanns-Fred Rathenow • Dr. Erardo Rautenberg • Klaus Rebelsky • Dr. Annemarie Reeg • Dr. Peter Reeg • Volker Reichert • Senta-Sabine Reichwein • Dr. Monika Reimer-Veit • Cornelia Reinauer • Gernot Reinhard • Prof. Dr. Konrad Reinhart • Frieder Reininghaus • Roswitha Reske • Anke Reuther • Peter Reuther • Dr. Manfred Rexin • Ines Richter • Manfred Richter • Fritz Rieg • Jochen Riegger • Karin Rietz • Raymond Rigolet • Klaus-Peter Rimpel • Dr. Franz-Georg Rips • Michael Roelen • Dr. Johannes Roemer-Blum • Gudrun Rogge • Frank Rosenberg • Werner Ruch • Pit Rulff • Prof. Dr. Reinhard Rürup • Alexander Saade • Susanne Saade • Erdmute Safranski • Helga Sartor • Prof. Dr. Klaus Sartor • Armin Sauer • Joachim Schade • Jörg Schaeffer • Wolfgang Schäfer • Gerhard Scharbert • Martin Schenke • Angelika Scheuffele • Ralf Schlagge • Linda Schmidt • Siegfried Schmidt • Prof. Dr. Walter Schmidt • Prof. Dr. Paul-Otto Schmidt-Michel • Heide K. Schmiedel • Wieland Schmiedel • Hermann-Valentin Schmitt • Heike Schneider • Dieter Scholz • Gereon Schomacher • Michael Schönefeld • Dr. Hilde Schramm • Volker Schröder • Ines Schröder-Sprenger • Edith Schröter • Dr. Norbert Schultze • Dr. Franz Schulz • Regine Schulz • Kordula Schulz-Asche • Prof. Dr. Peter Schulz-Hageleit • Prof. Dr. Ursula Schumm-Garling • Dieter Schütt • Rainer Schwarzenau • Götz Schwarzrock • Sabine Seide • Wolfgang Seide • Luis Sergio • Dr. Hans-Dieter Seul • Ingeborg Simon • Jörg Simon • Angelika Skibba • Siegbert Smolin • Antonia Söllner • Dr. Hermann Otto Solms • Herbert Sörje • Michael Sowa • Heinz Sowinski • Rita Specht • Prof. Klaus Staeck • Bernd Stahl • Gerhard Stahl • Dieter Stein • Rosemarie Stein • Michael Steltzer • Siegfried Stirba • Reinhard Stock • Prof. Dr. Marina Stöffler-Meilicke • Barbara Stolterfoht • Dr. Peter Stolz • Dorothe Storm • Marianne Strach • Kerstin Straßburg • Hans-Christian Ströbele • Alice Ströver • Eva Stullich • Ralf Suschke • Britta Sutorius • Joachim Syska • Sophie Syska • Sonja Sziborra • Rainer Taube • Antje Teicher • Gerhard Teuscher • Dr. Heino Thiele • Ursula Thiele • Ute Thiele • Wolfgang Thiele • Wolfgang Thierse • Helge Thoelen • Hanns Thomä • Eike Thombansen • Peter Thuge • Stefan Trebesius • Ulrike

Trebesius • Jürgen Tribowski • Heinz Troppenz • Helga Troppenz • Lothar Uebel • Dr. Siegfried Veit • Hartmann Vetter • Yvonne Vita • Werner Vitt • Dr. Alexander B. Voegele • Prof. Dr. Bernhard Vogel • Dr. Hans-Jochen Vogel • Jürgen Vogt • Anke Voigt • Dr. Wolfgang Voigt • Dr. phil. Dieter Volk • Sybille Volkholz • Jürgen Wachsmuth • Carola Wagemann • Martin Walser • Ingeborg Walter • Dr. Heinz Warnecke • Peter Wawrzyniak • Prof. Dr. Dr. h. c. Hermann Weber • Fredo Wegmarshaus • Reinhard Weidauer • Dr. Gerhard Weil • Dr. Fritz Weißhuhn • Silvia Weißhuhn • Dr. Rainer Weißpflug • Reinhard Welteke • Lutz Wende • Michael Wendt • Heinz-Dieter Wenzel • Dr. Ingolf Wernicke • Dr. Kurt Wernicke • Wolfgang Wieland • Helene Wienholt • Jürgen Wilhelm • Meinhard Wilhelm • Sabine Wilhelm • Dr. Herbert Wilkens • Hildburg Wilkens • Peter Wilms • Dr. Astrid Wokalek • Elisabeth Wolf • Günther Wolff • Marion Wölki • Zeno Wolze • Dr. Peter Wordelmann • Marianne Wündrich-Brosien, • Stefan Zackenfels • Michael Zaske • Horst Zeitler • Brit Zeliniski • Joachim Zeller • Dr. Jochen Zenthöfer • Prof. Dr. Bodo Zeuner • Dr. Elisabeth Ziemer • Günter Zint • Horst Zropf • Rainer Zunder •

Bildnachweis

Regine Schulz S. 6 zwei Fotos; S. 60 Fotomontage, S. 103, 137; S. 201, 202 Anzeigen • Jürgen Karwelat S. 10 • Michael Hugo S. 32 • Thomas Mallau S. 39 Plakat • Martin Ernerth S. 64 Lageplan • Michael Bujack S. 70, 156, 174 • Lothar Eberhard S. 85, 153 • Manfred Butzmann S. 97 Plakat • Carola Wagemann S. 119 • Historiale e. V. S. 132, 138, 184 • Mike Wolff S. 141 • Volker Schröder S. 144, 147, 181 • Privat-Archiv Albertz und Drewitz S. 150 • Burkhard Lange S. 159, 169 • Jan Mende S. 188 Grafik • Aktion 18. März S. 191, Dokument

Autorinnen und Autoren

PETER BRANDT, Prof. Dr., geb. 1948, Professor für Neuere Deutsche und Europäische Geschichte der Fernuniversität in Hagen und Direktor des dortigen Instituts für Europäische Verfassungswissenschaften, zahlreiche Buchveröffentlichungen: u. a. Studien zur Geschichte der Arbeiterbewegung und des Sozialismus 2008, diverse Ehrenämter, u. a. Mitglied des Vorstands der Friedrich-Ebert-Stiftung.

MANFRED BUTZMANN, geb. 1942 in Potsdam. Nach dem Abitur und der Arbeit als Offsetretuscheur Studium an der Kunsthochschule Berlin-Weißensee, danach freischaffend als Maler und Grafiker in Berlin-Pankow. 1991 Käthe-Kollwitz-Preis der Akademie der Künste zu Berlin. Nach 1989 Mitarbeit in der Aktion 18. März. Seit 2007 wohnhaft in Potsdam-Bornim.

MICHAEL CRAMER, geb. 1949 in Gevelsberg/Westfalen, studierte von 1969–1974 Sport, Musik und Pädagogik in Mainz und unterrichtete bis 1995 an einem Gymnasium in Berlin-Neukölln. Von 1989–2004 für Bündnis 90/Die Grünen der verkehrspolitische Sprecher im Abgeordnetenhauses von Berlin und seit 2004 im Europäischen Parlament.

HINRICH ENDERLEIN, Dr. h. c., Politiker, Osteuropahistoriker, 1990–1994 Wissenschafts- und Kulturminister in Brandenburg, geb. in Luckenwalde, aufgewachsen im Westen, 16 Jahre FDP-Landtagsabgeordneter in Baden-Württemberg (Fraktionsvorsitzender).

ANNA FURMANCZUK, 2002 Schülerin am inzwischen geschlossenen Erich-Fried-Gymnasium (EFG) in Friedrichshain (Schulleitung 2002 Heidi Antal), das EFG veranstaltete „Revolutionsnächte" und beteiligte sich an der Gestaltung der Feierstunden zum 18. März.

WIELAND GIEBEL, 1950 in Schmalkalden/Thüringen geboren, drei Kinder. Als Schüler sang er in der Oper. Er studierte Jura, gründete mit Tom Fecht den Verlag Elefanten Press und war Bundesgeschäftsführer des Verbandes der Kriegsdienstverweigerer. 1997 gründete er den Verlag Berlin Story mit angeschlossener Buchhandlung. Er ist Chef der Historiale.

HERWIG E. HAASE, Prof. Dr., geb. 1945 in Hohensalza/Warthegau, verheiratet, zwei Kinder. Studium der Wirtschafts- und Sozialwissenschaften an der Freien Universität Berlin, seit 1967 Mitglied der CDU, seit 1983 Mitglied des Abgeordnetenhauses, von 1991 bis 1995 Senator für Verkehr und Betriebe, von 1995 bis 1999 Präsident des Abgeordnetenhauses.

RÜDIGER HACHTMANN, Prof. Dr., geb. 1953 in Celle, verheiratet, drei Töchter. Historiker am Zentrum für Zeithistorische Forschungen (Potsdam) und an der TU Berlin. Buchveröffentlichungen u. a.: „Berlin 1848" (1997), „Epochenschwelle zur Moderne" (2002), „Industriearbeit im Dritten Reich" (1989), „Wissenschaftsmanagement im Dritten Reich" (2007), „Tourismus-Geschichte" (2007).

CHRISTOPH HAMANN, Dr., Referent am Landesinstitut für Schule und Medien Berlin-Brandenburg (LISUM), Lehrbeauftragter an der TU Berlin, zahlreiche Veröffentlichungen zur Zeitgeschichte und Geschichtsdidaktik, insbesondere zum Thema Visual History.

GABRIELE HILLER, Dr., geb. 1959 in Kamenz, verheiratet, 2 Kinder, Studienrätin, Studium der Sportwissenschaft an der HU Berlin, für die Partei Die Linke seit November 2001 im Abgeordnetenhaus von Berlin. Dort am zustande kommen des interfraktionellen Antrags für den 18. März als nationalen Gedenktag mitgewirkt.

VOLKER HOBRACK, geb. 1944 in Wittenberg, Dipl.-Ing. Bauwesen, zur DDR-Zeit parteilos und tätig an der Bauakademie, ab 1990 bei der Wohnungsbaugesellschaft Mitte, seit 1990 SPD- und BVV-Mitglied, Leiter der Gedenktafelkommission Mitte und des Bürgervereins Luisenstadt, Bundesverdienstkreuz 2003, Vorstandsmitglied der Historiale.

JÜRGEN KARWELAT, geb. 1951 in Westfalen, lebt seit 1980 in Berlin, Jurist im Bundesverbraucherschutzministerium, in seiner Freizeit u. a. aktiv bei der Berliner Geschichtswerkstatt, dort in verschiedenen Gruppen tätig (Stadtrundfahrten mit dem Schiff, Straßennamen, Mauerfall, Stadtteilausstellungen), Mitglied der „Aktion 18. März" seit 1987.

SUSANNE KITSCHUN, Dr. phil., geb. 1968 in Hannover, Studium der Sozial- und Wirtschaftsgeschichte in Bonn; Promotion am Otto-Suhr-Institut der Freien Universität Berlin, Geschäftsführerin des Paul-Singer Vereins und Leiterin des Projektes „Entwicklung einer nationalen Gedenkstätte Friedhof der Märzgefallenen".

ANDRÁS MASÁT, Prof. Dr., ist Germanist, Hungarologe und Skandinavist, o. Professor der Universität ELTE (Budapest), von 1999 bis 2007 war er Direktor des ungarischen Kulturinstituts Collegium Hungaricum Berlin, ab 2008 zum Rektor der Andrássy-Gyula-Deutschsprachigen Universität Budapest gewählt.

HELIOS MENDIBURU, geb. 1936 in Madrid, verheiratet, zwei Kinder, kam 1946 nach Thüringen, aus politischen Gründen zu zweieinhalb Jahren Zuchthaus verurteilt, Ingenieurstudium, nach 1989 Eintritt in die neu entstehende Ost-SDP, von 1990 bis 2000 Bürgermeister im Bezirk Friedrichshain, 2002 Austritt aus der SPD wegen Rot-Roter Koalition.

ANDREAS NACHAMA, Dr., geb. 1951 in Berlin, Studium der Geschichtswissenschaften und Judaistik an der FU Berlin, 1978 bis 1981 wissenschaftlicher Assistent am Lehrstuhl für Neue Geschichte der Ruhr-Universität Bochum, seit 1987 Projektleiter der Ausstellung „Topographie des Terrors", 1997 bis 2001 Vorsitzender der Jüdischen Gemeinde zu Berlin.

GÜNTHER OETTINGER, geb. 1953 in Stuttgart, evangelisch, hat einen Sohn, Jura- und VWL-Studium in Tübingen, 1977 Gründer der Jungen Union Ditzingen, 2005 zum Ministerpräsidenten von Baden-Württemberg gewählt, 2010 zum EU-Kommissar nominiert. 2008 übernahm Oettinger die Schirmherrschaft über das Sozialprojekt „Wir helfen Afrika zur Fußballweltmeisterschaft 2010".

JAN RANDÁK, Dr., geb. 1977, tätig am Institut für Geschichte Tschechiens an der Philosophischen Fakultät der Karls-Universität in Prag, beschäftigt sich mit der Geschichte Tschechiens im 19. und 20. Jahrhundert, vornehmlich mit der Revolution von 1848/49 und mit den historischen und nationalen Mythen der tschechischen Gesellschaft.

OTTO RIEDEL, geb. 1930 in Berlin, 1950 bis 1957 Studium am Collegium Germanicum in Rom, dort 1956 Priesterweihe, 1957 bis 1963 Kaplan in Wedding und Dahlem, ab 1965 Domvikar und Mitarbeiter im Schulreferat, 1968 bis 1974 Ordinariatsrat und Dozent an der Theologisch-Pädagogischen Akademie, 1987 bis 2005 Dompropst an St. Hedwig zu Berlin.

WALTER SCHMIDT, Prof. Dr. phil. habil, Dr. phil. h. c., geb. 1930, ab 1984 Leiter des Zentralinstitut für Geschichte der ADW, Mitglied der Leibniz-Sozietät, Arbeitsgebiete: Geschichte des 19. Jahrh., Gesch. der Arbeiterbewegung, Marx-Engels-Forschung. Hrsg. Akteure eines Umbruches. Männer und Frauen der Revolution von 1848/49.

VOLKER SCHRÖDER, geb. 1942 in Hamburg, Zeitsoldat, LdR, BWL-Studium, Dipl.-Kfm., Mitbegründer der Alternativen Liste Berlin, 10 Jahre deren Finanzverantwortlicher, 15 Jahre Buchhalter im Berliner Mieterverein, Bürstenmacher aus Ahnenverehrung (Bürstenschröder seit 1866), verheiratet, zwei erwachsene Söhne.

HEINZ WARNECKE, Dr. päd., geb. 1928, Hochschuldozent i. R., Geschichtslehrer, 1954 bis 1990 an der päd. Fak. der Humboldt-Universität zu Berlin, Promotion 1965, seit 1972 Dozent für Hochschulpädagogik. Biographische Beiträge zu 1848ern. Seit 1997 Mitgl. der Geschichtskommission der Linken, Stadtbezirk Friedrichshain-Kreuzberg.

LOTHAR WITTKOPF, geb. 1945 in Mönchweiler bei Villingen/Schwarzwald, verheiratet, zwei Kinder, 1965 bis 1971 Theologiestudium in Frankfurt am Main und in Münster/Westfalen, 1971 bis 1974 Vikariatsausbildung in Berlin-Brandenburg, von 1974 bis 1982 Gemeindepfarrer in Berlin-Schlachtensee, danach bis 1988 Landesjugendpfarrer. Von 1988 bis 2009 Superintendent.

BÉATRICE ZIEGLER, Prof. Dr., Pädagogische Hochschule der FHNW und Universität Zürich, Leiterin des Zentrums Politische Bildung und Geschichtsdidaktik der PH FHNW am Zentrum für Demokratie Aarau, Forschungsschwerpunkte: Migrations-, Geschlechter- und Zeitgeschichte, Geschichtsdidaktik und Politische Bildung.

Die Autorinnen und Autoren zeichnen für ihre Beiträge verantwortlich.

CENTAURUS BUCHTIPP

Christoph Hamann
VISUAL HISTORY UND GESCHICHTSDIDAKTIK
Bildkompetenz in der historisch-politischen Bildung

2007, 260 Seiten, 48 Abbildungen
ISBN 978-3-8255-0687-2
24,90 Euro

www.centaurus-verlag.de

Geschichte ist mehr denn je visualisierte Geschichte: das Lagertor von Auschwitz-Birkenau (1945), der Atompilz von Hiroshima (1945), der landende „Rosinenbomber" in Berlin (1948), die Steinewerfer vom Potsdamer Platz (1953), die gescheiterte Flucht Peter Fechters (1962), das Napalm Girl (1972), die Anschläge vom 11. September 2001 – diese Fotografien haben sich tief im kollektiven Gedächtnis eingegraben.

Der Historiker und Geschichtsdidaktiker Christoph Hamann untersucht die Fotografie als ein zentrales Medium der historischen Erinnerung. Er analysiert exemplarisch kanonisierte Schlüsselbilder und zeigt, wie mit diesen historische Deutungen transportiert werden. Diese fotografische visual history wird im Kontext der Geschichte der deutschen wie globalen Erinnerungskultur betrachtet.

Die Erkenntnis des Einflusses von Visualisierungen auf das individuelle wie kollektive Geschichtsbewusstsein ist für das historische Lernen von elementarer Bedeutung. Der Autor reflektiert deswegen die Notwendigkeit sowie die Möglichkeiten der Förderung einer kritischen Bildkompetenz in der historisch-politischen Bildung. Die historischen Wissenschaften müssen ihre ästhetische Unmündigkeit überwinden – im historiographischen, geschichtsdidaktischen wie unterrichtspragmatischen Interesse.

CENTAURUS BUCHTIPP

Judith Martin/Christoph Hamann (Hg.)
GESCHICHTE FRIEDENSGESCHICHTE LEBENSGESCHICHTE

2007, 278 Seiten
ISBN 978-3-8255-0671-1
24,90 Euro

www.centaurus-verlag.de

Mit diesem Band ehren namhafte Wissenschaftler, Wegbegleiter, Freunde und Schüler des Geschichtsdidaktikers und Humanisten Peter Schulz-Hageleit dessen wissenschaftliches Lebenswerk.

Das geschichtsdidaktische Denken von Peter Schulz-Hageleit bewegt sich immer nahe am Subjekt. Bei der Auseinandersetzung mit Vergangenheit geht es ihm darum, die persönlichen/biografischen Bezüge einzubeziehen und zu reflektieren. Dabei legt er besonderen Wert auf das Verdrängte, das Ungesagte, das (noch) Nicht-Erzählte oder auch das Nicht-Erzählbare – vor allem angesichts der Erfahrung des Zivilisationsbruches Holocaust. Er fragt nach dem kollektiven wie individuellen Umgang mit Sinnverlust im Rahmen historischen Lernens.

Die Autorinnen und Autoren tragen mit ihren biografisch geprägten Beiträgen dem Rechnung: Reflexionen über historische Persönlichkeiten wie Rathenau und Liebknecht, über die eigene Familiengeschichte, das Geschichtsbewusstsein von Heranwachsenden, über die didaktische Notwendigkeit von Ich-Aussagen.

Peter Schulz-Hageleits Denken wird in der Diskussion um Bildungsstandards positioniert. Thematisiert werden außerdem Fragen der medialen Vermittlung von Vergangenheit. Sei es die Auseinandersetzung mit historischen Reiseberichten, Sprichwörtern, Bild-, Textquellen, Zeitzeugenbefragungen, Videoaufzeichnungen mit dem Internet sowie der Lernsoftware.

MIX
Papier aus verantwortungsvollen Quellen
Paper from responsible sources
FSC® C105338

If you have any concerns about our products,
you can contact us on
ProductSafety@springernature.com

In case Publisher is established outside the EU,
the EU authorized representative is:
**Springer Nature Customer Service Center GmbH
Europaplatz 3, 69115 Heidelberg, Germany**

Printed by Libri Plureos GmbH
in Hamburg, Germany